世界大学女校长论坛
World Women University Presidents Forum

数字时代女性领导力

理论与实践

Women's Leadership in the Digital Age
—
Theory and Practice

王娟 阮婕妤 主编

本书系中国传媒大学中央高校基本科研业务费专项资金资助，
项目名称：『一带一路』视阈下女性领导力跨文化研究，项目编号：CUC2019B020。

中国传媒大学出版社
·北京·

序　女性领导力的培养与提升

——现代女性领导力研究院首届理事会第一次会议暨“数字时代女性领导力:理论与实践”国际学术研讨会会议综述

◎王　娟

2015年10月16日至18日,现代女性领导力研究院首届理事会第一次会议暨“数字时代女性领导力:理论与实践”国际学术研讨会在北京顺利举行。会议由中国传媒大学主办,现代女性领导力研究院、新闻传播学部、文科科研处承办,共有国内外150余名代表与会。中国传媒大学名誉校长、世界大学女校长论坛组委会主席、现代女性领导力研究院院长刘继南,全国妇联原副主席、书记、党组处书记副书记孟晓驷,全国政协教科文卫体委员会副主任、教育部关心下一代工作委员会主任、教育部原副部长李卫红,联合国教科文组织性别平等部主任萨尼耶·居尔瑟·克拉特(Saniye Gulser Corat)先后在开幕式上致辞。第十一届全国人大常委会副委员长、第十届全国妇联主席、现代女性领导力研究院名誉理事长陈至立在开幕式上发表重要讲话。第十一届全国妇联副主席(兼)、中国人民大学原党委书记靳诺,中国传媒大学校长苏志武,现代女性领导力研究院理事会理事长雷元亮依次在闭幕式上讲话。开幕式和闭幕式分别由中国传媒大学副校长袁军和现代女性领导力研究院理事会副理事长兼秘书长陈维嘉主持。

本次会议内容丰富、议程紧凑,江苏中外大学女校长教育发展基金会理事会会议、现代女性领导力研究院首届理事会第一次会议、现代女性领导力研究院学术委员会会议、第七届世界大学女校长论坛组委会第一次会议在大会期间相继召开。会议得到了联合国教科文组织(UNESCO)的高度重视,联合国教科文组织与现代女性领导力研究院在会上签署了关于支持女性领导力发展的合作协议。本次大会主题为“数字时代女性领导力:理论与实践”,设“数字时代与女性领导力”“跨界思维下的女性领导力”“国际视野下的女性领导力”三场专题讨论会。来自国内外的专家学者从不同的学科视角与文化背景就女性领导力问题进行了主旨发言,现场参会学者针对主讲嘉宾的演讲进行了提问并互动,参会者还进行了论文交流与研讨。

一、女性领导力:从权利的取得到能力的提升

女性领导力的提升不仅是关乎妇女事业发展的关键因素,更是推动人类文明进步的重要命题。在数字化时代,从权利的取得到能力的提升,教育在女性领导力培养中扮演着重要角色。加强理论研究、构建培育体系、深化国际合作是女性领导力培养与提升的基础与保障,也是大学和学术研究机构肩负的责任与历史使命。

第十一届全国人大常委会副委员长、第十届全国妇联主席、现代女性领导力研究院名誉理事长陈至立在讲话中指出:女性力量的解放,不仅能增进自身的福祉,也是进一步均衡两性关系、推动经济社会发展的重要因素,应该从争取权利和提升能力两个方面加以把握,只有均衡发力,才能稳步提升。因此,要加强女性领导力领域的理论研究工作,研究如何构建女性领导力培育体系。同时,她希望现代女性领导力研究院努力将研究成果转化为相关政策法规,转化为领导力培养的有效方法和具体手段,转化为社会共识。

全国妇联原副主席、书记处书记、党组副书记孟晓驷在致辞中表示:数字化时代产生的这一巨大变化,在一定程度上可以为消弭横亘在两性之间的鸿沟提供有效助力。一种更加容易产生凝聚力、影响力的领导力产生方式,一种趋向充满信任的"平权化"的领导模式,为女性领导力的形成、传播以及发挥作用提供了历史机遇和广阔空间。打破制约女性发展的不合理限制,在制度上更好地保障、在认知上更加地平衡、在待遇上更为公平,不仅将释放女性的巨大潜力,实现女性的解放和发展,也将释放社会发展的"性别红利",使整个社会和人类发展受益。

全国政协教科文卫体委员会副主任、教育部关心下一代工作委员会主任、教育部原副部长李卫红认为,世界大学女校长论坛历时十五年,坚持不辍,成果丰硕,不仅增进了世界各国高等教育的交流合作,也促进了世界各国大学女校长领导力的提升。在教育的视域下,女性领导力提升的组织场域就是她所在的学校。推进女教师、女学生领导力的提升是政府主管部门、高校的基本职责,需要教育系统负起责任,构建职业女性领导力提升的基础架构和行动策略。

联合国教科文组织性别平等部主任居尔瑟·克拉特指出:技术拥有无穷的力量,可以用以提升女性地位。性别鸿沟依旧存在,因此我们需要加强女性教育,提供由技术支持的可利用移动客户端学习的机会。联合国教科文组织与现代女性领导力研究院的合作有利于促进性别平等,促进女性权利和女性领导力的提升与发展。

中国传媒大学名誉校长、世界大学女校长论坛组委会主席、现代女性领导力研究院院长刘继南在致辞中对现代女性领导力研究院进行了简要介绍。她指出,现代女性领导力研究院是高层次、国际化、综合性的新型民间智库,研究院未来将持续举办世界大学女

校长论坛及相关交流活动，开展女性领导力提升的研究与咨询，组织女性领导力提升的高端培训。她强调：女性事业的推动要有“贵在坚持、锲而不舍”的精神与意志，女性事业的拓展要有“一人启端、百人扬华”的创新与合作，女性事业的深化要有“直面自己、认识自己”的勇气和智慧，女性事业的绽放要有“包容万物、互联互动”的胸襟和自觉。

第十一届全国妇联副主席（兼）、中国人民大学原党委书记靳诺在总结中概括指出：从设立世界大学女校长论坛到组建现代女性领导力研究院，再到举办相关研讨会、培训和课题研究，凸显了“女校长”“女性”“领导力”三个关键词。大学女校长共同体在引领女性教育与发展的议题、观念和思潮，在改善政府有关女性权利的制度安排与公共决策，在转变传统的性别文化观念、习俗和场域等方面扮演着重要的意见领袖角色。未来应在跨学科研究、跨界合作、持续深化跨国跨文化交流与合作等方面深入推动女性领导力事业的发展。

二、数字时代与女性领导力

数字时代是指信息领域的数字技术向人类生活各个领域全面推进的过程，信息技术的飞速发展推动了数字时代的到来，数字化革命对女性领导者提出了全新的要求。女性在开放、兼容、共享的数字时代如何发挥自身优势，迎接数字时代的新挑战，把握前所未有的新机遇，成为提升女性领导力的关键所在。参会学者围绕数字时代背景下女性领导力提升展开了深入探讨。

全国政协委员、国家行政学院中国领导科学研究中心主任刘峰认为，领导力由决策力和影响力两个要素构成，中国的女性领导力强在影响力，弱在决策力。提升女性领导力重在仁德修炼，要积极进取；重在勇德修炼，要勇于担当；重在智德修炼，要创新思维。更高层次的领导艺术需要领导理论的指导，需要女性领导力的提升，需要女性领导干部通过主动、自觉的学习和实践加以把握和运用，从而实现领导艺术从必然王国向自由王国的飞跃。

天津大学教育学院院长闫广芬以女性卓越的视角详细分析了数字时代女性教育的重要性及其面临的机遇与挑战，并提出女性卓越的关键在于女性教育的发展，应从以下七个方面实现女性卓越：扩大女性在组织领导团队和学术团队中的比例；建立女性卓越共同体组织，提高女性领导力；在政策与保障方面关注女性的创新发展能力；通过数字化进程扩大女性的受教育机会，为女性卓越提供良好的教育环境；将数字化进程引入性别管理；增加数字化进程中女性的决策参与度，通过国际合作推动女性教育数字化。

西班牙卡斯蒂利亚拉曼查大学（University of Castilla-La Mancha）原副校长、终身教授卡门·佛洛指出，在制度建设方面，增加女性学者的可见度和发言权是至关重要的。通过传播渠道及社交网站树立女性领导力的榜样,宣传成功案例,能有效提升女性领导力。高校应通过制度与政策鼓励这种方式,使社会及高校对女性学者的地位认知做出改变,日渐消除学术界视女性学者发挥领导力为超越常规举动的成见。

北京师范大学中国民族教育与多元文化中心副主任张莉莉根据“女性领导力行动研究”项目中获得的信息,详细分析了西部少数民族地区女校长奇缺的现实与成因,介绍了西部贫困地区女性领导力提升的本土化策略:一是从试点到推广,实现自下而上与自上而下的联动;二是基于共同利益的性别平等目标建构;三是建立国家、省、市、县多层级、多元化的工作团队;四是从女性的真实困境和内在需求出发提升领导力。

中国传媒大学教授、“世界大学女校长·女子大学”丛书总监闵惠泉分享了丛书编辑出版感言,提出了“领导力+”的新概念。“世界大学女校长·女子大学”丛书覆盖五大洲34个国家的80余位女校长,女校长们的经历和言行时时给予大家激励和感动。这个时代会因为有更多的女性担任领导而变得更加多姿多彩。

三、跨界思维下的女性领导力

“女性领导力”本身就是一个跨学科的命题。女性领导力的理论与实践研究需要打破学科专业与行业领域的界限,采用多元视角、参考不同文化背景全方位地探讨研究。参会者就数字时代女性领导者如何建立跨界思维并最大化地发挥自身优势展开了卓有成效的研讨。

欧洲大学女校长会议主席、伊斯坦布尔科技大学(Istanbul Technical University)原校长居尔松·萨拉莫(Gulsun Saglamer)认为,在高等教育和研究领域还面临着“增加研究领域的女性代表,让女性冲破隐形的职业升职限制、成为决策者”这些亟待解决的问题。她建议提升决策者对于机构内系统横向和纵向性别隔离现象的认知度,了解阻碍消除这些不平等现象的因素和成因,并为国家级和国家以上级别组织准备提议,以减少对女性的限制。要积极采取措施营造新的法律环境,加速变革,建立强大的、具有影响力的推广性别平等的组织和网络。

上海财经大学校长樊丽明分享了上海财经大学实施通识教育改革、设立科学人文大讲堂、增加学生的国际体验、培养科学创新精神、持续加强社会实践活动等改革措施的经验做法,指出在女大学生比例不断提升的今天,大学的教育教学改革要着力通过第一第二课堂联动、国际国内资源整合、校园与社会打通,提高女大学生的人文和科学素养,开阔女大学生的眼界和视野,提升社会活动能力,为女性领导力的初步形成创造条件。

天津师范大学妇女研究中心(性别与社会发展研究中心)创建者杜芳琴阐释了中国语境下考察跨界女性主义领导力的可能性及有效性,并以中央党校性别平等政策倡导团队的行动研究为例，梳理并揭示了近十年来以河南省登封市周山村为试点，通过修订性别不平等的村规民约、改变民间复合父权制规则，实现草根妇女赋权与村庄治理的共赢成效，重构了包括性别平等和社会公正在内的新制度与文化。

中国浦东干部学院领导研究院副院长张素玲认为，性别身份认同是个体对自己所归属性别的觉知。女性领导的性别身份认同影响女性领导的领导效能感和领导风格。和谐一致的女性领导身份认同体系对于女性领导的成长发展具有重要意义。当前，可以从四个方面促进女性领导身份认同体系的构建：强化女性领导对自身身份角色的认知，增强使命感和责任感；加强对女性领导的岗位锻炼，为女性领导提供更多的发展机会；创建更有利于女性领导发展的政策执行环境；通过社会文化教育和媒体舆论，转变传统的性别文化。

中国电视艺术家协会副主席、一级艺术监督周莉从互联网数字时代的视角分析了女性传媒领导者所具备的优势与面临的挑战，建议女性传媒领导者要积极应对互联网数字时代的技术化倾向，克服自身创新力不足的缺点；要提升使命感和责任感，建立职业价值观，享受职业成就感；要热爱产品，不断追求完善的用户体验；要从“管理”提升至“领导”。

四、国际视野下的女性领导力

数字技术的变革加速了全球化进程，女性领导力的展现舞台呈现出国际化的趋势，女性领导力的培养与提升需要在国际化视域下进行探讨，加强跨国界、跨民族的女性领导力交流与合作，有助于推动女性领导力理论与实践的进一步发展。

联合国消除对妇女歧视委员会委员、全国妇联国际部原部长邹晓巧指出，在全球范围内实现女性参与政治和决策时的平等权利与机会依然面临许多挑战，她呼吁进一步提高高层领导包括政党领导人的政治意愿，将社会性别观点纳入与妇女参政相关的政策、方案、培训等领域的主流，系统地收集在政治和决策领域中的分性别统计数据，为政府提供决策咨询和参考，充分利用大众传媒建构妇女参政环境，加强妇女参政能力建设，增强妇女的政治和经济权能，提高妇女参政议政的自信心和自觉性。

新西兰梅西大学（Massey University）原校长朱迪斯·甘丽雅（Judith Kinnear）探讨了高等教育环境下领导力的本质问题，并对“世界大学女校长论坛”在领导力发展中的角色进行了全面阐述与高度肯定。对于大学校长而言，个人社交是对工作社交和政策社交的重要补充。论坛营造的良好氛围以及由此建立的社交网络能够很好地消除由职位带来的孤立感和孤独感，构建社交网络可以从各个方面影响领导力发展。

北京外国语大学国际关系学院教授、社会性别与全球问题研究中心常务副主任李英桃介绍了美国妇女晋升的障碍与路径。全球性别平等运动发展到今天，尽管阻碍妇女参与的各种因素仍然根深蒂固地存在,但妇女参与的社会环境已发生深刻变化。因此,促进性别平等的各项任务的排序也应做出相应调整,以促进女性领导力的进一步提升。

非洲女子大学董事长、非洲女子教育工作者论坛创始人朱慧琮认为科技是促进女性领导力提升的重要手段,并以政治、经济、文化、社会以及教育和培训领域为例,分析了数字技术对非洲女性领导力提升的可行性:数字技术有利于提升缺乏基本政治、社会权利女性的领导力,文化是促进女性权利发展的基础性领域。目前,在非洲各级教育中,女性的比例均严重低于男性,数字技术可以将远程教育与传统的面对面教育相结合,促进女性权利的发展。

河北传媒学院校长李锦云指出,数字时代降低了管理中"力"的作用,提高了"柔"的地位,为女性带来了更多的成为领导者的机会,有利于发挥女性领导"天然教育家"的优势,但数字时代也使女性领导力的弱点被放大,增加了决策难度,使其面临"信息虚假陷阱"。女性领导者特别是女校长应加强自身学习,提高媒介素养,增强战略意识,用哲学统率决策,推进教育创新。

北京市王玉梅律师事务所主任王玉梅对各国推动、培养女性领导力的公共政策进行了详细比较和分析,各国多通过立法保障、政府与民间成立女性团体、教育和培训、开展女性领导力发展的理论研究影响政府的决策等方式推动女性领导力的发展。现阶段我国应当首先从理念革新、规划先行、保障政策、最低比例制、能力建设、教育培训六个方面推动女性领导力的发展。

为了深入探讨数字时代女性领导力提升的方法与路径,参会嘉宾积极进行论文交流,纷纷献言献策。中华女子学院教授张李玺认为,培育青年女性领导力是教育工作者的共同使命。蒲公英领导力研究院创始人、北京宜和书苑管理顾问有限公司总经理甘斌以"蒲公英女性领导力提升计划"的实践为例,分享了数字时代女性领导力培育模式。黄河科技学院院长杨雪梅指出,大学女校长应积极构建适应数字时代发展需要的能力结构,推动学校改革发展事业不断走向成功。中远国际航空货运代理有限公司文化会展中心总经理黄宁提出,女性应运用体验的理念提高领导力。上海对外经贸大学法学院副教授蒋莱指出,女性领导力是赢取性别红利的关键因素。

本次会议是一次女性领导力研究领域的国际盛会,国内外的专家学者齐聚一堂、分享智慧、共话未来,从理论与实践两个维度探讨了女性领导力在数字化背景下的提升路径,高屋建瓴地分析了跨界思维下的女性领导力构建模式,并就国际视野下的女性领导力研究展开了深入交流与探讨。女性领导力研究需要不同文化及国别的沟通与启示,也需要不同界域之间的交流与碰撞。作为本次会议的发起者,同时也是一家公益性、公共性、政策性研究机构和新型民间智库,现代女性领导力研究院将继续致力于促进女性高等教育、女性领导力研究的国际交流合作与协同创新。

目 录
contents

第1章 女性领导力:时代的召唤与期待

第4章 国际视野下的女性领导力

PART 01

女性领导力：
时代的召唤与期待

现代女性领导力研究:使命与责任

——在现代女性领导力研究院首届理事会第一次会议暨“数字时代女性领导力:理论与实践”国际学术研讨会开幕式上的致辞

◇ 刘继南

尊敬的陈至立名誉理事长,
尊敬的联合国教科文组织萨尼耶·居尔瑟·克拉特部长,
尊敬的雷元亮理事长,
尊敬的孟晓驷副主席、李卫红副部长,
各位嘉宾、各位朋友:

大家好!

现代女性领导力研究院(以下简称“研究院”)首届理事会第一次会议的召开,“数字时代女性领导力:理论与实践”国际学术研讨会的举办,标志着研究院开始正式运行。

在这里,我谨代表研究院感谢第十一届全国人大常委会副委员长、第十届全国妇联主席陈至立女士接受研究院的邀请,担任名誉理事长;感谢联合国教科文组织总干事伊琳娜·博科娃(Irina Bokova)女士亲自签署与研究院的合作协议书,并委派性别平等部部长萨尼耶·居尔瑟·克拉特(Saniye Gulser Corat)女士出席本次会议;感谢教育部、民政部、国家新闻出版广电总局、全国妇联对研究院创办给予的指导和支持!向莅临今天会议的各位嘉宾和朋友,表示热烈欢迎和崇高敬意!

顺应时代潮流,回应女性发展关切,依托世界大学女校长论坛十四年汇聚的女校长和专家资源、品牌优势及运行团队,中国传媒大学联合江苏中外大学女校长教育发展基金会,向民政部申请注册成立现代女性领导力研究院,旨在研究与提升女性领导力,促进该领域国际合作与协同创新,建设新型民间智库。

现代女性领导力研究院具有三个特点:高层次、国际化、综合性。

特点之一:高层次。我们聘请了陈至立女士任理事会名誉理事长,10 位副部级女领导任名誉理事;原国家广电总局副局长雷元亮先生任理事长,理事由来自中国教育界、学术界、传媒界和企业界的热心于此项事业的杰出女性组成。学术委员会由教育部原副部长吴启迪女士任主任，教科文组织性别平等部部长克拉特女士及其他中外著名专家学者任委员。

特点之二：国际化。研究院学术委员会邀请了6个国家和国际组织的知名女校长、女性研究专家参加；世界大学女校长论坛增加了世界五大洲的6位大学女校长为组委会成员。研究和培训的对象将覆盖世界各国女性精英和后起之秀。研究院与联合国教科文组织、联合国妇女署等组织展开合作，融入国际女性研究和行动的主流。

特点之三：综合性。研究院组建跨国界、跨领域、跨学科的学术共同体与行动共同体；业务活动集科学研究、教育培训、举办论坛及开展杰出女性领导评选等于一体；通过人员汇合、业务整合和力量统合，促进教育赋权女性，有效提升女性领导力。

未来，研究院将积极发挥智库功能，重点开展三项工作：

一是持续举办世界大学女校长论坛及其相关交流活动。我们制定了《世界大学女校长论坛运行规程》，对论坛的宗旨与属性、机构与运行、申办程序等予以明确，推进论坛的规范化建设和可持续发展。

二是开展女性领导力提升的研究与咨询。我们将以女性高等教育和大学女校长为关注点，以女性领导力提升为着力点，对女性领导力理论体系、培育模式与成长路径进行系统研究，资政启民。

三是组织女性领导力提升的高端培训。我们将立足研究院的科研成果，依托相关高校、科研机构和国际组织的优质资源，开发针对各领域女性领导力提升的培训课程及教材，组织国际国内培训。

借此机会，我要对长期以来关心支持世界大学女校长论坛发展的领导、同事和朋友，表示衷心的感谢！现代女性领导力研究院今后每一步的发展运行，同样期待得到各位一如既往的呵护和支持！

各位嘉宾、各位朋友，

回首女性追求男女平权、提升领导力的历史，展望未来女性事业从权利保障到能力提升的前景，我有四点认识与大家分享：

第一，女性事业的推动，要有“贵在坚持、锲而不舍”的精神与意志。女性事业的点滴进步，是女性持续努力的成果。从过去把女性排除在学校之外的“水泥墙”，到今天妨碍女性职业发展的“玻璃天花板”“迷宫”，是有形和无形之力经年累月形成的。打破“天花板”、穿越“迷宫”，同样需要水滴石穿的坚持与坚韧。坚持的力量，将是改变的力量。

第二，女性事业的拓展，要有“一人启端、百人扬华”的创新与合作。历史的进步，不仅需要每个人的努力，更需要大家的团结合作。数字时代的到来，为女性从机会均等到实质平等创造了无限可能。数字技术开放、共享，可能消弭知识鸿沟；数字经济人本、融合，可能消除劳动差别。将可能变成现实，需要具有远见卓识的领导者引领志同道合的团队,需要建构兼收并蓄、声应气求的学术共同体、责任共同体和命运共同体,打破历史发展的循环,培育出性别文明之花。

第三,女性事业的深化,要有“直面自己、认识自己”的勇气和智慧。鸡蛋从外面打破是食物,从内部打破是生命。女性的解放首先是女性自己的事业。妄自菲薄、自怨自艾,只能被选择、被安排。我们要认识女性被历史遮蔽的作用,认清女性在数字时代的位置,充分相信女性自身的潜能。女性创造未来文明的作用、推动社会进步的潜能,数字时代赋权女性的机会,需要女性自己去挖掘、去激活。

第四,女性事业的绽放,要有“包容万物、互联互动”的胸襟和自觉。数字时代是复合时代,万事万物关联互动。女性领导力的提升,有赖于各种社会要素的支撑,有赖于国际国内力量的配合。我们要善于运用互联网思维,包容、共享、合作,携手各界同仁推进男女平权,提升女性领导力,促进女性事业发展。

各位嘉宾、各位朋友,

我们身处数字科技日新月异、社会治理转型升级、人类文明关键演进的时代,促进女性全面发展、共建共享美好世界,是性别文明的行动召唤,更是我们义不容辞的历史使命。现代女性领导力研究院的成立、本次研讨会的召开,我更愿意把它看作是一种开放性、持续性的邀约,期待大家共担责任、共同行动!

谢谢!

(刘继南,中国传媒大学名誉校长)

创美满人生 做成功女性

——在现代女性领导力研究院首届理事会第一次会议暨"数字时代女性领导力:理论与实践"国际学术研讨会开幕式上的讲话

◎ 孟晓驷

尊敬的至立委员长,
尊敬的克拉特女士,
尊敬的各位中外校长、各位专家,
女士们、朋友们和极少数的先生们:

大家上午好!

深秋的北京,层林尽染,菊始黄华。再过几天,就是传统佳节——重阳节,那是个登高远望、插萸赏菊的好时节。这不禁让我想到,女性领导力研究院的发展也是在步步登高。去年(2014年)9月,我和在座的许多朋友,共同见证了第六届大学女校长论坛召开,见证了现代女性领导力研究院成立,见证了世界大学女校长丛书发布。今天,现代女性领导力研究院理事会成立并举行第一次学术会议,这是世界大学女校长论坛在国际化、品牌化的基础上迈向实体化和专业化的重要一步,必将推进女性领导力研究与发展更上一层楼。刚才继南校长在致辞中谈到女性领导力研究院的三点功能以及对女性事业发展四个方面的认识,引起了我们强烈的共鸣。在此,我代表全国妇联,对现代女性领导力研究院理事会的成立和本次研讨会的召开表示热烈祝贺!向各位朋友致以诚挚的问候!

本届研讨会聚焦数字时代女性领导力的新语境、新变化,紧扣妇女发展的主线和时代进步的脉搏,具有积极的理论和实践意义。

当今世界,女性力量的崛起已是不争的事实。在各级各界领导层,女性的作用凸显。近年来,在各大洲,不断有女性国家领导人脱颖而出,光彩夺目。在一些国家,女议员、女部长的比例已经达到甚至超过了50%。在企业界和管理层,杰出女企业家、女高管更是星光灿烂。她们不仅刷新着女性进步的纪录,也重塑着人们对女性领导力的陈旧观念。同时,由于历史、观念和现实中的不平等,总体而言,女性在领导层的比例依然偏低:全球范围内,女议员的比例仅为21%,国家女元首或政府女首脑依然屈指可数;世界各地上市公司中，女掌门人仅为 5%。许多女性领导者仍面临“铁腕”“女强人”“花瓶”的不公正标签和无聊调侃，女性的价值与贡献尚未得到充分认可，女性的潜能和作用有待进一步开拓和发挥，女性领导力发展之路依然任重道远。

当今时代，科学技术飞速发展，推动经济社会产生深刻变革。数字化、信息化日新月异，打破了地区和人与人之间的物理阻隔以及文化限制，塑造了新的交往方式和创新模式。它不但重塑了经济社会环境，也深刻影响着社会组织的面貌，进而对领导力的功能和定位提出了新的要求。与以往科层制结构中习惯以“控制”“命令”“预测”为范式的领导风格不同，数字时代的领导者必须以更为灵活的“联合”“创造”“授权”的新范式，调动团队中每个人的潜力。很显然，数字时代产生的这一巨大变化，在一定程度上可以为消弭横亘在两性之间的鸿沟提供有效助力。一种更加容易产生凝聚力、影响力的领导力产生方式，一种趋向充满信任的“平权化”的领导模式，为女性领导力的形成、传播以及发挥作用提供了历史机遇和广阔空间。打破制约女性发展的不合理限制，在制度上更好保障、在认知上更加平衡，在待遇上更为公平，不仅将释放女性的巨大潜力，实现女性的解放和发展，也将持续释放社会发展的“性别红利”，使整个社会和人类发展受益。

各位朋友，

随着中国经济社会的发展和妇女进步，女性领导力与创造力不断释放，自九天至深海，从科技到国家治理，中国女性在日益广阔的舞台上发挥着越来越重要的作用，彰显出迷人风采，在为国家和民族发展进步奉献自身的过程中，书写着精彩人生，实践着瑰丽梦想。

朋友们，这些年中国不断完善促进妇女参与决策和管理的法律政策，妇女参与决策和管理的人数和比例不断提高。2013 年第十二届全国人民代表大会女代表的比例为 23.4%，比上届提高 2.4 个百分点。高层次女性人才数量显著提高，2013 年女性中高级专业技术人员占总数的 44.1%。女企业家占企业家总数的 25%，女性掌管的企业，98%处于盈利状态。互联网领域创业者中，女性占 55%。女性人才已经成为我国经济社会建设的重要力量，在服务国计民生、促进社会和谐等方面，发挥着不可替代的作用。

朋友们，

今年（2015 年）是联合国成立 70 周年、第四次世界妇女大会 20 周年，也是 2030 年可持续发展议程启程之年，国际治理、妇女进步、可持续发展都站在了一个新的历史节点。实现性别平等和妇女赋权，是实现平等、发展与和平，促进人类可持续发展的重要途径。如果缺少占人口一半的妇女的参与和贡献，人类社会的发展进步将不完整、不全面、事倍功半。

大家知道，今年（2015 年）9 月 27 日，中国与联合国妇女署在纽约联合国总部共同举办了全球妇女峰会。习近平主席出席会议开幕式，发表重要讲话，并主持部分会议。共有 141 个国家和 4 个地区组织报名与会,其中,有 85 位国家元首或政府首脑亲自出席并对性别平等作出了承诺。峰会最终取得了圆满成功。习主席在讲话中提出促进妇女全面发展的重要主张,并谈到了促进国际妇女发展的具体举措,这为推动全球性别平等事业发展和妇女进步注入了新的力量。

促进性别平等、实现妇女发展是不可阻挡的时代潮流,虽然道阻且长,但前途充满光明。我们当乘时代的东风,伴随妇女进步的脚步,加速行动,不懈努力,在共同的奋斗中,去领略实现梦想,实现平等、发展与和平的无限风光。

预祝会议圆满成功!祝在座的各位朋友、姐妹们,创美满人生、做成功女性!谢谢大家!

(孟晓驷,全国妇联原副主席、书记处书记、党组副书记)

教育:数字时代女性领导力提升的核心

——在现代女性领导力研究院首届理事会第一次会议暨“数字时代女性领导力:理论与实践”国际学术研讨会开幕式上的致辞

◈ 李卫红

尊敬的至立名誉理事长,
尊敬的克拉特女士,
尊敬的各位来宾,亲爱的朋友们:

大家上午好!

很高兴应邀参加此次会议。在这里,请允许我向来自国内外的参会嘉宾和各行业的女性们表示诚挚欢迎,对现代女性领导力研究院工作的实质性进展表示热烈祝贺!

作为世界大学女校长论坛发展的见证者和亲历者,我由衷地为论坛的事业和宗旨不断得到深化拓展而感到欣慰。论坛历时十五年,坚持不辍,成果丰硕,不仅增进了世界各国高等教育的交流合作,也促进了世界各国大学女校长领导力的提升。我们相信,依托世界大学女校长论坛而创立的女性领导力研究院,作为中国女性教育与领导力研究领域的民间智库,通过持续举办世界大学女校长论坛及其相关交流活动、开展女性领导力提升的研究与咨询、组织女性领导力提升的高端培训等一系列活动,将在促进男女平权、组织研究培训、提升女性领导力等方面,取得更大的成绩,做出新的更大的贡献。

(2015 年)9 月 22 日,国务院新闻办向世界发布了《中国性别平等与妇女发展》白皮书,全面阐述了中国政府促进性别平等、保障妇女发展的举措与成果。同年 9 月 28 日,习近平主席在“全球妇女峰会”上作了《促进妇女全面发展 共建共享美好世界》的重要讲话。未来,中国将更加积极贯彻男女平等基本国策,开展妇女领域、教育领域的国际发展合作,发挥妇女“半边天”作用,支持妇女建功立业、实现人生理想和梦想。

联合国教科文组织此次与现代女性领导力研究院签署关于支持女性领导力发展的合作协议,是对我们多年来女性领导力研究工作的支持与肯定,为研究院的国际化发展提供了重要机遇,也对研究院未来工作开展提出了更高的要求。在这里,我们要对教科文组织选择与中国民间智库开展合作,致以崇高的敬意和感谢。我们也期待研究院能立足全球视野、站在性别文明的高度，来规划科学研究、论坛举办、培训项目等各项工作，为促进全球女性事业的发展贡献中国智慧、中国力量。

各位嘉宾、各位朋友，

妇女的全面发展离不开教育，女性接受教育的程度，更是国家发展、社会文明的重要标志。《国家中长期教育改革和发展规划纲要》指出："国运兴衰，系于教育；教育振兴，全民有责。"为国家培养和输送具有自主品格和引领示范作用的杰出女性，向来都是各级教育重要的使命与目标。

在教育的视域下，女性领导力提升的组织场域就是她所在的学校。推进女教师、女学生领导力的提升，是政府主管部门、高校的基本职责，需要教育系统负起责任，构建促进职业女性领导力提升的基础架构和行动策略。研究院依托相关高校的优质师资和课程资源，开展针对大学女校长及各级各类女干部的高端培训，集论坛、科研和培训为一体的发展思路与举措，是发挥智库作用的有效形式。

当然，任何一项事业都是建立在坚实的理论和实践基础上，有一个从无到有、从弱到强、循序渐进的过程，需要先行者和领头人。将提升女性地位及女性领导力，渗透到管理者办学、教师教学、学生求学的理性认知和自觉行动之中，培育女性领导力文化，需要我们立足长远，从基础教育入手，优化女性高等教育，强化女性继续教育，建立助力女性发展的终身教育格局。

中国正处于由教育大国走向教育强国、由人力资源大国迈向人力资源强国的历史进程中。我们衷心希望，研究院能够深入系统地研究女性领导力的内涵及结构，借鉴全球女性领导力开发实践的最新成果，为女性人力资源的充分发掘、女性领导力的全面提升以及相关高等教育政策的制定，提供基础性建议、可行性示范和决策参考。

最后，预祝会议圆满成功！祝各位在北京度过愉快的时光！

谢谢大家！

（李卫红，教育部原副部长、党组成员，国家语言文字工作委员会主任）

通过教育培养领导力

——在现代女性领导力研究院首届理事会第一次会议暨“数字时代女性领导力:理论与实践”国际学术研讨会开幕式上的讲话

◎ 萨尼耶・居尔瑟・克拉特

尊敬的刘继南教授,
尊敬的各位现代女性领导力研究院成员,
尊敬的来宾们:

我很荣幸能在此庆祝现代女性领导力研究院和联合国教科文组织签署合作协议,并参与讨论数字时代的女性领导力议题,对我们各方来说,这都是个重要问题。

我要感谢现代女性领导力研究院,感谢现代女性领导力研究院的创办者和院长——刘继南教授,感谢此次大会的所有组织者,感谢你们给我这个演讲的机会。我很荣幸成为现代女性领导力研究院学术委员会的一员,也很期待联合国教科文组织和现代女性领导力研究院一起系统高效地促进性别平等。

20 年前的《北京宣言》和《行动纲领》确认了女性的权利,今天,我们庆贺其 20 周年诞辰并步入数字革命的新时代,要聆听各行各业提倡女性领导力的重要意见。

最近,我和联合国教科文组织总干事伊琳娜・博科娃(Irina Bokova)女士一起参加了联合国性别平等峰会。来自世界各国的 80 多位领导人聚集在联合国总部纽约,承诺要在 2030 年消除针对女性的性别歧视。中国是本次峰会的协办国之一,中国国家主席习近平在大会上发表了鼓舞人心的演讲。他说:“国际社会应该重申《北京宣言》的精神,与时俱进,重新承诺,保证以更大的努力促进性别平等和女性的全面发展……中国将把促进性别平等作为基本国策,让女性发挥‘半边天’的重要作用,支持她们在工作与生活方面实现自我理想和抱负。”

联合国教科文组织性别平等部在全球范围内都是该组织最重要的一个部门,作为该部门的主任,我承诺从各个层次,包括地方、地区和国际三个层次进行努力,促进性别平等。

技术拥有无穷的力量,可以用以提升女性地位。不过在把技术作为工具之前,我们必须先以新知识丰富大脑。

早在 1995 年，全世界能接触到互联网的人数还不到 1%，如今（截至 2015 年）这个数字已经增加到了 40%，互联网用户超过了 30 亿，这个现象不同寻常。

虽然当今女性互联网用户比男性互联网用户少了 25%，不过美国英特尔公司在 2013 年的报告《女性与网络》中估计，未来三年将会新增 4.5 亿女性互联网用户。另一项关于女性接触并使用移动技术的报告显示，男性和女性技术使用的鸿沟正不断扩大，女性担心隐私与安全问题是原因之一。

技术本身并不能让女性成为领导，让女性成为领导者的是使用技术的人。

很多人说，互联网为男性和女性提供了更多共享信息的自由。但是如果没有女性领导者，我们不能保证女性能和男性一样在一个性别平等的数字环境中成长和学习。

最近的一份报告表明，有 76%的女性会使用社交网站，但其中受到网络攻击的人数高达 73%。性别鸿沟依旧存在，全职女性、生产性就业女性和有体面工作的女性人数远远落后于男性，因此我们需要加强女性教育，提供由技术支持的可利用移动客户端学习的机会。

2012 年，女性就业率比男性就业率低了 24.8%。

如今，高等教育中女性的录取数较以往有所提升，不过根据 2012 年的数据，只有 4%的国家在大学教育中实现了性别均衡。虽然年轻女性的受教育情况得到了一定程度的改善，但是社会准则中根深蒂固的性别歧视条例削弱了女性相应的利益。

在大约一年前举行的世界大学女校长论坛中我们讨论过，现在的数据表明，在高等教育领域和研究机构中，高级职位的女性代表人数太少。在执行委员会和其他决策机构中，处于有影响力职位的女性代表也很少。女性在大学的高入学率和在正式执行部门的低参与率差别，反映了性别结构中的不平等。

从全球范围来看，执行委员会成员中，女性只占 11%；技术领域的高层管理者中，女性只占 15%；风险资本投资公司的领导中，女性只占 7%。私企和国企技术部门女性领导人的缺失，会影响到企业的优先策略、文化、技术和政策的制定。

我们必须承认，在数字时代，女性有着巨大的潜力去提供效率、忠诚和经验，能带来合理、可持续化的发展。

研究表明，与同行相比，女性代表人数最多的公司净资产收益率高出 35%，股东总收益率高出 34%。

2012 年的一项研究考察了中国近十年来的企业，发现与同行相比，女性董事居多的企业和女性任主席领导的企业，很少有欺诈行为或违反证券条例的行为。

领导力不是天生的，而是后天培养的。学校是培养领导力的摇篮。

对于教育事业、商业和全社会来说，这都是真理。它同样引领着联合国教科文组织全面推进教育事业,在各个领域促进女性领导力和性别平等。

教育赋予女性发言权,全面激发女性的潜能。教育鼓励公民参与,为正规劳动力市场增加就业机会。教育是促进人类可持续发展的最强大的力量。

我们要转移关注点,不要再流于数字上的平等,而要注重性别平等,要让所有的女性,尤其是年轻的女孩子们,真正从教育中受益。

我在庆祝联合国教科文组织和现代女性领导力研究院签订新的合作协议的同时,也要重申我们的新承诺。联合国教科文组织和现代女性领导力研究院有着共同的目标,即促进性别平等,维护女性权利和女性的领导力。

数字时代瞬息万变,不断带给我们来自社会、政治、环境和经济等各个领域的复杂问题,因此,把握共同的目标至关重要。我们会采取更加坚定的立场,以跨学科的方式共同解决问题,这将有利于女性在各个层面平等地参与决策和领导。

联合国教科文组织和现代女性领导力研究院的合作协议承诺:我们的团队将深化伙伴关系,深入项目合作,在不同范围内的代表和决策中,践行男性和女性的性别平等。

我们承诺与高等学府和研究机构共同开发促进性别平等和提升领导力的合作项目。

我们知道,女性有能力促进发展,因此必须促生女性领导人,保证惠及各方的可持续发展。

联合国教科文组织和现代女性领导力研究院的合作就是要为世界各地的女孩和女士提供帮助和启发。

我要再次感谢能有机会站在这里。我期待能和现代女性领导力研究院一起,在数字时代为大家构建一个更加可持续、更加平等的世界。

(萨尼耶·居尔瑟·克拉特,联合国教科文组织性别平等部主任;翻译:肖劲枫)

女性进步主题的拓展:从争取权利到能力提升

——在现代女性领导力研究院首届理事会第一次会议暨“数字时代女性领导力:理论与实践”国际学术研讨会开幕式上的讲话

◎ 陈至立

尊敬的克拉特女士,
尊敬的各位来宾:

在纪念北京世界妇女大会20周年、全球妇女峰会在联合国总部召开、国家主席习近平主持峰会并发表重要讲话之际,我们在这里召开现代女性领导力研究院第一届理事会暨“数字时代的女性领导力:理论与实践”国际学术研讨会,有着特别的意义。

首先,请允许我向会议的召开表示衷心的祝贺!向参加本次会议的各位专家、各位来宾表示热烈的欢迎!

刚才,刘继南院长介绍了研究院的筹备过程并对研究院的定位和将来的工作提出了设想;孟晓驷副主席和李卫红副部长以及克拉特女士都作了热情洋溢的致辞,她们都讲得很好。

下面,我谈几点想法作为此次研讨会的发言。

女性和男性一起创造了璀璨的人类文明。然而,由于种种原因,在过去漫长的岁月里,女性并没有和男性平等共享文明成果,性别文明长期落后于人类文明的整体进程。直到20世纪,女性的主体地位及其对文明的创造力才得到较普遍的承认和较充分的发挥。当代女性不仅在教育、文艺、卫生等领域大显身手,而且在传统上由男性主导的财经、科技、政治、外交和创业等领域也表现卓越。事实证明,女性不仅是社会生活的重要创造者和参与者,也能成为各个领域的领导者;女性力量的解放,不仅能增进自身的福祉,也是进一步均衡两性关系、推动经济社会发展的重要因素。

在这里,我想重点谈两个问题:一是争取权利;二是提升能力。

女性的解放与进步,离不开应有的权利保障。在既往百余年的妇女运动中,女性争取与男性享有平等的权利是整个妇女运动的主题。经过不懈的努力,妇女争取自身权利的斗争已取得了可喜的成果。然而,实现男女从个别、局部领域的平等扩大到政治、经济、社会、文化等各个领域的全方位平等,从理论上、形式上的平等具体化为实践上、实质性的平等的目标,还有一段很长的路要走,要付出艰苦的努力。

教育平等是社会公平、正义和平等的基石。我们高兴地看到,我国的女性教育成就显著,截至 2013 年年底,中国大学本专科学生中女生的比例是 51.74%,硕士研究生中女生的比例是 51.38%,整个研究生层次中女生的比例为 48.97%。这充分说明,中国女性拥有平等的接受高等教育的权利。义务教育就更不用说了,女童的教育和男童的教育完全是平等的。女性接受高等教育为她们在社会上获得更广泛、更实质性的平等权利打下了坚实的基础。我们感到特别高兴的是,中国药学家屠呦呦女士获得了 2015 年诺贝尔生理学或医学奖,这是中国科学家在自然科学领域首次获得诺贝尔奖。屠呦呦女士获奖是中华民族的光荣,也是全体中国女性的骄傲! 但必须正视的是,尽管女性受教育的水平越来越高,但是女大学生入职中仍遭受着有形或无形的性别歧视,女性职业生涯还会面临“玻璃天花板”的阻隔。知识女性尚且如此,其他领域的女性所遭受的不平等待遇则更为普遍。因此,我们要为贯彻落实男女平等基本国策而继续不懈奋斗。

女性在持续追求性别平等权利的同时,更应在能力训练和提升上有所作为。也就是说,能力养成与权利获得应当成为同等重要的女性进步主题。权利与能力缺一不可,相辅相成。若无权利保障,妇女的能力便无充分施展的机会与空间;若无足够的能力,妇女便无法充分履行和行使权利。因此,能力培育与权利获得是女性解放和进步的双翼,只有均衡发力,才能稳步提升。

现代女性领导力研究院是在世界大学女校长论坛基础上建立的新型民间智库。其根本使命是在倡导性别权利平等的基础上,致力于女性能力尤其是领导力的研究、培养和提升。它顺应了时代的要求,将推动性别平等事业向更高层次迈进。

在此,我提两点建议供各位参考。

第一, 要加强女性领导力的理论研究。传统的领导力研究大多缺少性别视角,更偏向于男性主导的权力意识和文化背景,而较少涉及女性优势潜能的领导素质(如柔性、细腻、协商等气质特点)和行为策略的领导风格的研究。因此,从释放女性所蕴藏的能量的角度看,女性领导力研究至少有三个指向:一是揭示女性领导力的特质,使女性领导力的优势得到充分发挥。二是探究全面提升女性领导力的薄弱环节,增强针对性,推进理论完善和经验分享。在女性领导力提升上要着重“补短”,即更多地研究领导力的共同特征和女性在领导力中存在的薄弱环节。要特别强调女性应该有更深刻的思想、更广阔的视野、更强的战略思维和决策能力。还要强调,女性领导力要得以充分发挥,还必须努力克服家务拖累,甚至作出必要牺牲。三是研究数字化时代对女性领导力的新要求,激励女性领导与时俱进,不断创新。

第二,要研究如何构建女性领导力培育体系,以及如何为女性领导力的激发、培养和拓展提供有效的途径、环境和空间。一是要从小培养女性自尊、自信、自立、自强的品格;二是要将女性领导力的培养贯穿于教育的全过程;三是要鼓励职业女性坚持终身学习,尤其是为女性领导者提供高端的专题培训,促进其领导力的不断提升;四是要加强女性之间有关领导力问题的交流与切磋,做到经验共享,能量叠加。

最后,希望现代女性领导力研究院能努力实现三个转化:一是努力将研究成果转化为相关政策法规,服务公共政策的制定和优化,致力于成为国内外本领域具有引领性的专业智库;二是努力将研究成果转化为领导力培养的有效方法和具体手段,用理论指导实践,致力于成为国内外女性领导力培育的创新基地;三是努力将研究成果转化为社会共识,进一步营造两性平等和谐的社会氛围,致力于成为引领男女平等社会舆论的权威信息平台。

相信现代女性领导力研究院一定会为实现习主席提出的"促进妇女全面发展 共建共享美好世界"的宏伟目标做出应有的贡献。

(陈至立,第十一届全国人大常委会副委员长、第十届全国妇联主席、现代女性领导力研究院名誉理事长)

构建女校长共同体　推进性别文明进步

——在现代女性领导力研究院首届理事会第一次会议暨“数字时代女性领导力:理论与实践”国际学术研讨会闭幕式上的讲话

◎靳　诺

尊敬的雷元亮理事长,各位嘉宾:

上午好!

首先要感谢理事长、各位理事、各位大学女校长,尤其是十余年来坚持不辍倡议和操办世界大学女校长论坛、现代女性领导力研究院的刘继南院长。你们的智慧、美德和付出成就了论坛、研究院两个平台和一场又一场足以写进史册的盛会。仅以这两天的会议观之,与会代表嘉言荟萃、成果丰硕,诚为盛事!

这次会议的两项核心任务皆已圆满达成,现代女性领导力研究院首届理事会第一次会议的召开标志着研究院的建设和运行步入正轨,女性领导力国际学术研讨会的召开则实质性地推动了这一领域的理论研究,也必将对实践产生深远影响。特别值得一提的是,本次论坛上还签署了联合国教科文组织与现代女性领导力研究院关于支持女性领导力发展合作协议书,双方旨在加强合作伙伴关系,共同推动性别平等知识和领导力项目的实施,开展学术研究,组织开展高端培训项目,为世界大学女校长论坛、分论坛及其相关文化活动提供支持,促进国际交流与合作,为促进性别平等、赋予女性权利、发展女性领导力助力。让我们再次对合作协议的签署表示祝贺!

(2015 年)9 月 27 日,中国国家主席习近平在纽约召开的全球妇女峰会开幕式上发表了题为《促进妇女全面发展　共建共享美好世界》的重要讲话。习近平主席在讲话中深刻论述了妇女的地位和作用,回顾了男女平等的发展历程,分析了依然存在的问题,提出了四点倡议:推动妇女和经济社会同步发展;积极保障妇女权益;努力构建和谐包容的社会文化;创造有利于妇女发展的国际环境。习近平主席指出:“妇女是物质文明和精神文明的创造者,是推动社会发展和进步的重要力量”,还特别提出“要增强妇女参与政治经济活动能力,提高妇女参与决策管理水平,使妇女成为政界、商界、学界的领军人物”。可以说,习近平主席的讲话对女校长论坛和现代女性领导力研究院的工作有着重要的指导意义。

追本溯源,从设立世界大学女校长论坛到组建现代女性领导力研究院,再到举办相关研讨会、培训和课题研究,是三步了不起的跨越。第一步将世界各国的大学女校长汇聚为一个情感、思想与合作的共同体;第二步由大学女校长的思想和实践研究扩展至所有女性的领导力研究,并将之平台化;第三步则由象牙塔迈向社会实践,通过学术研究、教育培训和智库服务引领女性领导力建设。这三步充分体现了我们的共同体意识、社会关怀和可贵的行动力。

以上三步跨越,凸显三个关键词:**“女校长”“女性”“领导力”**。大学女校长是女性和大学校长两种身份复合的结果。以专业主义的视角看,并不存在“大学女校长”的专门岗位。正如一些同仁所说,校长就是校长,不分男女。但是,人们仍然会有意识地指出:哦,这是一位女校长！此中的一个直接原因就是全球范围内的“女性”大学校长并不多见,根源仍在于性别价值观、性别文化传统和性别政治。长久以来,人们认为男性更适合投身理性、刚性的事业,女性则与感性、柔性的工作相契合。虽然女性参与文教事业较多,但是更高层次的科学研究和大学决策管理似乎仍主要由男性担当,大学女校长更是“稀有群体”。也正因为如此,女校长既要发现、拓展和完善自我,又要彼此相识、激励和联合,以共同体的力量弥合局限、成就事业,增益公共之善。作为孤立、分散个体的大学女校长与作为共同体的大学女校长,所承担的使命、发挥的作用和影响力自然不可同日而语。按我理解,这也正是创办并持续举办世界大学女校长论坛的宏旨之一,即构建共同体,整合和凝聚力量,温柔而实质性地影响和推动世界的进步。

从智识、机遇和话语权看,大学女校长已属女性中的精英群体,理应发挥职业优势,以领导力研究和教育为突破口,惠及更多女性的成长和发展。这不仅是因为大学女校长身居要职,掌握一些必要的资源,更重要的是女校长自身的拼搏、进取和修养,以及与之相伴的艰辛、挑战和付出,都堪为女性领导力培育和拓展的典范。古希腊的特尔斐神庙上镌刻着“认识你自己”的箴言,康德也提出所谓启蒙就是“认识你自己”。当前,女性解放的主题不仅要进一步“向外”争取更多的性别平等权利,而且要“向内”反求诸己,即自身能力的建设和提升。从争取权利到提升能力,在某种意义上就是从被解放到自我解放的过程。知识习得和教育训练乃女性认识自己、获得自我解放的最重要、最基本的途径,而大学女校长正可成为最直接、最贴心的启蒙者和教育者。现代女性研究院可以从领导力的培育和拓展入手,为女性解放事业做出特有的贡献。

基于以上三个跨越和三个关键词,我还想再谈三点期待:

一是开展跨学科研究,探索现代女性领导力的观念框架和理论体系。据我所知,借助论坛平台和全球网络,在现代女性领导力研究院创立之前,有学者已经针对大学女校长个体和群体开展了系统研究,并获得了中国教育部重大课题立项和国家出版基金的支持。接下来,现代女性领导力研究院可以面向更广大的女性群体开展整体研究和专题研究、基础理论研究和前沿应用研究。女性特别是女性领导力研究应当唤起哲学、政治学、社会学、管理学、心理学、传播学等诸多学科的重视，并整合跨学科的理论和方法资源协同推进。

二是开展跨界合作，在女性领导力教育培训和智库服务方面做出引领性贡献。现代女性领导力研究院可与全国妇联、教育部和高校、新闻媒体、社会组织、相关企业通力合作，共同推动课程开发和培训服务工作。在科学研究、教育培训和一线调查的基础上，研究院致力于成为女性发展和女性领导力培育领域的高端智库，服务政府部门的公共决策，同时为企事业机构提供智力支持。

三是持续深化跨国跨文化交流与合作，进一步增强论坛、研究院和相关活动、项目的国际影响力。世界大学女校长论坛从一开始就拒绝关门主义，而是以全球眼光构建女校长共同体。世界大学女校长论坛和现代女性领导力研究院两个平台将持续深化各国女校长之间的交流与合作，推动研究、教育的融合创新，更加关注全球女校长和女性共同的境遇和问题，并积极尝试可能的解释和解决方案。

各位来宾，各位姐妹，大学女校长共同体在引领女性教育与发展的议题、观念和思潮，在改善政府有关女性权利的制度安排与公共决策，在转变传统的性别文化观念、习俗和场域等方面，扮演着重要的意见领袖角色。让我们共同努力，为女性进步事业立言、立功、立德，在性别文明的画卷上写下我们浓重的一笔，留下我们努力的身影。

谢谢大家！

〔靳诺，第十一届全国妇联主席（兼）、中国人民大学原党委书记〕

继往开来:大数据时代的女性领导力

——在现代女性领导力研究院首届理事会第一次会议暨“数字时代女性领导力:理论与实践”国际学术研讨会闭幕式上的讲话

◎ 苏志武

尊敬的各位领导、各位来宾,女士们、先生们:

大家好!

现代女性领导力研究院首届理事会第一次会议暨“数字时代女性领导力:理论与实践”国际学术研讨会于今天上午圆满闭幕。我感到大家很辛苦,同时也感到大家都很有兴趣,气氛很热烈,活动很有意义、很有收获也就不觉得累了。在这里,我还是要代表会议的主办方——中国传媒大学向参加会议的各位理事、各位来宾表示衷心的感谢和诚挚的问候。

从农业时代到工业时代,再到我们今天的数字时代,女性追求平等的脚步从未停歇。尽管男女同权在143个国家法律上得到明确规定,保障女性接受教育,全面发展,参与政治、经济活动的权利已经成为社会的共识,但从法律层面的平等到实践层面的平等,从权利的保障到能力的培养,探索性别文明之路依然任重道远。中国传媒大学向来重视女性的研究事业,坚持以人才培养推广性别意识,以课题研究和学术交流消除性别歧视、促进性别平等。

2001年至今(2015年),由中国传媒大学发起的“世界大学女校长论坛”延续了十四年,在国内外召开了六次主论坛和七次分论坛,足迹遍布五大洲。论坛不仅增进了全球范围内大学女校长之间的交流、合作与友谊,也成为展示现代女性领导力的窗口,成为展示各国高等教育的一道亮丽风景,有力地推动了中国的女性研究事业和学校的国际交流与合作。与蜚声海内外的论坛相呼应,中国传媒大学在媒介与女性、女性高等教育、大学女校长研究等方面的成果同样令人瞩目,并引起了联合国教科文组织的关注。2005年,联合国教科文组织在中国传媒大学设立了媒介与女性教席,十多年来,学校培养了一批又一批传媒产业与教育的专业人才,取得一系列具有学术价值和社会影响力的成果。

依托“世界大学女校长论坛”,中国传媒大学也一直为现代女性领导力研究院的建设积极创造条件。去年(2014 年),在第六届“世界大学女校长论坛”的开幕式上,中国传媒大学与江苏中外大学女校长教育发展基金会联合发起成立了“现代女性领导力研究院”。研究院致力于深入、系统地研究女性领导力的内涵及特点,借鉴全球女性领导力研究的最新成果,建立女性领导力培育理论和实践体系,促进中国女性领导力全面提升。

在现代女性领导力研究院首届理事会第一次会议暨“数字时代女性领导力:理论与实践”国际学术研讨会开幕式上,联合国教科文组织和现代女性领导力研究院正式签订了合作协议书,双方今后将在实际推动女性与男性平等、代表和参与各领域决策的项目中加强合作。应该说上述成就的取得离不开中国传媒大学历届领导班子成员的关心和指导,也离不开学校上下的鼎力相助,倾注了我们的老校长——刘继南教授的心血和汗水。十五年来,刘校长以丰富的专业智慧、杰出的领导才能和勤勉的敬业精神,为世界大学女校长论坛的发起、创办和现代女性领导力研究院的筹建、运行做出了很大的贡献,赢得了校内外的广泛赞誉,也很值得我本人钦佩和学习。在此我们向刘继南老校长表示衷心的感谢和敬意。

本次会议期间,我们审议了江苏中外大学女校长教育发展基金会、理事会以及现代女性领导力研究院首届理事会和学术委员会的有关议题,听取了各位领导对现代女性领导力研究院发展的意见和建议,见证了联合国教科文组织与现代女性研究院签署的合作协议,也感受到了联合国教科文组织对中国传媒大学女性研究事业的重视和支持。会议还聚焦“数字时代与女性领导力”“跨界思维下的女性领导力”“国际视野下的女性领导力”三个议题,深度研讨了现代女性领导力的理论与实践、发展路径和成功经验。第十一届全国人大常委会副委员长陈至立、全国妇联副主席孟晓驷及教育部原副部长李卫红等部门领导出席,并作了重要的、精彩的讲话。通过各位嘉宾的主讲、现场的互动以及论文交流等,参会的各位专家、学者广泛地交流了经验,达成了共识。总的来看,这是一次密切关注现代女性领导力成长和发展的研讨会,取得了很好的效果。

当今时代,信息技术的发展已经渗透到人们的生产、生活各个方面,高等教育也正在发生深刻的变化。大力发展信息产业特别是促进“互联网+”、云计算、大数据等各领域的发展,成为创新驱动发展战略的重要组成部分。深刻地把握媒体融合的范式,赢得大数据时代传播教育的主动权,更好地服务创新驱动发展战略,已经成为中传人不能推卸的使命和责任。希望现代女性领导力研究院搞好精神设计,科学规划、规范管理、有序运行,围绕论坛的举办、科学研究、高端培训三项重点任务,充分发挥学术研究、人才培养、舆论引导的作用,为提升女性领导力事业、构建人类和谐社会贡献智慧。

在此,我表示,中国传媒大学将　如既往地关心现代女性领导力研究院的发展,支持现代女性领导力研究,继续在机构、人员、经费及办公条件上对研究院给予扶持,不断加大对研究院在教学科研方面的投入,提供学科支撑,同时积极推进联合国教科文组织与现代女性领导力研究院合作协议的落实。按照建设中国特色新型智库的要求，相信在我们德高望重的老领导——刘继南校长的领导下，现代女性领导力研究院会做好、做大、做强。其次，希望各位与会的专家、学者能将研讨会上大家参与的激情和好的建议保留到最后，共同做实、做好研究院的研究工作。同时也欢迎各位多关注中传，多指导、多帮助，多与学校工作的各个方面开展深入的交流合作，为学校建设世界知名高水平的传媒大学献策献力。借此机会，感谢和问候为此次会议做出辛勤劳动的总负责人和会议人员。中传人都发现，一个熟悉的身影在忙前忙后，我的好搭档——陈维嘉书记，现任副理事长兼秘书长重任。

最后，我再次代表中国传媒大学对各位来宾的参与表示感谢！谢谢！

（苏志武，中国传媒大学原校长）

现代女性领导力研究院的时代使命与发展方向

——在现代女性领导力研究院首届理事会第一次会议暨“数字时代女性领导力:理论与实践”国际学术研讨会闭幕式上的讲话

◎ 雷元亮

尊敬的各位领导、各位来宾:

大家好!

现代女性领导力研究院首届理事会暨“数字时代女性领导力:理论与实践”国际学术研讨会经过各位理事与参会代表的共同努力,已经圆满完成各项议程,达到预期目的。在此,我代表现代女性领导力研究院理事会,向联合国教科文组织,向教育部、民政部、国家新闻出版广电总局,向全国妇联等单位的各位领导表示崇高的敬意;向来自国外和国内的各界代表和嘉宾们表示衷心的感谢;向为此次会议组织筹备工作付出辛勤努力的工作人员表示诚挚的谢意!

现代女性领导力研究与实践既是世界关注的焦点,也是中国推进两性文明发展的重要内容。现代女性领导力研究院以女性领导力研究、培训及国际交流为主要工作内容,力求深入研究女性领导力的理论与实践,推动更多女性打破性别偏见,在社会各个领域更好地施展领导才华。

本次会议主题鲜明、内容丰富、议程紧凑、研讨深入、气氛热烈。会议期间,审议通过了现代女性领导力研究院首届理事会和学术委员会的相关议题,完善了各项规章制度,聘请了学术委员,聘任了首批兼职研究员,聆听了各位领导对现代女性领导力研究院发展的期待与建议,见证了联合国教科文组织与现代女性领导力研究院签署合作协议。我们还聚焦三个议题,从理论的深度、跨学科的广度以及国际视角的宽度,多维观察了女性领导力研究与实践的历史经验与未来路径。

本次会议反映了女性领导力研究与实践的一批先行者们的思考与探索,明确了新的时代语境下女性领导力理论与实践服务女性发展和社会进步的宗旨。

本次会议的圆满召开,意味着现代女性领导力研究院通过完善它的机构设置、研讨它的核心命题、探究它的发展规划,践行了它最初设立的目标与使命。

今年(2015年)是我国正式提出男女平等基本国策和第四次世界妇女大会召开20周年。现代女性领导力研究院的工作面临着新形势、新任务、新机遇和新挑战。在此，我就现代女性领导力研究院的发展方向与具体工作谈三点意见：

一、凸显优势与特色，明确使命与责任，发挥智库的功能与影响

现代女性领导力研究院是一个跨国界、跨领域、跨学科的学术共同体，它是集科研、培训、举办论坛及开展杰出女性领导评选等活动为一体的新型民间智库。它不仅注重已经突破了领导力迷宫的那些高层女性的成功经验的提炼和总结，更要为正在成长中的女性服务，促进她们提升领导力。过去，世界大学女校长论坛所积累的资源优势与品牌特色，以及之前所有与女性领导力发展相关的研究课题，都是现代女性领导力研究院发展的重要基石。未来，现代女性领导力研究院要坚守发展目标，明确自身的职责，平衡科研、论坛和培训三大任务的关系，扩展既有的功能，充分发挥女性领导力智库的影响力。

二、立足社会需求，强化科研，回应女性发展的时代挑战

女性领导力的研究与实践，是跨越了一个多世纪的历史性课题，也是一个横跨多个学科的复合型问题。在女性领导力研究史上，社会学、管理学、心理学、历史学、人类学、女性学等多学科的知识，均为女性领导力的研究与实践打开了重要的研究视角，提供了重要的学术支持。同时，不同时代语境下女性领导力研究维度、层次和重点有很大差异。20世纪女性领导力研究的重点是论争女性是否具有领导能力，继而探讨男女领导风格的差异；21世纪以来女性领导力研究侧重于尊重女性经验的价值、确认女性领导力的有效性、研究女性领导力的规律性等方面。

现代女性领导力研究院要立足于社会需求，在科研上有所建树，提高教育培训的针对性和有效性，加强全球学者对话与合作的频度与效度；要立足于不同社会发展状况和现实语境的需要，积极回应女性发展的时代挑战，探索女性领导力研究与实践的新思路、新知识、新路径。

三、加强课题成果的现实转化，促进公共政策的调整与改变

现代女性领导力研究院生存与发展的动力，来自它力促社会公平与两性平等、激励女性成长与成才。现代女性领导力研究院开展科研、培训和国际交流等活动的终极目标，是落实女性领导力研究成果的现实转化，使学术研究、高端培训和品牌论坛互为补

充，服务于女性与社会的共同进步，推动相关政策法律的制定与完善，促进公共政策的调整与改变。

各位领导，各位来宾，

今年(2015 年)9 月 27 日，习近平主席在纽约联合国总部出席并主持全球妇女峰会时重申承诺："为促进男女平等和妇女全面发展加速行动"，并提出"要增强妇女参与政治经济活动能力、提高妇女参与决策管理水平，使妇女成为政界、商界、学界的领军人物"。同时要"发展面向妇女的职业教育和终身教育"，"支持妇女建功立业"。愿我们共同努力，推动现代女性领导力研究院的建设，扩大女性领导力研究与实践的全球跨界合作，为促进女性全面发展而不懈努力！

谢谢大家！

（雷元亮，全国政协第十一届委员会委员、提案委员会委员，中国广播电影电视社会组织联合会副会长）

PART 02

数字时代与女性领导力

中国女性领导力提升研究

◎ 刘　峰

摘要：领导力由决策力和影响力两个要素构成，用公式表示：领导力 = 决策力×影响力。实证研究表明，中国的女性领导力强在影响力，弱在决策力。中国的女性干部普遍有诚信，但缺自信；有魅力，但缺魄力；有执行力，但创新力不够、主动挑战不足；德识有余，但胆识不足。

提升女性领导力重在仁德修炼，要积极进取；重在勇德修炼，要勇于担当；重在智德修炼，要创新思维。女性领导要充分发挥女性领导艺术的优势，重在吃透两头、来去自如，重在方圆兼顾、简约领导。要避免事无巨细的保姆式领导，尽量“少为”，激励下属“多为”。

关键词：领导力；决策力；影响力；三德修炼；领导艺术

不同于传统管理，现代治理要少一点管理，多一点领导。管理重在管事，重在控制，追求秩序和效率。管理依靠硬权力，带来服从。领导重在以人为本，重在激励，激发和凝聚力量。领导依靠软权力，赢得认同。现代治理能力重在领导力，而女性领导力在当下更有优势，更能适应新常态。

一、中国女性领导力的特点

“导，引也。”领导不是靠强权强力，而是重在顺应和引导。尧舜时期，黄河流域洪水经常泛滥，危及百姓生活和生命安全。为此，尧命鲧来负责治水。鲧认为洪水之所以危害百姓，是因为没有把它“管”起来，所以，他“管水”的理念就是“堵”，水来土掩，造堤筑坝，试图把洪水围住、管住，结果是洪水冲塌了堤坝。鲧治水九年都没有成功，最后被放逐羽山而死。后来，舜又根据百姓的意见命禹继续完成这个重大任务。禹接受鲧“管水”失败的教训，改“管水”为“治水”，变“硬堵”为“疏导”，顺应水向低处流的自然之“理”，因地形之利把壅塞的川流疏通，把洪水引入疏通的河道，最终流向大海，从而平息了水患,禹终于治水成功。

二者一成一败的原因在于,鲧用管控的办法,禹用治理的方法。其实,不论是自然力量还是社会情绪,如果在相对封闭的空间里不断积聚,得不到释放,最终的结果必然是爆发,引起危机,带来危害。面对不断积累的新老问题,唯有治理的方法和艺术方能从根本上解决问题。现代治理有两个特点:一是顺势、顺理(顺应自然和社会发展之规律,顺应事物发展的道理和情理);二是引导、疏导(引导思想和方向,疏导情绪和心理)。实际上,女性多理善导的领导力与现代治理是完全相通的。

领导力要又领又导、会领善导。"领"是带领、率领,领方向、领队伍,而"导"要柔,重在善导。领导力之"导"是善于引导,是事前的引导,重在目标和方向的引导、思想和情绪的引导;领导力之"导"是善于辅导,是事中的辅导,是业务工作的辅导;领导力之"导"是善于督导,是事后的督导,要检查监督,跟进反馈,只有这样才能提高领导工作的绩效;领导力之"导"是善于教导,重在提升能力和素质,重在人才的培养。中国的女性领导干部会理善导,善于把理论和实际结合起来,把道和术结合起来,在厘清工作头绪的基础上,用春风化雨的柔隐方式去引导群众自觉接受党和政府的正确领导。

本文的研究对象是参加某一国家级干部院校女性领导力专题培训的 71 名女性厅局级领导干部。测评问卷选取的是基于"卓越领导者的五种领导行为"设计的领越 TMLPI 测评问卷,主要从以身作则、共启愿景、挑战现状、使众人行和激励人心五个方面测评女性领导力的特点。问卷测评包括自评和他评两部分。其中,他评对象共 8 人,包括测评对象的上级 2 人、同级 3 人和下级 3 人。测评问卷发放和回收率均为 100%。

通过对每个测评对象自评和他评的结果进行加总平均,得出对女性领导力的整体评价情况(见图 1)。在卓越领导者的五种行为中,按照得分从高到低排序分别是:使众人行、以身作则、激励人心、共启愿景和挑战现状。其中,"使众人行"得分最高,"挑战现状"得分最低,这说明女性领导力的优势主要体现在使众人行、以身作则和激励人心三种行为上。

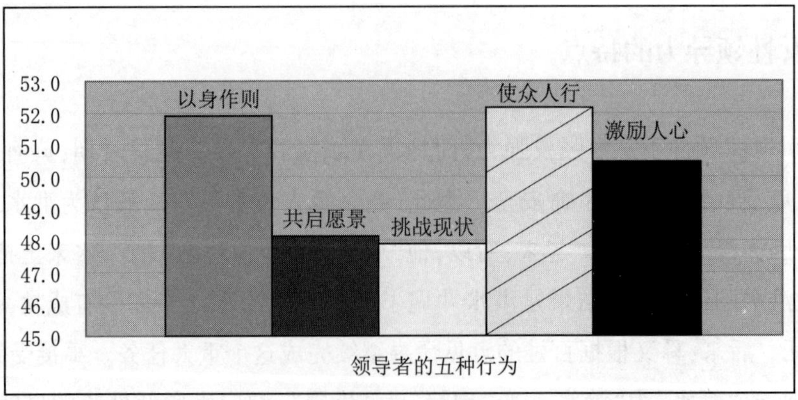

图 1　女性领导力的整体评价情况

毛泽东认为，领导工作千头万绪，但归结起来只有“两件大事”，一是“出主意”决策，二是带队伍用人。决策和用人是领导者的职责所在，角色所系。把这一观点和卓越领导者的五种行为进行对比就会发现，以身作则、激励人心和使众人行这三大领导行为基本与领导用人活动相对应，因为用人的实质强调影响人，领导不是自己干，而是带着大家一起干；而共启愿景和挑战现状则主要与领导决策活动相对应，因为决策的实质强调改变现状，追求梦想。所以，女性领导力的突出优势体现在影响力方面，而在决断力方面则略显不足。

在对女性领导干部自评和他评结果进行比较分析后我们发现了其中的两个显著特点：第一，自评与他评的方向和程度一致；第二，自评得分普遍低于他评得分（见图 2）。这说明女性领导干部普遍具备良好的角色意识，知道自己该干什么、不该干什么，有底线思维，高度诚信；而且，女性领导干部普遍比较谦虚，但似乎自信心不足。

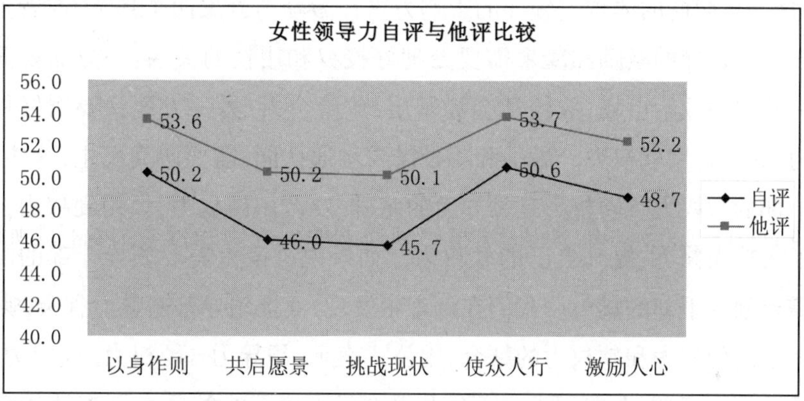

图 2　女性领导力自评与他评比较

二、女性领导力的构成

简单来说，领导力要发挥“领”和“导”两方面的作用。往哪儿“领”需要决策力，如何“导”需要影响力，这是领导力的两个要素，用公式表示：领导力 = 决策力×影响力。因此，领导力的基本构成就是决策力和影响力。“领”求方向，是决策力；“导”聚力量，是影响力。领导力是决策力和影响力的综合，二者缺一不可。

领导重在决策力。决策重在选择，在限制中选择。选择重在创新思维，重在打开空间，打开思维的空间，打开选择的空间。决策包括“决”和“策”两个环节，决策力提升要求处理好二者之间的关系。具体来说，领导决策要“先策后决”，这是领导决策的基本程序。在决策过程中，既要“策”也要“决”，“策”是出主意，“决”是选主意。决策开始时主要是“策”，就是调查研究、出谋划策，拿出备选方案，然后在“策”的基础上，进一步加工整合，选择决断，进行“决”。

领导决策要“多策少决”，这是领导决策的基本原则。“多策”就是发扬民主，多听意见,多思考,调查研究的时间要用足。“磨刀不误砍柴工。”只有在决策之前多花些时间听听干部、群众和专家的意见,制定的决策才更切合实际,更能体现出现代治理的特点。“少决”就是正确集中,“决”的次数要少,做决定的人数要少,不能大家一起来做决定。决策要迅速、当机立断,不能议而不决。

领导决策要“又策又决”,这是领导决策的相互关系。面对上级就要多“策”,多站在全局的立场为上级出谋划策;面对下级就要敢“决”,面对职责权限范围内的事项要大胆决断。领导决策需要有知识,更需要有胆识、智慧和勇气,关键时刻需要有魄力和决断力。领导决策的难点和重点都是“决”而不是“策”。

女性领导干部在影响力方面最有优势:一是善于影响下属的理念和思想,这是高智商的体现;二是善于影响下属的情绪与情感,这是高情商的体现;三是善于影响下属的意志和勇气,这是高胆商的体现。领导的影响力重在激励与凝聚两个环节,前者重在动力,后者重在合力。领导的激励和凝聚需要处理好授权和用权的关系:一方面要简政放权,把政府的一些权力放给市场,放给社会和基层,放给个人;另一方面又要用好权力,既要用好硬权力,又要善用软权力。激励和凝聚需要沟通认同,需要协商民主,这些都有赖于女性领导干部的软权力。硬权力是领导力的基础,要严用硬权力,慎用硬权力;女性领导干部还要下大功夫修炼、提升自己的软权力。如果说决策力需要领导干部的魄力,那么影响力则需要领导干部的魅力。我们在调查中发现,女性领导普遍魅力有余,魄力不足。

领导力强调硬权力和软权力的结合,用公式表示:领导力=硬权力×软权力。传统的领导能力几乎等同于职权,即硬权力,而现代治理语境下的领导力更多地依赖软权力。硬权力是外在的、法定的、有限的、充满强制性的,带来的只能是下级对上级的服从;它是一个“常量”,不管你的能力大小,只要居于同一职位,就几乎具有相同的硬权力。软权力是内在的、个人的、无限的;它是一个“变量”,带来的是干部和群众对上级领导发自内心的认同。软权力来源于女性领导干部的品德高尚、作风过硬、能力超群、经验丰富、绩效超优等与个人相关的多种因素。因此,在领导力的语境下,与女性领导干部对应的是追随者而非被领导者,领导力不能“被”。之所以用“追随者”这个概念就是强调领导力是干部和群众对女性领导的认同和接受,强调的是主动性和自觉性,而非被动性和强制性。我们在调查中发现,中国的女干部普遍比较仁慈,善于运用软权力,对硬权力的运用则相对谨慎。

三、女性领导力的修炼

2013年6月28日,习近平总书记在全国组织工作会议上提出了好干部“五条标准”:信念坚定、为民服务、勤政务实、敢于担当、清正廉洁。因此,领导干部应当重点在这五个方面提升自身的素质和领导力。

领导特质理论关注领导者是什么样的人，重点研究“怎样是好干部”，领导干部与普通群众和专业技术人才之间究竟存在哪些区别。用习近平总书记的话来说，领导干部就要在“平常时候看得出来、关键时刻站得出来、危难关头豁得出来”。

孔子认为，君子应“智者不惑，仁者不忧，勇者不惧”。换言之，中国的女性领导干部要修炼三德，即仁德、智德、勇德。这里的“仁德”就是女性领导干部的作风，也就是广义上的情商；“智德”是女性领导干部的能力，指广义上的智商；而“勇德”就是女性领导干部的责任意识和担当精神，指广义上的胆商。习近平同志强调，领导干部要增强进取意识、机遇意识和责任意识。一是进取意识，它是提高情商和仁德修炼的重点；二是机遇意识，它是提高智商和智德修炼的重点；三是责任意识，它是提高胆商和勇德修炼的重点。

（一）女性领导干部的仁德修炼

“仁者爱人。”女性领导干部心中要有大爱，爱国家、爱人民，领导干部要有“绿我涓滴，会它千顷澄碧”的大仁大爱信念和全心全意为人民服务的宗旨情怀。领导仁德的重点是信念坚定，是为人民服务，是清正廉洁、作风优良。信念坚定是领导干部精神之“钙”，没有理想信念，理想信念不坚定，精神上就会“缺钙”，就会得“软骨病”，就会迷失前进的方向，就会动摇继续前行的信念。全心全意为人民服务的宗旨是仁德修炼的根本目的。

仁德就是广义情商的概念。仁德实际上包括两个方面的内容：一是仁者不忧；二是仁者爱人。所谓仁者不忧，强调的是领导干部通常富有自信，能始终保持乐观向上的阳光心态和积极奋发的进取精神，重在自我管理和自我激励。所谓仁者爱人，强调的是女性领导干部要关心他人，不仅关心部门和单位的发展，而且关心社会和国家的进步，重在了解他人和影响他人。广义情商主要是女性领导干部在情绪、作风、道德和意志等方面的品质，主要体现在：女性领导干部既能够自我管理和自我激励，又善于把握他人情绪和影响他人，是一种处理好自己和他人关系的综合能力。毫无疑问，领导干部只有具备高情商，才能管得住自己，管得住身边人，才能够坚定理想信念，大仁大爱，服务好并带领好群众。因此，二者在本质上是一致的。

2013年5月14日，习近平在天津和高校毕业生、失业人员等座谈时指出：做实际工作情商很重要，更多需要的是做群众工作和解决问题能力，也就是适应社会的能力。习近平的这番话虽然是针对大学生村官讲的，但对女性领导干部同样具有指导意义。领导力的本质是感召力，是影响力。因此，领导干部更需要积极进取、奋发有为，“不待扬鞭自奋蹄”。

中国的女干部不仅要有诚信，更要有自信。“自信人生二百年，会当水击三千里。”毛泽东领导中国革命成功的实践告诉我们,自信才有领导力。

(二)女性领导干部的智德修炼

智德是把中央精神和当地实际相结合,选择合适的角度和力度为人民服务的智慧,知道什么该做、什么不该做,知道什么时候做什么事,善于取舍把握机遇。智德修炼的重点是能力建设,是科学决策,是勤政务实。智德的核心是判断力,是一切从实际出发,坚持党性和人民性的统一,坚持原则性和灵活性的统一。女性领导干部要把中央精神和地方实际有机结合,既要深刻领会中央和上级的施政理念、方针和政策,理解世界和中国发展的大势,把握发展的方向和战略,坚定信心、毫不动摇;又要了解本地区、本部门的实际情况,有什么优势,有什么劣势,有什么机会,有什么挑战,要注重灵活性,要适应、学会变化,因地制宜、因时而变,富有创造性地开展工作,关键在取得人民群众满意的实效。

领导智德修炼的重点是习近平同志强调的领导干部的机遇意识,决策要及时,机遇要抓住。"时来天地同协力,运去英雄不自由。"毛泽东晚年常用古人的这两句诗来概括自己一生的政治智慧和决策经验。

(三)女性领导干部的勇德修炼

勇德的重点是担当精神,重在敢于担当,重在责任意识。勇德,意思是说女性领导干部要有推动改革和发展的开拓精神和胆略气魄,要勇担责任、不畏艰难,要坚韧不拔、勇往直前,"咬定青山不放松",对确定的目标和认准的事情坚定不移。女干部的韧性也是勇德的表现。

党的十八大以来,习近平总书记在不同场合反复强调党员领导干部要敢于担当,并身体力行、率先垂范。习近平同志指出:"是否具有担当精神,是否能够忠诚履责、尽心尽责、勇于担责,是检验每一个领导干部身上是否真正体现了共产党人先进性和纯洁性的重要方面。"女性领导干部就是责任、困难和风险的担当者。敢于担当是大智和大勇,是见识和胆识,是责任和使命。有的人把事情看得清清楚楚、明明白白、透透彻彻,但总是患得患失,关键时刻优柔寡断、犹豫不定、无法决断。领导工作不能怕危险,更不能怕担责任。身为女性领导干部,就要有强烈的担当意识、勇于决断的勇气和魄力。

领导勇德修炼的重点是习近平强调的领导干部的责任意识和担当精神。领导干部的担当精神直接关系到改革的成败,有多大的担当方能干多大的事业,尽多大的责任才会取得多大的成就。敢于担当首先是一种政治信念,女性领导干部积极推进引领改革,既是神圣使命也是重大职责。是否敢于担当,不仅是衡量优秀女性领导干部的基本标准,也是评判优秀女性领导干部是否讲政治的重要标尺。

敢于担当还需要有一种推动改革的能力。女性领导干部既要敢于担当,也要善于担当;既要敢于改革,也要善于改革。在推进改革的过程中,女性领导干部既要管宏观,也要统筹好中观、微观。敢于担当要求女性领导干部坚持原则、认真负责,面对矛盾敢于迎难而上,面对危机敢于挺身而出,面对失误敢于承担责任,面对歪风邪气敢于“亮剑”。

四、女性领导艺术的应用

1981 年,美国获得诺贝尔奖的神经心理学家罗杰・斯佩里(Roger W. Sperry)通过研究发现,人的大脑由左脑与右脑构成,二者功能不对称:左脑擅长逻辑思维和抽象思维,是“数学脑”;右脑擅长直觉思维和形象思维,是“艺术脑”。优秀的女性领导干部更擅长右脑思维和全脑思维。

领导艺术的应用既与领导实践、领导经验和女性领导干部的个性风格相关,又离不开领导力的强大作用。毫无疑问,在许多情况下,领导经验与领导艺术具有一定的关联,但这种情境下的领导艺术只是浅表层次的,停留于女性领导干部自发、自为的层面。更高层次的领导艺术需要有领导理论的指导,需要女性领导力的应用,需要女性领导干部通过主动、自觉的学习和实践去把握和运用,从而实现领导艺术从必然王国向自由王国的飞跃。推动改革的领导艺术就需要各级领导干部把握好改革的方向、进度、力度、角度和程度,把握好顶层设计和摸着石头过河的关系,把握好政治定力和稳中求进的关系,把握好改革智慧和改革勇气的关系。改革越深入,越需要领导艺术。

(一)吃透两头的艺术

女性领导干部既要吃透上头,“接上天线”,深刻领会党和国家的路线、方针、政策,又要吃透下头,“接上地气”,准确了解本地区、本部门的实际情况和群众的意愿,把两头有机结合起来,才能在实践中创造性地开展工作。吃透两头的艺术要求女性领导干部注重原则性和灵活性的结合,强调领导力和执行力的统一,把党性和人民性统一起来、一致起来。吃透两头离不开理论与实践的结合,离不开领导和群众的结合,离不开实事求是,讲求一切从实际出发。女性领导干部既要学理论,向上级学,又要学实践,向干部、向群众学,在学习和实践中吃透两头,形成领导工作的动力和合力。

(二)来去自如的领导艺术

“从群众中来,到群众中去”是中国共产党的群众路线的领导方法和工作方法,也是领导力产生和运用的基本规律。所谓“来”,主要是把群众中分散的智慧、意愿和力量集中起来;而对于女性领导干部来说,则意味着要带头,要前进一步、走在前面,要与众不同,要比群众付出更多的辛劳、接受更严格的约束。所谓“去”,就是放下架子,主动沟通协商,亲民务实,缩小与群众之间的感情距离和心理距离,强化自身的亲和力和影响力。运用“来去自如”的领导艺术,既要防止出来以后回不去,也要防止回去之后出不来。所谓“出来以后回不去”,是指女性领导干部的能力和素质高于群众,但不沟通、不协商,就可能犯命令主义的错误;而“回去之后出不来”则容易犯“尾巴主义”的错误。换个角度来说,“出来以后回不去”,回不到实践中去,可能犯教条主义的错误;“回去以后出不来”,缺少正确的理论指导,则可能犯经验主义的错误。

(三)方圆兼顾的领导艺术

中国优秀的女干部在工作中都有方圆兼顾、刚柔并济的特点。所谓“方”,是指领导工作的原则性和权威性,领导决策的目的和目标必须坚定不移;所谓“圆”,是指领导工作的灵活性和策略性,实现领导决策的具体方法要灵活、变通。习近平同志指出,领导工作要既讲原则性又讲灵活性,既不能用原则性来限制、束缚灵活性,也不能以灵活性来破坏原则性。要把原则性和灵活性有机地结合起来,才成其为真正的领导艺术。女性领导干部的方圆兼顾就是要做到“大方小圆,内方外圆,先方后圆,己方他圆”。“大方小圆”是指大事与中央保持一致、与上级保持一致,坚持原则不动摇、不含糊;小事可以适当地灵活变通,在法律允许的范围内体现创造性。“内方外圆”的“内方”是指思想信仰要坚定,要讲党性,做人堂堂正正;“外圆”是指行为要适应社会、适应环境。“先方后圆”是指时刻把握原则性根本,“方”是第一位的,“圆”是第二位的,是不能破坏“方”的。“己方他圆”是指严于律己、宽以待人,对自己高标准、严要求,对下属则要宽容。

(四)简约委婉的领导艺术

《中国共产党章程》指出:“党在自己的工作中实行群众路线,一切为了群众,一切依靠群众,从群众中来,到群众中去,把党的正确主张变为群众的自觉行动。”领导艺术的最高境界就是“把党的正确主张变为群众的自觉行动”。中国古代思想家老子把领导分为四个阶段。第一阶段是“恨之侮之”,第二阶段是“敬之畏之”,第三阶段是“亲而誉之”,第四阶段是“不知有之”。其中,“恨之侮之”指的是统治者使用强迫命令等简单粗暴的方式来实施高压统治,被统治者虽然表面屈从,但背地里对其恨之入骨。“敬之畏之”的管理是那种依赖行政命令、依靠刚性的规则规范和惩罚的方式来进行管理,被管理者对管理者心存畏惧,敬而远之。“亲而誉之”是指女性领导干部注重通过柔性引导和激励、凝聚等方式与干部和群众之间建立彼此信任的关系,使他们感到女性领导可亲可近,人前人后都对其赞不绝口。

老子在《道德经》中说,“功成事遂,百姓皆谓我自然”。这就进入了“不知有之”的领导艺术的最高境界。群众没有感觉到你的领导,但已实实在在地接受了你的领导。“不知有之”的领导艺术要求女性领导干部简约领导，尽量减少领导工作的“量”、提升领导工作的“质”。少一些行政干预，少一些事无巨细的包办代替；多一些法治引领，多一些理性思维和创新思维，多一些服务引导，用社会主义核心价值观、用制度去影响人。

（刘峰，国家行政学院和北京大学管理学教授、博士生导师，中国领导力研究院院长）

领导力+ :数字时代的女性领导力

——“世界大学女校长·女子大学”丛书编辑出版感言

◇ 闵惠泉

非常荣幸作为一个“非女性”和“非女性问题研究者”,应邀参加本次研讨会,并在大会上发言。其实我一直在纠结自己发言的合法性和理由,以及究竟如何理解和建构领导力、女性领导力与数字时代的女性领导力之间的关联。

首先,我想有以下几点是我敢于发言的理由:

第一,我参与、见证了老校长刘继南教授主编的“世界大学女校长·女子大学”丛书的策划、编辑、设计、印刷、出版自始至终的全过程。这套丛书涉及五大洲 34 个国家的 80 余位女校长。丛书洋洋大观近 50 种,在同一时间点一次性推出,这在中国传媒大学出版社历史上是第一次,也是空前的。

第二,在编辑出版过程中,我一方面通过阅读丛书,另一方面通过电话或邮件往来,结识了一大批具有远见、勇于奉献、敢于担当、身体力行,“永远想要前进,永远动力十足”的令我敬佩、给我带来激励和感动的优秀中外大学女校长群体和个人。

第三,通过编辑出版这套丛书,我也结识了一个优秀的“世界大学女校长和女子大学”撰写团队。在这几十人的写作团队中,80%是女性;而在我曾经工作的中国传媒大学出版社担负这套丛书的编辑、出版的同仁中,80%也是女性。顺便说一句,我也是长期在女校长领导下工作并得到锻炼和成长的,当然,在家庭里我也一直被女性领导。我发现“被领导”是我的常态与长项,也是我认识女性领导力的一个视角。

其次,如何理解和建构领导力、女性领导力与数字时代的女性领导力之间的关联?如何认识数字时代女性领导力?这的确是个重要的理论与实践问题。在座的既有优秀的大学女校长、女领导,也有研究这方面问题的专家、学者。我只能及时“恶补”相关知识,并从编辑与阅读丛书的角度,谈些感悟与粗浅的看法。

领导力、女性领导力与数字时代的女性领导力,用哲学的语言,这是一般与个别、普遍与特殊的关系。领导、领导力是恒久弥新的话题。只要有人群,就会有等级秩序,就要有领导,就会发生领导力的问题,即便是在漂流到孤岛上的“鲁滨逊”与“星期五”两个人之间,也不可避免地存在一定程度的主仆关系。

那么,有没有脱离一般领导力的纯粹的女性领导力?女性领导是不是创造出新的领导力?从女性领导,特别是大学女校长身上我们看到了什么?她们身上的特质与这个时代的领导力、领导风格又有着什么样的关系?这些都是我们需要深入思考的问题。

我在阅读女校长的书籍中发现,不少人并不乐于凸显自己女校长的性别角色与性别意识。她们中的许多人主要是通过自己长期的努力和卓越表现,或"必然"或"偶然"地成为某一所大学历史上几十年甚至近百年来"唯一的"或"第一个"女校长的。

在这里,我想套用一个时髦的"互联网+"的表述方式,提出"领导力+"的新概念。换句话说,我认为女性领导、大学女校长,她们首先是掌握大学一定权力,引领大学向着某一理想、目标奋进的领导。不过由于女性的特质,她们又在身体力行地做着"领导力+",即为领导力"添加"上新的与时俱进的、个性化的色彩,诠释着领导力更丰富的内涵。

我在阅读时,常常被这些女校长的经历、言行所激励和感动,对于这些大学女校长,与其说她们在掌握一种权力,不如说是在承担着一种责任。她们爱校如爱家、治校如治家,辛勤耕耘、无怨无悔。女校长在证明自己,在冲破"玻璃天花板"的过程中,她们明显比男校长更执着、更包容,更有牺牲与奉献精神。在她们领导的权力结构与运用中,你可以看到如约瑟夫・奈(Joseph S. Nye)所说的"硬实力""软实力",还有"巧实力"。

教育被认为是"伟大对话",女校长乐于、善于学习的精神,出色的对话与沟通能力,女性对事业的投入、心中的大爱、对人的关爱而凸显的人格魅力,认真严谨、注重细节、精益求精的风格,女性的远见、毅力与坚韧,都在为领导力做着加法,更成为"说服跟随者实现目标"的软实力和巧实力。

女校长可以为一次讲话、一篇序文、一所大学发展的愿景与规划,集思广益,修改几十遍甚至上百遍;可以为全校 9600 名毕业生逐一拨动学位帽上的垂穗,并送上 9600 句祝福(这大概能够载入"世界吉尼斯纪录");可以为学校发展争取到新的支持与资源,再三申述并坐在有关主管部门那里,不达目的决不罢休。

也许这个世界不会有那么多女性成为这样的女校长,也许她们的经历不可复制,但是只要具有这些女校长身上的某些品质与精神,无论身处哪个行业,相信女性都会取得不凡的成就。

法国巴黎高等师范学院前院长刚铎—斯派尔贝尔说过:"在法国,一个女人拥有权力,就不会再有简单的生活。"在《法国大学女校长》一书中讲述了五位女校长的故事,其中有两位没有要子女,又有两位先后离婚。《美国常春藤大学女校长》中的五位女校长,也有三位经历过婚姻失败。这或许是"女人拥有权力,就不再有简单的生活"一个小小的注解,我想这大概不是只有西方女性才会碰到的问题。

做女人难,做女校长更难,做兼顾好事业与家庭、幸福地"拥有一切"的大学女校长尤其难。难怪有人把她们看成“女强人”“女超人”,甚至发出“一个成功的女性根本就不是女性”的感叹。

世界范围内女性的崛起,与全球科技发展、网络化数字化浪潮兴起并汇合,或许是这个时代的一种巧合与机遇。

数字时代的一个重要特质就是带来更广泛、更空前的人员与知识的“流动”,以及更广泛的“协商”“对话”“民主”“参与”。

在数字时代背景下,权力和领导都在发生变化。“信息革命正推进政治和组织的转型”,整个社会的“上下级体系”正趋于扁平化。与此同时,日益接受良好教育、处于人身与信息自由流动状态的大众群体也在发生变化。大众是一个在数字网络时代被“脸书”“微信”“微博”快速武装起来的群体,他们不仅每天都捕捉和交换各种思想与信息,而且每天“都在对领导做出评价”。同时,他们越来越需要获得参与和尊重。面对居高临下的、强迫命令的、武断的领导,他们就会做好随时拒绝或脱离领导、拂袖而去的准备。

许多女校长正是创造出了“事业留人”“感情留人”“尊重与关爱留人”的环境与氛围,才凝聚了力量和人心,使优秀的领导团队成员鼎力相助、不断伸出援手,也让普罗大众成为追随者。

有人断言,在网络数字化时代,“领导会日益成为‘女性化的领域’”,就是因为女性正在实践着“领导力+”,女性注重协作、交流、对话、参与和融合,强调吸引和说服,进而引导追随者的领导风格,恰恰与这个时代特征契合,这种领导风格也更容易使女性取得成功。

人类社会的繁荣、发展取决于卓越的领导力,而女性领导力的提升和影响力的增强,无疑是社会文明与进步的重要标志。

这是一个充满挑战、激励优秀女性走向历史和领导前台的时代,也是一个需要女性积极地投入参与并为女性领导创造了新的机遇,开拓了新的更广阔空间的时代。这个时代会因为女性、因为有更多的女性担任领导,为领导力、为网络数字时代的领导力增添新的助力和色彩而更加精彩。

(闵惠泉,中国传媒大学出版社原总编辑、“世界大学女校长·女子大学”丛书总监制)

数字时代的女性领导力

◎甘　斌

摘要:信息技术的发展使社会进入了数字时代,极大地影响了管理方式和领导力的变革。本文重点探讨的是数字时代对领导力的影响,女性发展所面临的新的机遇和挑战,以及为了迎接挑战所做的准备,同时分享了女性领导力培育模式的实践案例——蒲公英女性领导力提升计划。

关键词:数字时代;互联网;国际视野;领导力;女性领导力

从万维网到互联网再到"互联网+"概念的提出,不仅见证了信息技术的突飞猛进,同时也使人们的价值观念、生活方式、行为习惯等发生了翻天覆地的变化。信息技术革命让人类社会实现了前所未有的变革,有人称之为颠覆,开启了以知识、信息、高科技人才为核心的时代。信息技术的蓬勃发展也催生了诸如"大数据""互联网+""云数据"等一系列新兴的名词。与此同时,经济全球化、国际组织合作、国与国之间的贸易、不同地域文化的深入交流、教育方式的变革、政府管理职能的转变、企业管理方式的变革、领导力以及全球领导力的变革等也在悄然发生。

未来不确定环境用 VUCA 这四个英文字母代表(Volatile 动荡的,Unpredictable 不可测的,Complex 复杂的和 Ambiguous 不确定的)来描述非常有说服力,那么面临 VUCA 的环境,组织的领导者又需要具备哪些 VUCA 要求的领导力?

一、信息技术变革对领导力发展产生的深远影响

领导力从产生至今,学术界并没有统一的定义。正如麻省理工学院博士,美国当代杰出的组织理论、领导理论大师沃伦·本尼斯(Warren G. Bennis)所说:"领导力就像美,它难以定义,但当你看到它时,你就知道。"有关领导者或领导力的定义比较流行的说法有:通用汽车副总裁马克·赫根(Mark Hogan)对领导者的描述:"记住,是人使事情发生。世界上最好的计划,如果没有人去执行,那它就没有任何意义。我努力让最聪明、最有创

造性的一群人在我周围。我的目标是永远为那些最优秀、最有天才的一群人去创造他们想要的工作环境。如果你尊敬那些人并且永远信守你的诺言,你将会是一个领导者——不管你在公司的职位高低。”管理学大师彼得·德鲁克(Peter F. Drucker)说:“领导力的唯一定义就是是否拥有追随者。”美国人类学家玛格丽特·米德(Margaret Mead)说:“永远不要怀疑,一小组有思想和关心的公民可以改变这个世界,事情的确就只是这样。”美国前国务卿基辛格(Henry Kissenger)博士说:“领导就是要让他的人们,从他们现在的地方,带领他们去还没有去过的地方。”

领导力发展到现在已经形成了一些理论体系,但它并不是一成不变的,因为领导力受关键因素和情境的影响。美国当代著名心理学和管理学家弗雷德·菲德勒(Fred E. Fiedler)在大量研究实证的基础上开发出了著名的菲德勒“权变理论”领导力模型,对不同情境因素下的领导成效进行了阐释。菲德勒认为,领导力是否有效取决于领导方式与情境的关系,因而领导力是不断变化的,即符合权变原理。根据三种情境因素“领导—成员关系”“任务结构”“职位权力”的不同组合,可以得出八种领导类型(见图1)。

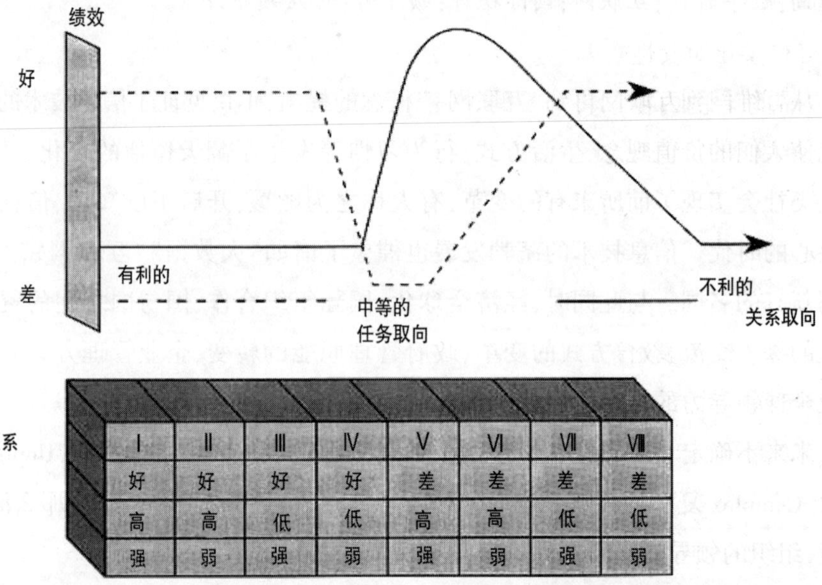

图1

所以,当社会环境变了,被影响的对象变了,情境因素也就发生了变化,这些变化往往对员工绩效、工作努力程度以及是否愿意追随等产生了极为重要的影响。

二、女性领导力的发展变化

女性领导力作为一个名词或学术语言,出现的时间并不久远,但是作为领导者主体的女性在历史上是绝对存在的，如早期的母系氏族、封建社会掌握政权的女王等。华东师范大学蒋莱博士在女性领导力研究中把女性领导力的发展分为“自在”“自为”“自由”三个阶段，形象地描述了随着社会的发展变化，女性领导从占据优势到弱势再到崛起的历史变迁。近现代社会性别差异和女性主义的出现，为研究两性领导力风格打下了基础。如 20 世纪 80 年代西方对两性领导风格差别的研究一直存在争议，其中比较有代表性的人物——美国女性职业顾问赫尔格森（Helgesen）于 1990 年在《女性优势》一书中提出了女性领导风格的理论体系，认为女性领导注重交际、协调和整体的利益。当然，也有一些人对此持怀疑的态度，认为两性领导风格差异缺乏理论支持。

目前，国内关于女性领导力的理论研究日趋增多，诸如华东师范大学人才资源研究中心教授叶忠海对女性人才思想以及女干部领导的研究、中南民族大学童兆颖对女性领导模式的研究，以及华东师范大学蒋莱博士对女性综合领导力的研究评述。相比国内，国外对女性领导力的研究则较早，20 世纪 70 年代，哈佛商学院的首席管理教授罗莎贝斯·莫斯·坎特（Rosabeth Moss Kanter）引发了组织性别因素的研究，以及美国西密歇根大学传播学院教授彼得·G.诺斯豪斯（Peter G. Northouse）关于女性领导者的研究等。

经过多年对女性领导者的培训、咨询和项目辅导，笔者认为，领导力本身并无差别，都是对追随者的内在影响，实现卓越领导都需要进行领导力的五项修炼：以身作则、共启愿景、挑战现状、使众人行、激励人心。但因为社会对性别认知还保留着传统意识，人们对于领导力的理解出现了性别偏差，比如认为男性领导就应该刚强果断、女性领导就应该凸显人文关怀等。如果一位女性领导在工作中表现得强势、果决，就会被认为缺乏女人味。尽管对于领导风格差异仍存在许多不同的看法，但随着时代的变迁，整个社会将变得更加包容和多元化，这些变化都在力图让领导力回归本质。

现实社会想要实现真正意义上的性别平等还是一个长远的目标，但女性作为领导者在个领域已经作出了很好的榜样，比如德国历史上首位女总理默克尔、前澳大利亚总理吉拉德、美国前国务卿希拉里以及 Facebook 首席运营官雪莉·桑德伯格等。

三、数字时代的女性领导力培育实践分享——蒲公英计划

笔者从 2006 年至 2013 年一直为中国女市长进行女性领导力培训，在此期间我意识到领导力对女性自信及潜力发挥产生的巨大影响，同时也意识到女性之间的互助关系给女性发展带来的积极作用。因此，我们于 2014 年创办了蒲公英领导力研究院（WLA），帮助“双高”（高层次、高潜力）女性提升领导力，其核心是蒲公英女性领导力提升互助计划（以下简称“蒲公英计划”）。“蒲公英计划”至今已成功举办四期培训，培养出了 164 名优秀女性领导和 11 名男性观察员。微信群是我们主要的工作交流方式。同时，我们举

办了多期在线领导力沙龙，在此分享一些实践感受。

（一）“蒲公英计划”发起的动因

“蒲公英计划”的核心理念是通过培养女性领导力，帮助女性激发潜能和实现奉献社会、帮扶更多人的愿望。以下四个方面是发起“蒲公英计划”的主要动因：

1.提升优秀女性走向高层的个人素质和主观能动性

虽然社会进步让女性在诸多领域有了很大的突破，但由于社会历史因素的影响，女性发展的主观能动性不足，视野相对局限。蒲公英领导力研究院旨在为女性搭建弥补缺陷、解决问题的平台。

2.“帮一人，扶一片”的理念落地

之所以命名为“蒲公英计划”，是因为蒲公英的种子易随风飘散，繁殖力强，借鉴了蒲公英善于传播的理念。“蒲公英计划”希望帮助优秀女性，从而影响更多女性，形成合力，共同促进广大女性深远发展。

3.依据现实和成长的性别差异，提供针对女性的培训方案

目前，各级妇联组织对妇女及儿童弱势群体的帮扶很有成效，但缺乏对优秀女性群体的体系化培养研究，政府机构、企事业部门对领导干部、管理人才的培养几乎不分性别，这使得女性很难突破现实中的不平等发展环境，实现自身技能的提升。“蒲公英计划”聚焦于用女性视角去为她们的家庭、工作和社会角色价值的提升而努力。

4.改善女性领导力培训理论化、抽象化、群体聚会休闲化的问题

目前，社会上已有的一些女性领导力培训项目要么过于理论化、抽象化，要么内容偏重休闲化，女性聚在一起谈论休闲话题，不像男性一样高层次聚集通常是资源共享探讨专业发展和事业拓展。“蒲公英计划”希望为真正想寻求专业精进、职业领导力强化和社会影响力提升的女性创造贴近她们需求的培训项目、交流氛围和事业互助平台。

（二）“蒲公英计划”的愿景和学员情况

“蒲公英计划”的愿景是建立一个让优秀女性聚集、互助、共建、成长和发声的平台。“蒲公英计划”的理念是影响有影响力的女性，让女性成为帮助女性的资源。在这样的理念和愿景下，“蒲公英计划”吸引了来自体制内和体制外的众多优秀学员。她们当中，年龄最大的 52 岁，年龄最小的 27 岁，平均年龄 38.2 岁。其政治身份和学历分布如图 2 所示：

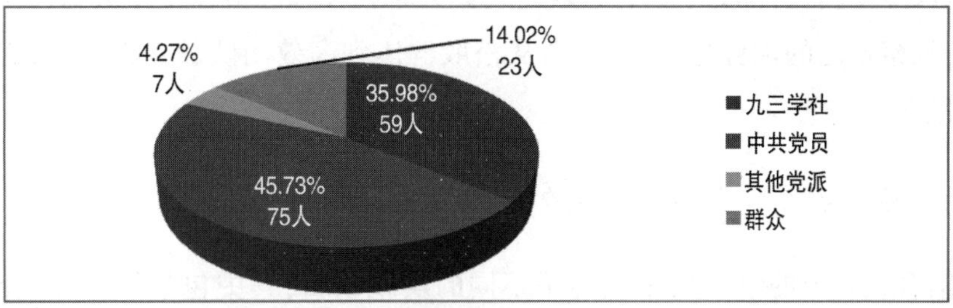

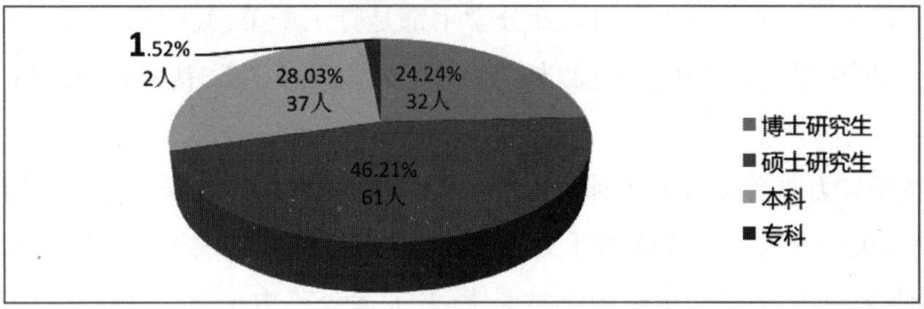

图 2

（三）“蒲公英计划”的三阶段模式

“蒲公英计划”的整体学习分为三个阶段（如图 3 所示）。第一阶段“预学习指导与领导力行为测评”，“蒲公英计划”的专家们为女性专门开发了四维度、八素质到三十六个行为的三级领导力指标测评工具，帮助女性找到自身领导力发展的优势、潜力、盲区和待提高区；第二阶段是包括个人领导、团队领导、家庭建设和社会影响四个模块的课堂学

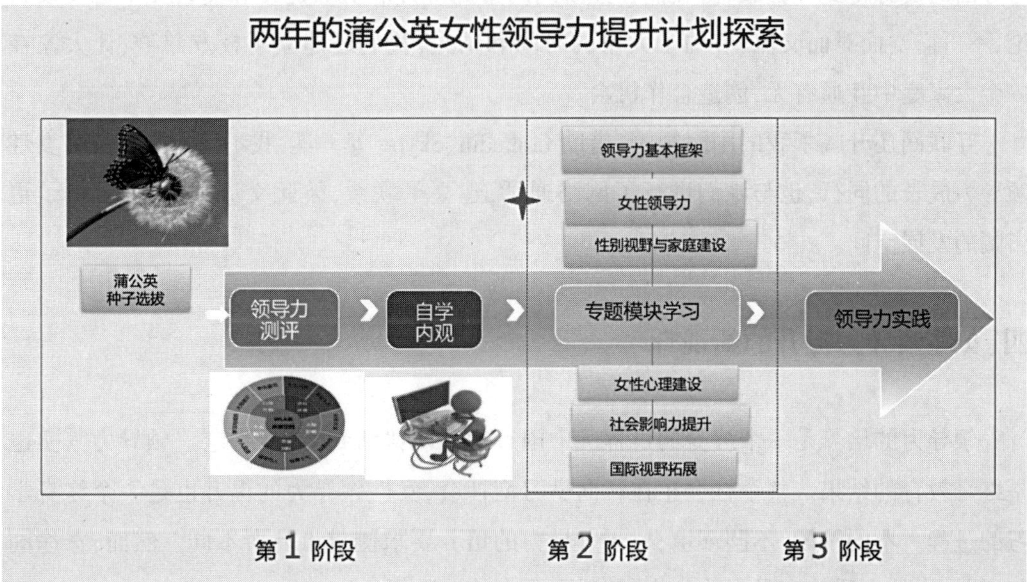

图 3

习;第三阶段是专门设计的领导力实践项目,让大家在无领导群体中体会如何调动他人,影响他人,觉察自己的优势与不足,体会从松散群体到高效团队的建设过程,建立信任,创造合作机会。

(四)“蒲公英计划”的领导力实践项目

我们结合领导力的学习要素设计了不同的实践项目,其中包括丰台芳星园中学的“Girl to Goal”项目。芳星园中学的大部分学生都是打工子弟,我们每月派一名“蒲公英种子”到芳星园中学为女学生们讲授“如何做一个成功的女性”,帮助孩子们树立正确的人生观。

蒲公英领导力研究院未来计划做几件事情:一是开展女性成长课堂(G 计划),培养更多的“蒲公英种子”;二是开展国际交流与合作项目,举办有一定影响力的国际女性发展论坛,开展公益活动;三是走进中小学课堂,开展蒲公英中小学女性精英计划;四是探索社会企业的发展模式,实现可持续发展。

(五)“蒲公英计划”实践心得与总结

办一所女性领导力研究院一直都是我的梦想,互联网让这个梦想变成现实。我们从线上走到线下:注册了蒲公英领导力研究院公共微信账号,将我们的每一次学习活动传播出去。每个人都是一个自媒体,相比传统媒体,新媒体的传播更快、更精准。

互联网所带来的便捷也让我有更多精力去做这样的工作,通信方式的多样化也让人力方面的资源得到充分聚合,我们在互联网的帮助下开展班级建设和蒲公英平台发展讨论,不再需要面对面交流,节约了大量的时间和精力;我们还建立了校友总群,让大家在一个大家庭中互通有无,创造合作机会。

互联网还开阔了我的国际视野,借助 Linkedin、Skype 等工具,我不仅找到了更多女性领导力成长的同行,也与她们进行了网络通话,建立了联系,彼此交流了经验,取得了更广阔的发展空间。

四、女性领导力提升的新视野

领导力的培养是一个终身的过程。中国有句古话:“活到老,学到老。”领导力其实也是终身教育的结果。整个社会正在转向学习型社会,女性领导力的提升也是一个终身学习的过程。不同阶段,不同环境,对于领导力的培养要求侧重点有所不同。然而,殊途同归,领导力的本质终究是影响他人,并吸引更多的追随者。

需要特别指出的是,女性领导力的发展并非如想象的那般一帆风顺。迫于历史和现实的局限性,女性地位和女性领导力的发展十分缓慢。2014 年的《全球性别差距报告》指出,现在还没有任何一个国家全面消除了性别差距,经过九年来的评估结果,可以发现女性在全球劳动力市场的地位仅有小幅提升。按照这一发展趋势,在其他方面平等状况不变的情况下,我们至少需要再等 81 年,才可能在就业上,最终完全实现性别平等。

但是,在信息技术飞速发展的时代,女性的家庭角色正在发生改变。作为女性,应当充满觉醒的意识,抓住时代的契机,勇于迎接现实的挑战,为女性未来更加和谐美好的发展环境出一份力,因为时代赋予了我们这样的使命,也给予了我们这样的机会。正如艾玛·沃特森(Emma Watson)在联合国的 HeForShe 项目中的演讲一样:“我坚定地告诉自己——如果不是我,那又该是谁?如果不是现在,那又该是何时?”

参考文献

[1]蒋莱.女性领导力研究综述[J].中华女子学院学报,2011,4(2):66-72.

[2]李云飞.全球领导力文献综述与分析[EB/OL].(2012-11-28)[2014-02-25]. https://wenku.baidu.com/view/1426aa006f1aff00bfd51e0a.html?_wkts_=1709980046032&bdQuery=%E5%85%A8%E7%90%83%E9%A2%86%E5%AF%BC%E5%8A%9B%E6%96%87%E7%8C%AE%E7%BB%BC%E8%BF%B0%E4%B8%8E%E5%88%86%E6%9E%90.

(甘斌,九三学社北京市委妇委会副主任、海淀区政协委员)

从一个人的生命史看女性领导力的生成与发展

◎ 张政法

摘要:本文从新西兰梅西大学校长朱迪斯·甘丽雅(Judith Kinnear)个人生命史的角度,对其领导力的生成、基调、特色进行了介绍和论述,认为其领导力的形成和发展来自学习和实践,来源于坚定的意志、科学的精神、负责的气概、认真的态度、细心的调适和人文的情怀,具有相当的借鉴和示范价值。

关键词:生命史;女性领导力

历史是由人创造的,而人们创造的历史首先是他们自己的历史。通过记录和考察个人的生命史,我们既可以审视个人命运与社会结构、社会变迁的联结和关系,也可以发现个人自身发展的脉络和轨迹。

研究女性领导力,如果从一位女性领导者个人生命史的角度出发来梳理其领导力生成与发展的规律,似应更具客观性和实证价值。

我们观察的这一生命史是由朱迪斯·甘丽雅书写的。

朱迪斯·甘丽雅(Judith Kinnear,生于1939年),哲学博士,遗传学专家,澳大利亚遗传学计算机模拟教学开创者,悉尼大学生物学终身教授。曾任澳大利亚悉尼大学副校长、新西兰梅西大学校长。

甘丽雅1974年于墨尔本大学被授予博士学位,后又获得教育学士学位、计算机模拟专业研究生文凭。她曾先后多次到英国伦敦大学、美国康奈尔大学、美国佐治亚大学访问学习。1997年,担任悉尼大学副校长,负责学术和国际事务工作。2003年,获聘新西兰梅西大学校长,成为梅西大学乃至新西兰历史上的第一位大学女校长,被新西兰时任总理海伦·克拉克(Helen E. Clark)评价为"梅西大学的又一个第一次"。在任期间,被任命为新西兰大学校长委员会国际事务委员会主席。甘丽雅重视科研和国际交流,推动制度创新,使梅西大学的科学研究处于全国领先地位。2008年任满退休。离任时,梅西大学医学院全体成员这样送别她:"您的离开会让一切黯然失色。"

以上是笔者对朱迪斯·甘丽雅教授的简单介绍,它基于笔者所撰写的人物传记《朱迪斯·甘丽雅——新西兰梅西大学女校长》。该传记以约 11 万字的篇幅、近百张照片，对甘丽雅从祖辈移民开始到 2014 年以来的生活、工作进行了较为详尽的记录和讲述。其中最为突出的是她从事高等教育管理的经历和表现。本文将基于这一个人生命史对其领导力的生成和发展进行专题研究。

一、领导力的生成:从负责到负得起责

如果说领导力是"面向未来推进变革"的能力,那么人人都具备领导力。但是,从一种内在的能力构成变成一种外在的能力实现,其中的关键是对特定的事务进行负责。

甘丽雅踏上管理岗位来自一次偶然。1976 年,她所在的墨尔本州立学院生物系的系主任想离职一段时间,于是辞去了主任的职位。作为该系本就不多的高级讲师、博士之一的甘丽雅被校方任命为代理系主任,几个月后该系还将公开招聘系主任。代理系主任这一角色为甘丽雅发挥此前在长期求学与游学中积累起来的能力与经验提供了舞台,并成为甘丽雅领导力生成和发展的契机。

由于家庭的困苦、童年的不幸,甘丽雅一直是一个为自己负责的人,现在她又要为团队负责,这是从一个自我管理者到一个团队管理者必须要完成的转变。用她自己的话说,"担任系领导使我的主要关注点产生了一个显著的变化,那就是我要对我的团队负责,支持他们的学术活动,促进他们作为教师和研究者的持续发展。以前,我需要处理的问题主要是如何平衡自己在教学与科研之间的需要,以及学术与生活之间的关系。然而,作为一名部门领导,我则需要去处理那些影响到部门员工的事宜。"的确,完成这一转变,才意味着个人能力转化升级为真正的领导力。甘丽雅完成得不错,本来是几个月的代理,一下子代理了两年,两年后甘丽雅成为正式的系主任。

"负责"是机会,"负得起责"则是把握住了机会,并将个人能力转化成能够与他人分享并产生实际价值的社会财富。从负责到负得起责,甘丽雅的领导力既经受住了考验,也获得了发展。

二、领导力的基调:作为经验的总和

对于个人能力的研究,相当多的视角采用的是从结果倒推来补足结果产生的原因和发展的过程。但这样的"逆推法"往往并不准确。实际上,尽管事物是发展变化的,但其初始条件往往蕴含着此后发展的基础、结构和方向。领导力生成的源头和路径往往昭示甚至决定了此后的基调和面貌。

我们试从甘丽雅形成和培养领导力的原则与方法上来看个人领导力的基调:

(一)学习

甘丽雅一开始的做法,很大程度上是去复制那些她所观察到的被实践证明是好的经验,虚心向那些经验丰富的管理者取经,熟习大学管理的各种办法和规律。此外,她总能找到机会参加一些有针对性的短期培训,学习行政、管理、金融等方面的知识,以不断丰富自己在这些方面的技能,将之用于自己的管理工作之中。

(二)比较

甘丽雅在经验缺乏时候的管理,最有效、最睿智的做法是“避免低劣的经验”。甘丽雅发现,有人因和上司关系亲近而获得了超出其本身条件的更好的回应,而与此相对的是,团队中的其他成员有着相似的要求,却因为和上司没有亲近的个人关系而获得了负面的回应。正直的甘丽雅对此感到恶心,她直言:“我决心永远不做这样的事。”取其精华,去其糟粕,普通但却有效。

(三)标准一致

基于比较中得到的经验,甘丽雅几乎是在用科学标准“刻板”地维护“一致性原则”,她坚定地认为,“只要提出要求的人,他们的身份和要求具有可比性,获得的对待就应当是一致的”。标准一致在研究中意味着科学性,在管理中保障了公平性,在政策运行中保证了稳定性。

(四)坚持

没有十全十美的决策。在公开讨论中,被改革损害了利益的人总会有很多意见和不满,对管理者而言,这当然是艰难的时刻。但甘丽雅坚持认为,既然决策总会影响到部分人的利益,既然这部分人总会反弹,那么,决策中的透明度仍将有助于增进艰难决策被接受的可能性。在作出透明的决策后,把正确的决策坚持到底,则是领导人的基本素养。甘丽雅始终坚持这一原则,用她自己的话说,“即便是需要作出最后的艰难决定,我也没有后退过”。坚持做正确的事情,既是做人的原则,也是做事的规矩。

从以上举例中不难看出,甘丽雅领导力的形成,无外乎两个来源:

一是来源于其人生经历和个人的性格。甘丽雅通过教育改变了个人的命运,深知学习本身的重要性,也懂得面对困难时顽强坚持的可贵之处。

二是来源于既有的知识架构和方法体系。作为一个科学工作者,甘丽雅把科学研究的一些方法应用到管理中来,通过调查、整理、比较、分析、设定、执行,形成了自己一套行之有效、特色鲜明的发现问题、分析问题、解决问题的基本方法。

这两个来源不仅仅在甘丽雅早期担任生物系主任时发挥作用,在其后更高的领导岗位上,处理更复杂的问题时,都成为其获得力量的源泉。

一个人的作为不可能跳脱于自己的经验之外,一个人领导力的基调也往往来自其经验的总和。

三、领导力的特色:专业和个性的交织

在领导力的研究中,人们总是试图将其作为一个整体概念和群体属性进行提炼。在众多的领导力理论中,本尼斯(Bennis,1984)提出魅力型领导者有四种共同的能力:有远大目标和理想;让下级明确这种目标和理想,并使之认同;对理想贯彻始终和执着追求;知道自己的力量并善于利用这种力量。领袖的特质在于凝结集体智慧来构建共同愿景的能力,这是领导能力的核心。后来,本尼斯(2007)又提出所有领导者可仿效的六种能力:创建(使命)愿景;激发其他人因使命而追随他们;为下属创建适宜的社会平台;建立信任和乐观的氛围;使其他领导者进步;最终实现目标。

通过比较发现,这些观点与甘丽雅的领导力特质存在吻合之处。但是,以此来把甘丽雅定位为魅力型领导人似乎仍显片面。我们还是从甘丽雅的个人表现来梳理其领导力的特色。

(一)科学精神指导下的"七种武器"

在研究中,我们发现甘丽雅在管理中将其作为科学家的特质发挥得淋漓尽致,专业性成为其领导力的主轴。我们以其在管理中善于使用的"七种武器"为例:

1.科学规划:大学使命和目标的共同拥有

任何一所大学都是一个拥有众多员工的庞大而复杂的组织,把员工统一起来的核心元素是对大学使命的共识和共有。从某种程度上来说,大学就是一种必须明确自己使命并在使命驱使下行动的重大组织。唯有认同和领受本组织的使命和目标,每个员工才能认识到他自身的角色如何对践行大学使命做出贡献。

大学使命的明确,使大学校长成为登高望远的战略家,而不致被繁杂事务所纠缠不休,成为只顾眼前工作的管理者;大学使命的贯彻,使教学科研团队成为观念一致、行动统一的有凝聚力和战斗力的集体。

甘丽雅担任梅西大学校长期间,确立梅西大学的使命为"重视卓越的教学和研究",致力于建设和保持一种强有力的研究导向型文化。

围绕这一定位,梅西大学在学术实力和新兴力量上集中精力和资源,建设了在新西兰具有领先性的技术平台,培养出一大批杰出的研究者,切实提升了大学的品格。2008

年甘丽雅退休后，“科研和学习上的卓越是我们一切工作的中心”仍然是梅西大学对自我品质的定义。

2.科学组织：清晰的沟通

对管理来说，沟通是极为重要的。可以说，沟通是一个组织的生命线，它把组织由内到外有效地连接起来，是传递信息、实施有效激励的基本途径，是协调组织各个系统、缓解组织中的矛盾、解决组织中冲突的必要手段，是组织创新的重要来源，是实现有效控制的基本前提，是增强组织的凝聚力、领导力、执行力和创新力的力量源泉。

甘丽雅认为，必须在大学内外建立正式的和非正式的通畅的交流渠道。这种交流可以以各种形式进行：会议上的口头交流，或者是通过通信或电子邮件方式进行的书面交流，还有借助大众媒体进行的公共传播；交流的范围，可以在学校，或者在学院、系的层面进行，当然还包括很重要的外部沟通交流。

清晰而透彻的沟通，不但让信息得到了充分的共享和传播，有利于组织内部之间的交流，也让大学内外实现了较好的对接，获得了充分的社会资源，扩大了学校的影响力。

3.科学管理：团队的凝聚力

甘丽雅说：“在我看来，一名成功的大学校长的一个基本要素是拥有一支高级管理团队，这个团队的每个成员都会被授予特定领域的职责，负责制定发展战略，确定支持策略。”“我担任校长期间所取得的任何成功，都有赖于高级管理人员致力于共同目标。”

在梅西大学，甘丽雅重构了学校、学院等多层面的管理团队，围绕教学、科研、外联、经营等各类事务建立团队、设立目标、细化管理。而管理团队则对目标、任务、举措进行充分讨论。

当然，甘丽雅也深深懂得一个组织中领导的效能与组织凝聚力、组织绩效呈正相关，当高级管理团队成员之间出现矛盾或者是在处理预算紧张等复杂问题时，“校长通常成为本着学校整体利益最大化而进行决策和解释的最后仲裁者。采用这种方法可以使紧张局势缓解，使决策被接受”。

充分民主、敢于决策，不正是充分调研、善于取舍、结论扎实的另一种表现么?!

4.科学执行：政策和过程的坚定性

甘丽雅确立了“卓越”这一梅西大学改革发展的主要目标和核心理念，但目标的有效实现和理念的切实践行，并不只是制定政策那么简单，而是要通过一系列的行动，坚定地将政策付诸实施。“强有力的政策和相关程序是大学顺畅管理的基石。这样的政策和程序应定期审查，并在应对新情况的讨论中进行调整。”

甘丽雅的办法，首先是解释，将政策的内容转化成一般人所能接受和了解的指令；其次是组织，设立政策执行机关，用以拟定执行的办法和落实政策；最后是施用，由政策执行机关提供例行性的服务与设备,支付各项经费,进而完成政策目标。

在这一过程中,还要涉及方方面面的工作:(1)组建机构,进而依靠团队的力量有计划地实现政策决定规定的政策目标;(2)向团队、教职员工和社会解释既定政策,形成共识,获取支持;(3)综合利用信息、资讯、沟通、权力、财政等立体化手段推进政策执行;(4)分阶段、有步骤地实现政策目标,获得可验证的成果,激励实现最终目标的信心和动力;(5)根据具体情况的变化随时调整工作方式和方法,不断总结来自实践的经验教训,不断修正行动策略的活动或行动;(6)提高政策执行的有效性和适用性。

在这一方面,她对自己的评价是,"忠诚于工作,坚持不懈,始终如一"。

5.科学引导:激励创新和优秀

在甘丽雅看来,创造、远见、革新是大学的本质和教学、科研双重功能的根基。大学不仅传承知识,也生产新知和对现有知识的新诠释。这一创造力有很多种表达方式:它体现在课程改革、开创性的研究、学生学习质量提升的新途径、教学和学习中技术的创造性使用、研究成果的商业化等诸多领域。但所有这些,是需要以激励的方式有力推动的。

在甘丽雅的任期内,每年都有一批员工因其创造力和卓越表现而获得表彰。在教学领域,有不同类别的"校长卓越教学奖",包括优秀个人奖和团队创新奖;在研究领域,包括颁给优秀的个体研究者、研究团队、青年研究人员、科研管理者的各类奖项。每次颁奖,甘丽雅校长都会在地点选择和颁奖嘉宾邀请方面煞费苦心,在她看来,既然是奖励,就要做得"有诚意",以"真正的尊重"作为对获奖人一种由衷的鼓励。

6.科学决策:决策的透明与公开

"做正确的事"固然重要,"正确地做事"更是必不可少。透明决策的好处除了可以最大限度地调动团队成员参与管理的热情、汇聚集体智慧之外,通过责任分担也可以使领导者规避不该有的矛盾,并约束自我因权力集中而可能出现的权力滥用。程序的合法性保障了决策民主,也使决策具有合理性、合法性,减少了政策执行中的阻力,有效提升了管理的效率。

留学欧美多年的甘丽雅了解"共享决策"这一民主管理模式的精髓,专业人员、行政人员、校外人士和学生共同参与的管理模式,校长、主管副校长、部门负责人分工明确、结构严密的行政体系,招生、人事政策、学术协调、预算编制、大学规划、设施建设与管理以及其他各种服务性事务等责权分明的具体工作,都落实并保证了决策的透明与公开。

7.科学标准:回应可比性要求时的一致性

公正从来都不是结果均一,而在于微妙地处理结果和过程的关系。其中,极为关键的一点是要把利益协调和分配的标准建立在可比性的基础之上。甘丽雅很明白这一点,"创造力和知识创造在不同学科有不同的表达方式……作为校长,我的一个挑战就是,确保艺术学院与其他学院(如科学学院)的成果被同等对待"。

同样,"奖励创新和卓越可以自己制造紧张气氛。在追求卓越的共同目标下,学术单位和学术人员都会期待获得足够的资源和支持,以便使他们能够达致卓越。然而,在资金、空间和其他资源有限的情况下,不可能立即满足所有人的要求"。在这种情况下,"优先顺序和时间表必须加以确定,用以评估针对风险的潜在的效益。"

甘丽雅深知,管理组织本身是利益合作的体系,管理的主旨在于调整、分配利益关系。管理活动之所以必要,就是因为它能够通过协调和处理人际关系,避免团队成员在进行各种活动的过程中发生冲突,确保标准统一和管理公正。

从以上"七种武器"可以看出,甘丽雅娴熟地将其长期从事专业教学和研究所形成的科学精神和科学意识贯穿于管理工作之中,成为其管理的基本方法和总体原则。当然,这一科学精神不是刻板的,而是实事求是的;不是机械的,而是富于创造性的;不是简单化的,而是有着鲜明个人特色的。

(二)作为内在动力的人文情怀

正如我们前面所说,一个人的表现往往是其经验的总和。甘丽雅的"七种武器"除了得益于其长期形成的科学精神、科学方法和科学训练外,还有其内在的人文情怀作为动力。

1.确立内心的使命感,做一个负责的人、一个能负得起责任的人

父亲酗酒导致离异,是一个对家庭不负责任的人;生活条件困难,上不起大学,生活在一个负不起责任的家庭。在艰难的条件下,甘丽雅通过自身的努力获得了上大学的机会,通过知识改变命运。这些带有伤痛的经历,让她一生都在树立和践行一个理念:做一个负责的人、一个能负得起责任的人。这是她内心强烈的使命感,无论是编著生物学教材惠及万千学子、编创模拟程序提升教学效果、以母亲之名设立奖学金奖掖学子,还是她从一个系主任、院长到副校长、校长,在越来越大的范围内发挥能力,都是在努力为自己负责,为他人负责。这是其领导力的价值皈依和精神支撑。

2.挖掘并充实自身的能力

甘丽雅的成长和成功,不仅有其善于审时度势、把握时代机遇的一面,更有其立足自身、强化个人能力的一面。在获得自己的生物学博士、当了大学老师以后,甘丽雅还先后拿到了教育学学士学位、计算机模拟专业研究生,退休后仍在修习法医鉴定科学硕士;仅仅在墨尔本高等教育学院任职的13年中,她就曾四次作为访问学者、访问生去海外大学进行学术交流;在国际交往和国际事务方面,仅就与中国的交往来说,从她1976年第一次来到中国算起,甘丽雅已经前前后后28次访华。这些经历让甘丽雅开阔了视野,学到了知识,拓展了事业和影响力,也锻炼了她与外界交往的能力,使其始终能够与时代同

步、与国际接轨，并站在世界潮流的前沿。

3.人性化的管理

甘丽雅的管理不只有科学和规范，还有尊重与体贴。在她的各种讲话和致辞中，几乎没有遗漏过任何人，她会如数家珍地对自己的员工给予充分的鼓励；她的周到和体贴总是让人备受鼓励，内心温暖而激动。至今，梅西大学还流传着这样的故事：校长甘丽雅教授虽然忙碌异常，却不忘关心校园内环卫工人的生活。

4.管理之外的心理支撑和多彩生活

甘丽雅至今未婚，但她也并没有把人生全部交给工作。她是艺术的热爱者、倡导者和支持者，在悉尼大学担任副校长期间，有乐队曾专门为她献曲。她一直都是芭蕾舞、音乐会的常客；作为马具商的后代，她与他人合养的赛马曾经在新西兰夺冠；从澳大利亚到新西兰再到澳大利亚，她生活中重要的伴侣是猫，在梅西大学校史室存放的甘丽雅校长肖像画里，就有一只猫夺人眼球；她还喜欢复杂的填字游戏、听音乐和骑自行车。多彩的生活让她的人生变得更加丰富和健康，她说，“生活是一堂精彩的课！”她从中汲取营养和力量，并成为这堂精彩课的主讲人。

通过对甘丽雅个人生命史的考察，我们发现，其个人领导力的形成和发展来自学习和实践，来源于其坚定的意志、科学的精神、负责的气概、认真的态度、细心的调适和人文的情怀。而甘丽雅领导力的形成和发展脉络，既诠释了其个人生命的亮丽色彩，也具有相当的借鉴和示范价值。

（张政法，中国传媒大学教授、硕士生导师）

PART 03

跨界思维下的女性领导力

中国式的跨界女性主义领导力的理论与实践

——以性别平等政策倡导团队为例

◎ 杜芳琴

摘要:首先,本文在对女性主义领导力的两个基本内涵——赋权与分享的领导力和推动变革的领导力进行界定的基础上,回到中国现实语境考察跨界女性主义领导力的可能性。接着,以中央党校性别平等政策倡导团队的行动研究为例,梳理并揭示近十年来以河南省登封市周山村为试点,通过修订性别不平等的村规民约,改变活在民间的复合父权制的规则,实现草根妇女赋权与村庄治理的多赢的过程与成效;团队以周山村经验为基础,进行连续的政策倡导和农村推广的工作,至今已经影响高层决策者并得到了肯定与支持,同时,多渠道合作推广使更多的农村发生了积极的变化。最后,作者认为,该案例取得的初步成功,揭示在中国实践跨界女性主义领导力,不但是可行的,而且是有效的;无论在理论还是实践层面,都有所突破和创新。

关键词:女性主义领导力;赋权与分享;推动社会变革;跨界;行动研究;修订村规民约;父权制

一、概念界定

(一)领导力、女性领导力与女性主义领导力

国内关于女性主义领导力的原创研究几乎空白,而从女性领导的女性特质(气质)、优势、魅力、风格、风采以及人性化、人本主义等角度进行研究女性领导力的文章却很常见;且研究目的的落脚点均在对妇女参政议政的建言献策。当然,也有从妇女参政和妇女发展角度出发进行的研究。而关注女性能力开发的培训教材多为国外引进,重在实用性和可操作性,如中译版《提高妇女领导力培训者培训指南》是联合国推荐的美国人口与

发展活动中心(CEDPA)编写的培训手册。[①] 还有更多的由国内不同机构和非政府组织开展的项目与培训的妇女领导力读本教材,则同样不涉及女性主义领导力。仅见的一篇中文文献是翻译自韩国女性主义学者李相华的文章。[②] 这里从仅见的中译和英文文献[③]探讨女性主义领导力的概念及如何具备女性主义领导力;同时,对国内缺乏引介的发展中国家(第三世界)女性主义领导力的论述给予更多关注,以便进行东/西、南/北女性主义领导力论述与实践的比较,为中国本土经验总结与理论梳理提供更多参照。

人们对于领导力的理解一直是变化的。传统的领导力是沿着男性中心的权力关系脉络、以支配和从属关系为前提的等级关系的概念,即"领导者在组织团体内,为实现既定组织目标,影响和指导追随者的行为过程"[④]。这里的"领导"与"追随者"实质是"男性的"或"男性中心"思维的产物与男性中心价值观的体现。新的"领导力"是指为了达到共同的目标,领导者所具有的"尊重引导""开拓影响" "管理协调"的能力。[⑤] 但这里仍然在强调少数领导精英的能力和魅力,用生动的语言来诠释领导的作用就是"跟我来""看我的""一起干"。可见,新领导力的概念仍为超越"精英"与"众生"的二元论关系。

女性领导力与女性主义的领导力是20世纪末才引起重视并被纳入国际和国家的政治议程的。这里需要指出的是,"女性领导力"并不等同于女性主义所主张的领导力。当下,在一些延续权力分配不均等、充斥着等级制度的组织机构里,成为领导的男女实际上会沿用权威主义、精英主义、适者生存的社会原则;但女性主义者重视权力是因为"feminism"本身就是"使社会变革的权力",所以,一方面应积极、主动地介入以往男性中心的权力关系中,以行使女性主义权力,实现女性主义的目标;另一方面还需要联合、网络化等壮大女性主义的领导力(李相华,2011)。

(二)怎样拥有以及拥有什么样的女性主义领导力

李相华在文中转引并认同米勒和康明斯(Miller & Cummmins)的观点:要拥有女性主义领导力,首先需要从女性主义视点对权力概念重新界定。女性主义式的权力应被认为是共有、分享的,而不是专权独断;既赋权自己,也使他人得到赋权。这些完全有别于男性中心的垂直等级关系的权力概念。其次,还应重新界定"领导力"。有两个需要特别强调的概念,一是"赋权[⑥]与分享的领导力"(empowerment and shared leadership);二是"变

① 该书为2004年由美国人口与发展活动中心(CEDPA)编写的针对第三世界妇女领导者的培训教材,2006年由胡美娟、王静翻译为中文,作为陕西妇女与婚姻家庭研究会主持的"促进农村妇女参政培训教材编写项目"之一种(内部发行)。

② 李相华.女性主义对领导力和权力概念的重新界定[J].崔鲜香,译.中华女子学院学报,2011(5):32-37。

③ 英文所引文献出处参见文末所列参考文献与文中有关注释。

④ 赵捷,杜娟,温益群.提高村委会女干部领导能力(协作者手册)[M].西安:西北大学出版社,2008:32.

⑤ 赵捷,杜娟,温益群.提高村委会女干部领导能力(协作者手册)[M].西安:西北大学出版社,2008:36.

⑥ Empowerment,翻译成中文有:赋权、增权、获得权力与能力。为简便与遵从习惯起见,本文使用"赋权"的中文译法。

革性的领导力”(transformational leadership)。笔者认为,二者是互相联系且不可分割的,前者是女性主义领导力区别于传统领导力与女性领导力的特质,后者是女性主义领导力要达到的目的。下面分别阐述之:

1.赋权与分享的领导力

无论从女性主义政治学还是国际发展领域对第三世界的培训来看,赋权使女性具有为消除男性统治权力,将凌驾在上的等级权力(power over)转化为获得权力(power to)、共享权力(power with)和内在权力(power for within)的能力。这种赋权的领导力并不是领导者让其他成员被动接受,而是通过互助合作、互相授受的互动方式实践的,是团队成员互动、共生、分享的权力。女性主义领导力最核心的因素是尊重不同女性的经验和问题。——这些已经达成了一种共识,至少在教材和论文中如此。

这里将英、美国际发展组织的培训手册与代表第三世界另类发展组织 DAWN① 的论述熔为一炉,将赋予与获得的“权”“能”概括为四个方面:一是使妇女获得控制资源(物质、人力、智力和金融)的权力与能力(具备知识、技术、决策与领导力等);二是使妇女增加自尊、自信、自我意识和决断的智性能力;三是在妇女组织内部人际关系与决策中具有平等而非支配性、民主而非专断的权力;四是具有集体共享的,用以组织、结盟与社会动员的资源与资本。这四个方面涵盖了个人、家庭、组织、社会(区)诸多层面;而对资源的控制是一种外部控制,对自身意识形态(包括信仰、价值观和态度等)的控制是一种内部控制。内在变革可使一个人克服外在的障碍去获取资源或改变传统的意识;而“有组织的增权”对妇女来说尤其重要,这不单是因为妇女往往被分割于家庭、排斥于公共事务,更因为越来越多的事例证明,个人赋权最终只能使个人受益,很少能带来结构性和持久的变革;只有通过集体行为和集体增权才能引发有意义的变革。

2.变革性的领导力

西方发展学将女性领导力解释为“在某个组织或社会体制中,以改善人的生活、带来变化为目标的变革性领导力”,李相华敏锐地指出这一界定与女性主义领导力相距甚远。如来自英美的培训教材主张:领导构思未来、坚信实现未来而说服共同体;领导应该给其跟随者灵感、诱发他们/她们的动机;领导是革新性变化的主体,要刺激人们改变思维模式;领导要重视沟通思想,关心和关注人的个人需求和欲望,也要尊重所有人的不同差异;领导要正直、诚实、有道德等。这依然是“领导”与“跟随者”的关系。李相华认为“变革性领导力”作为有效的概念框架,只有具备以下女性主义内容才能称得上是女性主义领导力:要关心女性的地域性、国际性、全球性的联合;要把赋权女性并集体赋权作为首

---

① DAWN,Development Alternative with Women New Era 的简称,中译为“新世纪妇女可选择的发展”,是发展中国家女性主义学者与行动家于 1984 年创建的国际妇女非政府研究与倡导组织。

要任务；要把女性主义价值观代代相传；要在消除一切压迫、实现社会公正方面成为引领者；要主导女性主义政治学指向的社会变革（李相华，2011）。

进入21世纪，第三世界妇女组织DAWN对变革的女性主义领导力作出的界定，更强调变革什么，以及怎样变革。爱德华兹·森（Edwards Sen）和吉塔·森（Gita Sen）提出社会变革需要承认并认同三种基础的变革——价值体系、机制过程和主体状态，以及与这三种权力体制相关的权力，如经济权力反映在生产资料的分配、市场和企业的运作层面；社会权力反映在不同社会群体的地位和位置层面；政治权力则体现在私人领域和公众事务决策中的声音。这些权力体系连接起来共同建立了一种“社会秩序”。二人又指出，在“三种基础的变革中，最容易被忽视的是主体层面的变革”，应在政治的、经济的、宗教的和公民社会的领导力中带来个人的转变（personal transformation）[①]。

如何变革，这需要对变革的领导力重新定义——它是对社会公正充满激情、用行动进行变革的女性主义领导力。

二、中国式的跨界女性主义领导力的理论与实践——以性别平等政策倡导团队为例

（一）在中国，跨界女性主义领导力有无可能？

“跨界”是打破疆域，体现在建立多领域、多学科、多部门的网络化的合作模式，并能赋权自己与服务对象的组织与行动模式，推动社会积极变革。

1995年，对于中国的妇女运动与女性主义领导力来说，都是具有划时代意义的一年。这一年，第四次世界妇女大会在中国北京举办，生动地见证了在中国，跨界女性主义领导力不但可能，而且能够发展壮大。世妇会的筹备与召开，政府级的会议和非政府组织论坛成为跨国界、跨领域的中国女性主义领导力展现的场所和契机；世妇会后，落实“北京纲领”的12个重大关切领域关注跨界女性主义领导力的成长，如“反对针对妇女的一切暴力网络”，在该网络的研究、行动干预及持续不断的政策倡导下，反家庭暴力法律出台在即。再如，跨界域的“妇女与社会性别学科建设课题”（2000—2006）与其后建设的“妇女与社会性别学科建设网络”（2006—2011）十几年来研究成果不断，培养了第二代女性主义研究、教育工作者与行动主义者，保证了中国学术女性主义和行动女性主义事业得以延续。此外，在中国以跨界为特征、结构更为松散的“社会性别与发展网络”（GAD）对地区非政府组织的孵化发育起到了不小作用，在社会性别培训、政策倡导和草根行动方面聚集了人脉，积累了经验。这些足可以证明，女性主义领导力不但在中国是可行的，而

① SEN E，SEN G. NGOs，social change and the transformation of human relationships：a 21st century civic agenda[M]. Oxfordshire：Taylor & Francis，2000.

且是现实的存在。

(二)中国式的女性主义领导力:以中央党校性别平等政策倡导团队为例

在具有上述所有国际女性主义领导力内涵的同时,中央党校性别平等政策倡导团队(以下简称“性别团队”)具备了以变革农村的父权制为目标、与个人和集体赋权相结合的女性主义行动研究的本土特色,以及与全球视野领导力相结合的女性主义领导力。该团队以时间长、跨界域合作广、下接地气上影响决策而初见成效,构成了集体的女性主义领导力的特有风貌。

这个为了共同的目标而走到一起的性别团队,从组建成长到开展工作大致经历了三个阶段:

1.治理出生性别比例失衡问题——三方行动者的初次相遇(2005—2007)

这一时期,从20世纪90年代初开始女性文学研究、妇女参政研究的中央党校教授李慧英,逐步转向了社会性别与公共政策研究。针对中国出生性别比例严重失衡问题,她与多年合作的农村妇女社区教育研究实践者梁军,还有高校、党校系统的社会学、法学、公共政策与管理学的女性主义学者,展开了调查研究。2007年7月,她们对国家计生委在中央党校学习的领导干部进行了首次政策倡导,提出了改变父权婚居制、姓氏的父母双系制和修订村规民约等措施。政策倡导者、社区行动者与多学科研究者的三方相遇,促成了中央党校组建课题研究团队进行试点研究。

2.跨界性别平等政策倡导团队正式组建——从修订村规民约到第二次政策倡导(2008—2010)

国家计生委立项后,扩充了性别团队成员,包括政治学、历史学、发展学与社会工作等领域研究者与教育工作者,形成了新的跨界性别团队,首先在河南、安徽、湖北、河北、广东等出生性别比例严重失衡的省份进行调查研究,制定推进策略与计划,并选择河南省登封市周山村作为首个试点,于2009年3月成功修订了国内第一部体现性别平等的村规民约,后推广至登封市与舞阳县的5个试点区域。2010年年初,在登封市党政领导的支持下,以周山村的经验为基础,启动了在全市三百多个村庄修订村规民约的“抓民生、促计生,建新制、树新风”三年计划。当时由于认同以试点带全面的主流工作方式的效应,低估了撼动父权制的困难度,想靠模板式的复制可以取得大面积成功推广。在2010年的第二次高层倡导中,得到了国家计生委、中央党校、全国妇联等多方面的领导肯定,周山村的经验在全国多个省份得到推广。随着三年项目的结束,性别团队开始以新的工作模式进入第三阶段的探索。

3. 从性别平等到交叉分析的行动研究——第三次高层政策倡导初见成效(2011—2015)

国家计生委三年项目结束后,团队也进行了重组和运行方式的调整。团队整合了不同来源、主题的项目,如老年项目、草根妇女组织建设等,还有来自联合国人口基金的推广修订村规民约的项目,统统被纳入一揽子计划中。团队采取三条紧密联系的路径开展工作:一是在试点村(以登封市周山村、西窑村等为重点)深挖细磨、重在落实、全面依法自治;二是在其他省份开辟新的试点,如在安徽省长风乡、江西省靖安县开展村规民约修订;在此基础上进行第三次高层政策倡导,目前正在按照中央有关部委、全国妇联的回应逐一落实。

参考文献

[1]李相华.女性主义对领导力和权力概念的重新界定[J]. 崔鲜香,译.中华女子学院学报,2011(5):32-37.

[2]赵捷,杜娟,温益群.提高村委会女干部领导能力(协作者手册)[M].西安:西北大学出版社,2008.

[3]杜芳琴.增强妇女权能,促进社区变革:河南省登封市周山村个案[M].联合国教科文组织国际农村教育研究与培训中心资助出版(内部本),2012.

[4]SEN E,SEN G. NGOs,social change and the transformation of human relationships:a 21st century civic agenda[M]. Oxfordshire:Taylor & Francis,2000.

[5]刘伯红,等.女性的反响(续集)[M].北京:当代中国出版社,2015.

[6]中央党校性别平等政策倡导课题组.悄然而深刻的变革:周山村村规民约修订纪实[M].郑州:河南人民出版社,2009.

(杜芳琴,天津师范大学教授)

女性领导的性别身份认同及其对领导行为的影响

◈ 张素玲

摘要:性别身份认同是个体对自己所归属性别的觉知。女性领导的性别身份认同影响女性领导的领导效能感和领导风格。和谐一致的女性领导身份认同体系对于女性领导的成长发展具有重要意义。当前,我们可以从四个方面促进女性领导身份认同体系的构建,即:强化女性领导对自身身份角色的认知,增强使命感和责任感;加强对女性领导的岗位锻炼,为女性领导提供更多的发展机会;创建更有利于女性领导发展的政策执行环境;通过社会文化教育和媒体舆论,转变传统的性别文化。

关键词:女性领导;性别;身份认同;领导行为

女性领导的性别身份认同在领导行为中起着重要作用,因此,从自我认知的角度探讨女性领导,了解她们如何看待自己的性别角色、人格特征,如何评价自己的性别角色和领导角色之间可能出现的差异和冲突,以及这种不一致性对女性领导行为的影响,一方面可以帮助女性领导更好地认识自我,另一方面从社会的层面上,可以有助于创造更好的环境,促进女性构建更加适应其发展的和谐的自我认同体系。

一、身份认同与性别身份认同

认同是一个从心理学引入社会科学的概念,其原意是个体所有的关于他的自我确认的意识。通常我们在汉语中所使用的"认同"一词,表达的是英语中"identification"和"identity"两个词的联合意义。身份认同,即个体在发展中对自我的身份或角色加以认知、识别或内化的过程以及相应的情感倾向和行为选择。它是认识、情感及行为的综合体,在很大程度上影响着一个人的社会行为和心理;它要回答的是"我是谁""我在哪儿""我要去哪里"的问题。

在身份认同中,性别身份是一个人身份认同的重要内容。性别角色理论将性别分为"生理性别"(sex)和"社会性别"(gender)。前者指男性和女性的生理差别,是源自遗传的先天生理特征；后者指男女两性在社会文化、习俗规范和国家制度规定等的建构下所形成的性别特征、行为方式差异。根据每一种性别的典型性，社会文化往往将个体分为男性化（Masculinity）和女性化（Femininity），并由此形成关于男女两性的性别刻板印象。比如，认为女性温柔善良、男性充满阳刚等。当然，也有兼具两种性别特质即双性化的个体。心理学家本姆（Bem）首次提出了双性化的概念，[①]认为男性特质和女性特质不是一个连续体的两极，二者是相对独立但又可并存的关系。他认为个体可以同时具备男性特质和女性特质。双性化在心理学上是指个体既有显著的男性特征，又有显著的女性特征，是指集男女两性人格优点于一身的综合性人格类型，因较少受到严格的性别角色概念的限制，故能更灵活、更有效地应对各种情境，具有更好的灵活性与适应性。相对而言，只具备男性特质或者只具备女性特质的个体的适应能力比起双性化个体而言要差许多。近年来，关于双性化的研究日趋增多，性别身份认同是个体对自我所归属性别的觉知，它是个体整合自我意识、生理特征、社会期待、既往经验、现实环境以及未来期望这六个层面，形成统一的人格结构，在此基础上接受和认可自我的性别角色，并承担这一角色的权利、义务和职责。[②] 认同是源自对自我和外在规范、要求的认知。如果个体具备某种性别特质，有清晰的觉知并积极悦纳这种特质；或者个体具备某种性别特质，但是，从内心深处并不认同这种特质；又或者个体具备某种性别特质，但对此并没有清晰的觉知，这些都会影响到个体的行为选择和心理。

除此之外，人是社会关系的总和。在高度分化的现代社会，自我在不同的社会环境下会扮演不同的身份和多重角色，并按照不同的身份对自我进行整体性界定。斯图亚特·霍尔说："我们包含相互矛盾的身份认同，力量指向四面八方，因此，我们的身份认同总是一个不断变化的过程。"[③]人们更经常用多变、多元、不确定等来描述身份，身份被看作是不断建构、选择和妥协的过程。身份总是处于未完成的、暂时的状态。在不同的角色和身份之间，个体的认同也许是一致的，也许会出现不一致的现象。当不同角色和身份认同之间出现冲突时，自我社会生活的建构就会出现问题，导致产生心理上的焦虑感，行为选择和动力也会由此受到影响。

当一个人面临多个身份角色时，他会扮演哪个角色，则取决于主体对角色重要性的认知和感受。个体之所以用特定的方式将自己归类，不仅仅是因为他需要有自我价值感，还因为他需要肯定自己的能力，获得自我效能感。这一认同过程包含了个人对其身份的心理建构和实践建构。认同使身份处于一种被质疑、可变动的状态。由于认同的作用，身份不是一成不变的。一种认同的形成需要具备两种要素，即认同者与认同对象，也

① BEM S L. The measurement of psychological androgyny：an extended replication［J］. Journal of consulting and clinlical psychology，1977(42)：155-162.

② 耿文秀. 女性心理与成才［M］. 上海：上海教育出版社，2003：51-52.

③ 何成洲. 跨学科视野下的文化身份认同：批评与探索［M］. 北京：北京大学出版社，2011：2.

就是自我和他者。如何认识自我和他者之间的关系,就需要把这种关系放到一定的具体环境之中,加以考察和体认。因此,身份认同不是社会成员被动地接受某个身份的过程,而是个体主动地寻找自己社会行为的意义,从而建构自己的身份。无论是对于具有情感的个人还是作为文化载体的群体来说,正是这种对身份的确认(认同)将自身与“他者”区别开来。性别角色理论告诉我们,女性的性别角色认同是一个建构的过程。

女性领导的性别身份认同可以分为以下几种类型:(1)具有明显的女性化特质。这类女性领导会非常重视自己作为女性的特点,对自己的女性身份感到舒适和满意,并且持积极态度,具有较强的性别自信。她对于领导角色的理解和女性角色的理解具有相符性。(2)具有明显的女性化特质,但是并不认同这种特质,缺乏性别自信。这类女性领导有清晰的女性性别意识和行为表现,但是,由于女性角色与领导角色在认知上的不一致,她对自己能够有效开展领导活动缺乏自信心,并进而对领导角色不认同,在领导行为和心理上产生退缩。(3)具有明显的男性化特质。这类女性认同男性化的人格特征。(4)具有双性化的性别特质。这类女性领导更富有创造性,自尊心较强,更独立,善于处理各类环境中的事务,而且自我效能感良好。在访谈中笔者发现,具有双性化气质的女性领导在许多场合下要比具有典型性别气质的女性领导表现得更加出色。在她们的言谈举止中,同时富有男性和女性的气质特征。在适合男性气质的领导情境下,她们能够表现出果敢、创新、刚强、权威;而在适合女性气质的领导情境下,她们又表现得善解人意,温柔体贴,细致敏感,能够以一种柔性的方式领导团队。

二、女性领导的性别身份认同对其领导行为的影响

性别角色是社会历史文化、国家制度和教育等共同作用下的产物,然而,它一旦形成就会对人的行为选择产生重要影响,并进而影响到人的心理和情感倾向。具有不同性别认同的人,不仅在领导风格和行为上有所不同,而且他们在对组织的认识、理解或者在分配任务、与下属的关系建立等行为模式上也表现出差异。

(一)影响女性领导的领导效能感

领导效能感是指个体对自己所拥有领导能力的信心和信念,是个体对自己领导一个团队能力的主观判断。领导效能感对女性领导提升领导能力、发挥领导效力具有重要意义,是其开展领导工作的动力来源。领导效能感有很重要的个体促动作用,领导愿望和动机的加强直接影响个体对领导岗位的追求。

领导活动是一项充满不确定因素、风险和挑战的活动,承担这一责任需要有高度的自尊和自信,需要有较强的领导能力和技巧,也就是说,需要个体具有较高的领导效能

感。领导效能感对女性领导的影响体现在以下几个方面：首先，领导效能感影响女性的行为选择。研究显示，人们会回避那些他们认为自己能力难以达成的任务，而选择那些他们认为自己可以胜任的方面。人们往往面临各种各样的机会，在领导活动中，这些机会或许还是挑战。一个领导效能感强的女性，在领导活动中往往勇于承担重任，不畏困难，从而能够抓住机会。其次，领导效能感影响领导行为的持久性和坚持性。当面对困难时，那些怀疑自身能力的人会放松努力，或完全放弃；而那些具有很强领导效能感的人则会以更大的努力去迎接挑战。最后，领导效能感影响人们的思维模式和情感反应模式。领导效能感强的人会将注意力和努力集中于特定的任务上，并在面对困难时激发出更大的信心和努力；领导效能感低的人会更加关注可能的失败和不利后果，而不是专注于有效地发挥其能力以实现目标。

在过去几年的访谈研究中，笔者发现，性别身份认同对女性领导效能感产生了重要的影响。女性领导的社会性别认同不同，她们的领导效能感和领导行为选择往往也会呈现出差异。比如，具有明显的女性化气质且具有性别自信的女性，其性别身份认同使得她对于组织的理解，对于领导使命的认识，相对于一个男性气质类型或是双性化气质类型的女性而言，显然是不同的，她们在领导活动中会经常想到自己是女性，并且以一种女性的柔性领导方式开展工作。美国著名的女性领导玫琳凯（Mary Kay）就是其典型的代表。再比如，具有明显的女性化气质，但其对性别角色的认知和对领导角色的认知不相符的女性领导，她会更倾向于适用社会认可的女性的方式领导组织成员。但是，由于传统的性别观念、组织文化、制度政策等因素的影响，女性对自我的能力容易产生质疑，进而丧失进取和竞争的信心和勇气，由此，在领导活动中，她也许会选择放弃竞争和机会。尤其是当女性和领导两个角色发生冲突、角色不一致时，由于对两个身份角色的价值取向不同，这类女性往往会选择扮演前者，成就的动机不强。美国心理学家霍默（Homer）研究发现了这样一个现象，即一些很有才能、很能干的女性往往对自己的成功有一种恐惧和焦虑，不同程度地存在着避免成功、害怕成功的心理。她进一步解释说，由于女性考虑到成功将会给她们带来诸如名望丧失、失去友谊和家庭、失去女人气质等不良后果，因而，她们有意回避成功。在现实生活中，人们常常对事业上非常成功的女性冠以“女强人”的称呼，在一般人所形成的刻板印象中，“女强人”似乎是一个遥远而且不那么亲切的形象，许多男性也不希望自己的妻子超过自己，成为所谓的女强人。所有这些都影响到女性的认知，致使一些女性自己也不愿做女强人，因为一旦成为女强人，在她们看来，就得承受来自事业、家庭各方面的重担，同时还得承受社会上的一些不认同感。这种成功恐惧会影响女性领导的行为和心理并进一步强化女性领导的性别角色和领导角色的不相符性。

（二）影响女性领导的领导风格

领导风格指的是在领导活动中，领导者的思考与行为方式，特别是针对下属的领导方式。领导风格是一种习惯化的领导方式，是个体在长期的个人经历、领导实践中逐步形成的，并在领导实践中自觉或不自觉地稳定起作用，具有较强的个性化色彩。在现实生活中，每一位领导者都有其与工作环境、经历和个性相联系的风格，这种风格使其与其他领导者相互区别。研究发现，不同性别角色的女性领导的领导风格具有显著差别，女性化倾向程度与领导风格的关怀维度具有正相关性。这类女性领导往往会采取柔性的领导方式，善于沟通协调，能够敏感体察下属的情绪，靠激励、协商、合作、引导等软性手段影响下属，从内心深处激发下属的内在潜力和积极性，从而实现组织目标。男性化倾向程度与领导风格的定规维度具有正相关性。这类女性领导往往具备更多的男性化特质，不是依靠亲和力、人文关怀等手段，而是靠更多的个人权威、任务导向来实施领导。当然，领导风格和方式并无优劣之分，只有适合、不适合之别。

但是，问题的关键是，人们对上述领导方式往往持质疑和排斥的态度。在现实生活中，女性往往会被模式化为两个极端的形象。一个极端是：作为母亲或男性的性对象，人们认为女性是软弱和情绪化的，不能成为有效的领导者；另一个极端是：当女性反抗那些社会期望在女性身上出现的品质时，人们就会把这种女性看成是铁女人、咄咄逼人的工作狂、强硬、好胜、不屈服、专断，控制欲、操纵欲强烈的人。①因此，在现实的领导实践中，女性领导者就很难形成角色的一致性。女性常常面临这样一个困境，即作为女人，她应该怎样做；作为一个领导者，她应该怎样做？当女性领导者深陷于社会对她们作为领导者的角色期待和作为女性的角色期待的矛盾之中时，她们会深感无力。如果一位女性领导采用了更具亲和力的、参与式的领导行为，她会面临着一种指责，即认为她太被动了。然而，如果她使用专断的、任务导向型的领导行为，人们又会认为她太好斗、太男性化。在这种情况下，女性领导往往左右为难，难以进行有效的行为选择。

此外，领导活动有效性的影响因素是纷繁复杂的，它受主体的领导效能感、实际能力、组织环境等诸多因素的影响。面对不同的领导内外部环境，高效的领导者还必须有极强的适应性和灵活性。因此，基于性别角色而形成的领导方式和风格，在领导实践中也许会缺乏弹性和包容性，过于单一的领导风格和方式在现实生活中难免会遇到困境，并由此影响领导目标的达成。如果女性领导过于强调“女性的领导方式”和“女性如何领导”，虽然从一定程度上对女性来说是有利的（女性也可以充分利用这种优势，争取领导机会，采用有效的领导策略，发挥领导潜能），然而，一味坚持性别界限，认为女性具有特

① BASS B M，BASS R. The Bass handbook of leadership theory，research，and managerial application（Third Edition）[M]. New York：The Free Press，1990：714.

定的领导特质，女性只适合某种领导方式，其实是对领导这一复杂的现象进行简单化的性别解读，可能对女性参与领导实践产生消极影响。这会把性别和领导都推进极端化的境地，它使原本包含各种可能性的领导特征、领导风格、领导潜能让位于狭隘的、模式化的、传统的领导方式，女性领导囿于这种限制和约束而失去了多样化的发展空间。因此，它无法使女性融入领导角色之中，最终的结果是不利于女性领导力的发展，难以使女性获得与男性一样的领导机会，参与领导过程、承担领导角色，获得领导力的发展；难以改善目前领导实践领域里男女性别割裂的问题，甚至会进一步强化这一问题。研究发现，许多取得成功的女性领导往往具有双性化性别特质。

三、女性领导认同一致性体系建构

认同不仅仅是个体的主观构建，是一个内省的过程，更是个体与外部世界取得一致的过程，是与社会网络之间不断对话与互动的过程。身份认同在很大程度上影响着一个人的行为和基本偏好。由于个体所承担社会角色的多样性，个体的认同其实是一个体系，存在多种角色的认同。如果各种认同之间存在冲突和矛盾，个体的认同就会出现问题。因此，认同的一致与成功构建是个体融入社会生活、承担社会角色、防止主体性焦虑、确立生活方向感的基础。对于女性领导而言，由于传统文化、规范制度、政策机制、教育宣传等的广泛影响，女性常常会面临多重挑战，会出现认同的一致性问题，这些都使得女性领导难以建立健康和谐的心理和情感支持系统，影响领导力的发挥。因此，女性领导认同一致性体系的建构无疑是一个亟待解决的问题。

（一）强化女性领导对自身身份角色的认知，增强使命感和责任感

从认同的发生和构建过程来看，主体对认同对象意义的认识是认同发生的前提：如果主体对所认同对象意义毫不认同，那么就不会产生认同感，也不会采取融入这一角色、承担角色责任的行动。个体对认同对象的认识来自两个方面：一是个体自身的认知；一是他人、社会、组织等的告知。前者是主体认识的客观情况及由此产生的心理和情感，有两种可能，即认同或不认同；后者是被他人、社会、组织的安排，并不代表个体就会欣然接受，同样存在两种可能，即接受或不接受，他人安排与个体选择的统一性依然是存在的问题。

对于女性领导主体来讲，她们拥有双重身份：她们既是女性，又是领导者。如果对领导角色的重要意义和价值没有明确的认识，也就不会产生相应的追求领导岗位、承担领导责任的强烈动机和行为，当领导角色和性别角色发生冲突时，自然会选择前者。因此，女性领导在兼顾工作和家庭的同时，一定要对所承担的领导角色的社会价值有明确的认

识,树立开拓进取、自信自强的意识,以主体性姿态勇于承担社会领导角色。只有这样,才能在领导行为中有强烈的归属感并能产生积极的行动。

此外,虽然随着社会的发展,女性领导的优势越来越突出,但是,在领导岗位上,一些"男性化"特质在具体的领导情境中依然是领导活动能否有效开展的关键因素,比如困境中的刚强、危机中的权威和决断、纷乱中的战略思维等。在现实生活中,一些女性正是由于缺乏这些素质而在领导活动中产生退缩心理和行为,并强化了自身对领导角色的不认同。这都需要女性领导不断学习。研究显示,双性化的性别特质往往会在领导活动中更加游刃有余。因此,女性领导既要保持女性温柔、细腻、富于情感等性格优势,又要具备男性的刚强、果断、意志坚定等优秀品质,在领导活动中,刚和柔要运用适度,要把亲和力与决断力相结合,既要发挥女性感情细腻、观察入微、反应灵敏、亲和关爱的优势,又要以战略的目光作出科学、果断的决策,提高领导效率。

(二)加强对女性领导的岗位锻炼,为女性领导提供更多的发展机会

领导效能感的形成,往往建立在经验的基础之上。如果一个女性领导在领导活动中取得领导绩效,并不断受到上级领导、同事的肯定和认可,她就会对自己的领导力有信心;反之,如果她在领导活动中得到的社会评价低,她就会对自己的领导能力产生怀疑,进而影响到其进一步追求领导岗位的动力。在访谈中,笔者发现,由于多种因素的影响,地方党政领导班子中,女性领导多身居副职,比如一些女副县长、女副市长,她们多分管科教文卫等领域的工作(科教文卫是短期看不见成效但又需要花钱投入的领域,在当前地方政府以经济建设为中心进行政绩和能力考核的现状下,科教文卫往往会被视为不重要的部门)。一位县级市的女副市长就谈道:"我们那里的领导大多数都是男的。我们全区40多个领导只有3个是女的。你接触的多是男领导,自然心理上就会有一些不自信。而且,领导分工也不同,像经济口啊,城建口啊,基本上都是男领导,我们的副市长一直以来就是管社会事业口。有钱了,能多干就多干一点;没有钱了,你保证正常运转,该上学的上学,该看病的看病,也不会出现什么问题,压力相对也小。这样一比较之后,在心理上容易认为自己的能力不行。但如果说,把你弄到重要的位置上,可能一开始不适应,但是经过锻炼,结果是什么样的,谁也说不准,也不是说你就拿不下来这个工作,也不是说你就管得一团糟。岗位非常重要。"①

领导工作需要丰富的经历,经历各种层级、各种岗位的锻炼,尤其要经过基层工作的锻炼、重要岗位的锻炼,才能使女性领导拥有丰富的、多方位的视野和经验,才能在实践中不断提升抗压能力、应对危机的处置能力,才会不断激发其追求领导岗位、承担责任的动机以及过硬的心理品格,成为能干事、敢干事、干成事的领导。2001年,中组部颁发的

① 访谈时间:2014年11月。

《关于进一步做好培养选拔女干部、发展女党员工作的意见》中明确指出:"要遵循领导人才成长的一般规律,把女干部特别是年轻女干部放到艰苦环境中去,放到基层重要岗位上去,让她们在现实的风浪中经受锻炼和考验。……要拓宽渠道,加大不同地区、不同部门、不同行业之间女干部交流的力度。"因此,要切实提高女性领导的能力,组织部门要加大对女性领导的培养力度。

(三)创建更有利于女性领导发展的政策执行环境

新中国成立后,我们高度重视女性领导的选拔和培养,尤其是进入新的历史时期,党和国家对女性领导干部的选拔和培养更是高度重视。2001 年,中组部为了更好地贯彻落实党中央关于做好培养选拔女干部工作的一系列重要指示精神,进一步做好新形势下培养选拔女干部工作,制定了《关于进一步做好培养选拔女干部、发展女党员工作的意见》(以下简称《意见》),各地也纷纷结合自己的实际情况制定了实施细则。《意见》要求省、自治区、直辖市和市级党委、人大、政府、政协领导班子要各配 1 名以上女干部。县级党委、政府领导班子要各配 1 名以上女干部。《意见》极大地推动了女性领导的培养选拔工作,政策优势使大批优秀女性走上领导岗位,贡献她们的聪明才智。但是,在政策执行的过程中也出现了一些问题,比如,缺乏强有力的监督和惩戒机制,缺乏培养锻炼女性领导干部的相应的配套机制,各地往往根据自己的实际情况进行自主性选择,致使女性领导干部的发展受到阻碍,并进一步强化了传统的性别观念。一位受访的女性领导就这样说道:"女性内心深处的自卑是很多的。内心深处对自己有怀疑,这和大的环境有关系。像我们那个市,由于制度化的要求,出现了一些女性领导。我曾经和一位女性少数民族领导交流,我们总感觉能力有限,能走到这一步,主要是制度化规定。她的感受更深——不是自己能力特强,理应到这个位置,而是制度。所以内心深处还是对自己有怀疑,对自己的工作能力有怀疑。"[①]因此,只有构建系统的政策执行机制,才能使更多有能力的女性脱颖而出,使女性领导的后备队伍充足,使女性领导更加具有自信心。

(四)通过社会文化教育和媒体舆论转变传统的性别文化

教育,无论是家庭教育还是学校教育,都是女性性别角色形成的重要途径。研究显示,教育领域中的性别隔离依然存在,教材中呈现的优秀女性往往扮演服务、照顾性的传统家庭角色。此外,媒体在固守传统性别文化中也起到了推波助澜的作用。尤其是随着社会发展,新闻报道的娱乐化倾向越来越严重,媒体对女性领导者有限的"表达",对女性工作能力与业绩的"忽略",进一步强化了女性领导者是陪衬的印象。媒体通过"不表达"或"少表达"造成女性领导对公众影响微弱——女性领导者较低的公众知晓率、相对

① 访谈时间:2014 年 11 月。

微弱的公众影响力。很多时候,社会和媒体更关注女性领导的性别而非领导能力,女性的决断、战略思维和才能较少被提及。与此相反,男性领导的领导业绩却是媒体乐于大量报道的,他们的成功被认为是自我实现,男性自身的特质和素质是成功的原因。有研究显示,媒体相关报道中,28%的文章强调的是女性领导的外表和女性气质,而男性领导这方面的报道只有2%。[①] 因此,作为影响人最重要途径的教育和媒体都要有先进的性别意识,要大力宣传和提倡两性角色和形象的多元化发展,改变传统两性角色分工的刻板印象,提高对女性成为领导者的重要性以及优势的认识,营造良好的开发利用女性领导资源的社会环境,为女性领导的发展创造良好的舆论空间。

参考文献

[1]BEM S L. The measurement of psychological androgyny:an extended replication[J]. Journal of consulting and clinlical psychology,1977,33(4):1009-1013.

[2]耿文秀.女性心理与成才[M].上海:上海教育出版社,2003.

[3]何成洲.跨学科视野下的文化身份认同:批评与探索[M].北京:北京大学出版社,2011.

[4]BASS B M,BASS R. The Bass handbook of leadership theory,research,and managerial application(Third Edition)[M]. New York:The Free Press,1990:714.

(张素玲,中国浦东干部学院领导研究院副院长、教授、博士)

① 李秀娟.灰姑娘如何成为ShEO?[J].商学院,2011(3):37-39.

女性领导力的文化属性

——以中国传统女性为考察中心

◎ 白岚玲

摘要:论及女性领导力,学界多受当代西方国家的影响,以一定的组织机构中的女性领导者和管理者为主体,并常将其归为现代社会发展的产物。本文认为,女性领导力是领导学与文化学等多重因素融合的产物,其重点在于强调女性领导者实施有效领导所具备的能力。因此,回溯女性领导力源流便可发现,它在中国传统文化中从未缺位;同时它又以特色鲜明的文化属性,在存在状态、作用机制等诸多方面与男性领导力乃至与现代女性领导力判然有别。中国传统女性的领导力体现在"立功"(掌握并实施国家最高权力)、"立德"(确定主流社会女性规范而教化女界)、"立言"(著书立说)等各个方面。在实施的过程中,中国传统女性或者淡化女性特征,或者凸显女性意识,她们以自省意识及能力顺应并最终超越了当时的时代环境,以特有的方式完成了中国古代所推崇的"三不朽",彰显了具有中国传统文化特色的女性领导力。

关键词:传统女性;领导力;文化属性

随着西方领导学的发展,自20世纪70年代以来,西方对女性领导力的研究兴起,由此传统领导学与女性文化学日渐融合并不断嬗变。谈及女性领导力,其主体一般以一定的组织机构中的女性领导者和管理者为主,人们倾向于将之归为现代社会发展的产物。20世纪80年代以来,大批优秀的女性政治家、企业家脱颖而出,推动了女性领导力研究的发展,诸多新兴的领导理论流派也应运而生。但是,如果不将女性领导力这一概念扁平化、抽象化、简单化,如果我们立足于女性领导力归根结底是指女性领导者实施有效领导所具备的能力这一基本内容的话,那么当我们回溯女性领导力的源流时,就会发现它在中国传统文化中从未缺位,但同时它又是以特色鲜明的文化属性,在存在状态、作用机制等诸多方面与男性领导力乃至与现代女性领导力判然有别。

如果以现代领导学认定的上述女性领导力作为评判标尺,我们就会看到经过女性领导力在经历了史料阙如的母系氏族社会的辉煌之后,就进入了漫长的沉寂停顿时期。这一如恩格斯在《家庭、私有制和国家的起源》中那段著名的论断所言："在人类文明的发展进程中，母权制的推翻决定了女性被排除在社会生产劳动之外。"1 但是，如果我们承认女性领导力在其现代属性之外，也具备历史属性、文化属性的话，我们就会认识到，在这一看似昏昧不明的漫长时期，女性领导力以其独特的样貌始终存在于中国历史推进的全过程之中，彰显出具有中国传统特点的文化属性。基于这一视域，对有史可考、有据可查的中国历史演进过程的女性领导力的特点及影响进行梳理考察，可以将其大致分为以下三类：

一、掌控国家最高权力的女性

包括在朝廷之上临朝称帝的女性、垂帘听政的女性以及幕后决策的女性。① 其特点大多表现为在男权社会中，淡化甚至完全隐没女性性别特点及女性性别意识，但她们的存在，在一定程度上对男权社会形成了深刻的冲击。

早在战国时代，秦昭王时期的宣太后开辟了中国古代后妃临朝听政之先声。其"前无古人"的历史创举见《后汉书・皇后纪序》的记载："自古虽主幼时艰，王家多衅，必委成冢宰，简求忠贤，未有专任妇人，断割重器。唯秦芈太后始摄政事，故穰侯权重于昭王，家富于嬴国。"汉高祖刘邦的皇后吕雉（前 241-前 180）承其余绪并发扬光大，后来司马迁著《史记》时，将其生平事迹列入专门记录皇帝政事的"本纪"，在很大程度上将其与皇帝等量齐观。"吕后称制"将女性领导力第一次写入历史。虽然后人多集中诟病其在临朝的数年间毒杀赵王、害死戚姬、残害刘氏、分封诸吕等种种行径，渲染甚至夸大其妒忌、狭隘、阴毒、残忍之为人为政，但是素有"良史"之称的司马迁却对其作为政治家的历史功绩给予了高度肯定："孝惠皇帝高后之时，黎民得离战乱之苦。君臣俱欲休息乎无为。故惠帝垂拱，高后女主称制。政不出房户，天下晏然。刑罚罕用，罪人是稀，民务稼穑，衣食滋殖。"（司马迁《史记・吕后本纪》）在此之后，东汉时期多位女性以太后身份临朝听政，其中，汉和帝的皇后即被后人称为和熹邓太后的邓绥（81—121）作为中国历史上第一位临朝的太后，在"主幼国危"之时锐身自任，执掌朝政十六年，她不仅确立了太后临朝的模式，而且还制定了有关朝仪、奏章等一系列礼仪制度②，使女性掌握朝纲、领导国家的行为制度化，并不断作为先例被后世效仿。由于临朝期间邓绥施行廉政，减轻赋税，推广教化，大兴祭祀，倡办教育，重修经史，因而她被后人尊为一代明后。

东晋建元元年（343）晋穆帝即位时年仅两岁，皇太后褚蒜子（324—384）在"社稷危

① 蒋莘.女性领导力研究综述[J].中华女子学院学报，2011(2)：66-72.另外，在中国古代文学作品中，还有一批女扮男装的女性出将入相，可以视作这类女性的文学化补充。对此将另外撰文详说。

② 《后汉书》卷十下转引蔡邕《独断》曰："少帝即位，太后即代摄政，临前殿，朝群臣。太后东面，少帝西面。群臣奏事上书，皆为两通，一诣后，一诣少帝。"

急,兆庶悬命”的危难时刻,被群臣拥立执掌国政。在将近四十年的岁月中,她先后三度临朝摄政,以宁天下,其间辅佐、扶立了六位皇帝(其夫晋康帝、其子晋穆帝、其侄子晋哀帝、晋废帝司马奕、晋简文帝司马昱、东晋孝武帝司马曜),成为中国政治史上的一位传奇女性。遗憾的是,对这样一位女性,学界历来关注不够,亟待深入研究。

这类女性中最著名者非武则天莫属。唐高宗时期的武则天并没有遵循此前太后临朝的先例,首次以皇后身份临朝听政,与高宗皇帝平分秋色,共同主政。《旧唐书・高宗纪》记载:“自诛上官仪后,上每视朝,天后垂帘于御座后,政事大小,皆预闻之,内外称为二圣。”高宗驾崩之后,武则天完全掌握了政权,后废子自立,建立大周王朝,成为中国古代首位同时也是唯一的女性皇帝。

宋代临朝主政的太后数量最多,堪称各朝之最。由史籍所载可知,她们不仅得到了众臣的拥戴,甚至朝廷还对太后主政之举进行了专门的礼仪规程等方面的调整使之制度化。例如《宋史・礼志二十》记载:“乾兴元年,真宗即位,辅臣请与皇太后权同听政。礼院议:自四月内东门小殿垂帘,两府合班起居,以次奏事,非时召学士亦许至小殿。”《宋史・列传・卷六十五》记载,宋真宗赵恒驾崩之后留下遗诏:“以明肃皇后辅立皇太子,权听断军国大事”,这样,宋真宗的皇后刘娥成为宋朝第一位摄政的太后,史家因其历史功绩称其“有吕武之才,无吕武之恶”。宋代太后垂帘听政时,其仪制基本上和皇帝大体相似,在某些方面,其礼制规格略低于皇帝①。

明朝由于明太祖朱元璋“严宫闱之禁”,规定“后妃虽母仪天下,然不可俾预政事”,因而,终明之世无后妃正式公开摄政临朝之事。不过,在英宗、神宗两位皇帝即位之初,两位太后虽然名义上并未摄政,但实际上,她们不仅参与朝政之最高决策,而且还在必要的时候发布谕旨,敕命群臣,对于制定国策、应对危机皆发挥了极其重要的作用(详见《明史》的相关记载)。

与明朝不同的是,清朝女性参与国家最高决策则不鲜见。例如,清初孝庄文皇后虽然拒绝正式垂帘听政,但实际上先后辅佐了顺治和康熙两位幼帝,对清初的国家政治的走向产生了重要影响。清代慈禧太后在同治、光绪年间曾经三次垂帘听政,标志着中国古代太后垂帘听政之制的顶峰,同时也是中国古代这一最高政治决策制度的终结。②

勾勒这类女性的集体群像,梳理史籍对她们事迹的记录描写,可以看到,母系氏族社会之后的中国古代社会始终是一个男权社会。一方面,社会舆论从男权至上的正统观念出发,将女性临朝称制、垂帘听政甚至自立为帝之举讥为“牝鸡司晨,国之不幸”,她们的形象也因此在历史上被不断扭曲,她们的缺陷在历史上被无限放大;另一方面,她们作为

① 张学娟.中国古代决策程序法律史料简述[J].法律文献信息与研究,2009(1):1-9,25.

② 朱子彦.垂帘听政制度述论[J].学术月刊,1998(2).
王争.中国古代的决策程序[J].法律文献信息与研究,2012(68).

一个群体,其存在本身就是对男权社会的反思甚至挑战,就个体而言,她们身上所体现出的领导力各各有别,后世对她们的评价也褒贬不一。但作为一个独特的群体,她们改写了中国传统女性的形象,表现出了足以与优秀男性比肩抗衡的领导力——她们建立的功业,足以使她们可与男性一样青史留名,而她们的局限性与其说是出于其女性的性别因素,不如说是出于更为复杂的社会、历史原因。

以和熹邓太后为例,《后汉书·皇后纪》以较多笔墨特别强调了她异于传统女性的特点:“六岁能《史书》,十二通《诗》《论语》。诸兄每读经传,辄下意难问。志在典籍,不问居家之事。母常非之,曰:‘汝不习女工以供衣服,乃更务学,宁当举博士邪?’后重违母言,昼修妇业,暮诵经典,家人号曰‘诸生’。父训异之,事无大小,辄与详议。”史家如此刻意模糊其女性性别特征、强调其与男性并无二致,更表现在另外一段有关邓绥幼年瑞梦的记载中:“后尝梦扪天,荡荡正青,若有钟乳状,乃仰嗽饮之。以讯诸占梦,言尧梦攀天而上,汤梦及天而咶之,斯皆圣王之前占,吉不可言。又相者见后惊曰:‘此成汤之法也。’家人窃喜而不敢宣。”(《后汉书》)相形之下,此篇记录的大臣刘毅上书中强调其女性特征的“伏惟皇太后膺大圣之姿,体乾坤之德,齐踪虞妃,比迹任、姒”就显得大而化之、难成确论了。从这一代表性的个案可知,相较于女性卑弱的传统认知,史家更乐于记载她们不同流俗、比肩男性的气质、襟怀,这与其日后表现出的卓越领导力息息相关。

二、母仪天下的王后、皇后以及通过各种方式对天下女性进行女德教化的女性

其共同特点是凸显女性的性别特点及性别意识,努力建构在尊奉男权前提下男女分工明确、和谐相处的有序社会。

“女师”是中国古代社会一个特殊的群体。《诗经·周南·葛覃》“言告师氏”:“师,女师也。古者女师教以妇德、妇言、妇容、妇功。”另外,《文选·宋玉〈神女赋〉》:“顾女师,命太傅。”李善注:“古者皆有女师,教以妇德,今神女亦有教也。”“女师”即古代掌管贵族女子教养训导职责的女教师,这方面最为典型的当属东汉时期有“曹大家”之称的班昭(约45-约117)。她之所以名垂青史,不仅因其作为史学家班彪之女、班固之妹,奉旨续写史籍,完成《汉书》,也因为其多次被汉和帝宣召入宫,担任皇后嫔妃之师,更在于她晚年作《女诫》七篇。《女诫》分为“卑弱”“夫妇”“敬顺”“妇行”“专心”“曲从”“和叔妹”七个部分,具体阐述了妇德、妇言、妇容、妇功,涉及女性特别是贵族女性家庭生活、伦理关系的各个方面。该书本是班昭教导本家班家、夫家曹家女性后辈做人道理的私书,问世之后却很快超越私家范围,在京城名门贵族之家广为流布,此后其传播范围以及社会影响不断扩大,最终成为古代“女四书”之首。由此,班昭在中国古代不仅是当时朝中后宫的女师,而且通过《女诫》成为古代女界的女师。对于《女诫》历来毁誉参半,誉之者称

其为温婉贤淑、典雅柔顺的中华女性传统美德的教科书;毁之者因其强调“三从之道”和“四德之仪”而称之为男尊女卑、三从四德等禁锢女性的封建保守落后女性观念的系统倡导者。

客观评价班昭及其《女诫》,应当遵循中国古代“知人论世”“以意逆志”之原则,将其置于其撰写此书的历史语境中进行审视观照。当时的班昭已届晚年,名声隆显,受人尊奉,此时的她在某种程度上一如在政治的奇峻险峰之巅的登顶者那样心中喜忧相参,不免如履薄冰、如临深渊,正如她本人在《女诫》中所言:“战战兢兢,常惧绌辱,以增父母之羞,以益中外之累。”她期望自己身后家族的名望、事功能够不断延续,因此在书中殷殷告诫家中后辈女性善自珍重,勿堕家声,即“但伤诸女方当适人,而不渐训诲,不闻妇礼,惧失容它门,取耻宗族。吾今疾在沈滞,性命无常,念汝曹如此,每用惆怅。间作《女诫》七章,愿诸女各写一通,庶有补益,裨助汝身”。这样的写作背景使得此书重点在于训示身处名门望族的女性后辈如何韬光养晦、清静自守,其间所表现出的并非泛泛而言的女性观念,同时隐含有一定的政治韬略及处世哲学。正因如此,《女诫》中有两点特别值得注意:

其一,班昭强调女性只需涵养“治内之才”,貌似将女性完全困囿于家庭内部这一狭小的空间,但她自己作为一位优秀的史学家、文学家、政治家,其一生经历早已大大超越了这个范围。换言之,她的人生经历以及由此传递出的女性观念,与其书中所言明显不符。她的行动已明显突破了她自己为女性画地为牢的有限范围。我们因此可以这样理解:此书所言,仅仅是她对自家女性后辈的一般性要求及规范,而才能卓异、时运相济的女性未必能因此书的相关训诫规定而裹足止步。

其二,班昭虽然从中国古代乾坤阴阳观念出发,主张“阴阳殊性,男女异行。阳以刚为德,阴以柔为用,男以强为贵,女以弱为美”,但她在提倡女性“卑弱第一”“以弱为美”的同时,也提出了男女皆须自律自守的对等要求:“夫不贤,则无以御妇;妇不贤,则无以事夫。夫不御妇,则威仪废缺;妇不事夫,则义理堕阙。方斯二事,其用一也。”在此基础上,她指出“卑弱”“执勤”“主继祭祀”是“女人之常道,礼法之典教”,女性光耀门楣、获取名望、远离黜辱的成功人生由此方可得以保障:“三者苟备,而患名称之不闻,黜辱之在身,未之见也。三者苟失之,何名称之可闻,黜辱之可远哉!”显然,她心目中的女性理想人生绝非一味谦退隐忍、籍籍无名。在女性受到诸多限制的社会历史环境下,她为女性指出的成功路径以谦和、柔弱、无为为入口,最终却以弘扬家声、博得高名为指归。

由此可见,对班昭《女诫》不加分析地进行否定,显然是流于浮泛、失于片面的。班昭以一人之力,同时兼具现实中的朝廷后宫“女师”以及因《女诫》世代流传、被人尊奉而为天下女界所法的“女师”这样的双重身份。虽然出于中国古代特殊的历史原因,班昭并没有获得一个具体可见的政治舞台、教化场所,但是她因其《女诫》所强化的女性观念、男女意识深入人心,在此后一千多年间仍发挥着重要作用,展现出其精神引领、思想建构的独特的领导力量。她在顺应男权社会的同时,明确强调男女对等;她在实践中身体力行,超越了《女诫》文字中对一般贵族女子柔弱和淑、无才为德的限定,这正是班昭个人命运的卓异传奇之处,也是《女诫》至今仍值得深入研究的关键所在。

三、整肃闺帏、相夫教子,虽雌伏于内室,却是家庭的统领者、管理者

这类女性的共同特点是:虽然在地域上离开了社会公共空间,但作为家庭之中的意见领袖,她们仍然能够通过其夫、其子(特别是后者)对公共空间的政治经济、社会文化诸多事务产生深远的影响。这样的女性可以视作班昭《女诫》的正向实践者,也可以看作在家庭这一具体而微的小社会中施展才华能力的核心领袖人物。相关记载在中国古代的正史野史、笔记杂录中浩如烟海,汗牛充栋。而经典的文学作品,如清代曹雪芹《红楼梦》中所描写的贾母、王夫人、王熙凤、探春等人,则从不同角度精彩诠释了这样的女性群体。曹雪芹以其生花妙笔描绘了一幅荣宁二府的女性画卷,借家族的兴衰,写人生的沉浮、世情的变迁。可以说,《红楼梦》不仅是一部镜花水月文学作品,更是以虚幻的小说笔法,充满诗意地勾画出的一部社会史、政治史。相关细节,限于篇幅,此处不再展开论述。

西谚有曰:"The hand that rocks the cradle rules the world."(那双轻推着摇篮的手,才真正主宰着整个世界。)此语一般被视为对母亲的倾情赞颂。如果换一个角度对其进行解读,这句话亦可被看作对母亲影响力的集中诠释,从这个意义上来说,它与提倡家国合一、内圣外王的中国传统儒家思想中有关女性影响力、领导力的表述不谋而合。

综上所述,言及女性领导力,在借鉴西方学界相关成果的同时,我们须考虑中国传统文化特殊性的映照与投射。它不应被视作现代社会男女平权思想下的新兴产物,而是植根于深厚的历史文化土壤,与时俱进、历久弥新的一股推动中国社会进步的坚韧力量。在中国古代成功学谱系中,《左传》中所记载的"太上立德,其次立功,其次立言"向来为世人所广为传颂。在此文化背景下,中国传统女性的领导力体现在"立功"(掌握国家最高权力)、"立德"(确定女性规范而垂范教化女界)、"立言"(著书立说)等各个方面。在此过程中,一批优秀的女性或者完全与男性比肩,淡化女性特征;或者标榜"卑弱",凸显传统语境下的女性意识,积极顺应并最终超越了时代环境,以其特有的方式完成了中国古代所推崇的"三不朽",彰显了具有中国传统文化特色的女性领导力。

参考文献

[1]脱脱,阿鲁图. 宋史[M].北京:中华书局,1985.

[2]朱子彦.皇权的异化:垂帘听政[M].济南:山东教育出版社,2001.

[3]曹雪芹.红楼梦[M].北京:人民文学出版社,2008.

[4]范晔.后汉书[M].北京:中华书局,2011.

[5]温信子.女四书品读全集　女诫品读全书[M].北京:中央广播电视大学出版社,2013.

(白岚玲,中国传媒大学教授、博士生导师)

新媒体时代女性领导的媒介素养探析

◎王　琴

摘要：在新媒体时代，媒介素养教育已经成为社会共识。提升媒介素养，就是要提升认识媒介、解读媒介、运用媒介的能力。媒介素养是女性领导力培养和建构的重要内容。新媒体环境下提升女性领导媒介素养的路径包括：增强女性领导的媒体应用能力；重视女性领导的媒体沟通能力；建构女性领导的良好媒体形象。

关键词：新媒体；媒介素养；女性领导；领导力

媒介传播对于我们这个时代的影响十分重要。在信息高度发达的社会，媒介是获得信息的最主要渠道。媒介建构了我们的世界，我们需要具备一定的解读和辨析媒介信息的能力，这种能力构成了人们不可或缺的媒介素养。

一、认识媒介素养

"媒介素养（media literacy）是媒介时代人们要具备的一种基本素养，一般是指人们对各种媒介信息的解读和批判能力，以及使用媒介信息为个人生活、社会发展所用的能力。"①

1933年，英国文化研究学者F.R.利维斯（F. R. Leavis）和丹尼斯·桑普森（Denys Thompson）出版了文化批评论著《文化与环境：培养批判的意识》（*Culture and Environment: the Training of Critical Awareness*），率先提出并倡导媒介素养教育。利维斯倡导将媒介素养引入学校教育，其目的是"从保护传统文化的角度，抨击以大众媒介为滋生土壤的流行文化对传统精英文化的冲击，培养公众特别是鉴别能力尚不健全的青少年对

① 张志安，沈国麟. 媒介素养：一个亟待重视的全民教育课题——对中国大陆媒介素养研究的回顾和简评[J]. 新闻记者，2004(5)：11-13.

媒介的批判意识、对媒介负面功能的抵御能力”[①]。此后,媒介素养教育逐渐被广泛接受。20世纪60年代后,许多国家和地区在青少年中开始普及媒介素养教育,由于各国政府和联合国教科文组织的介入,学校的媒介素养教育开始形成规模,英国、澳大利亚、法国、加拿大、芬兰、挪威、瑞典、瑞士等大众传播发达国家将媒介素养教育正式纳入正规的教育体系,并不断予以重视和强化。1997年,中国内地开始有学者研究媒介素养。

媒介素养包含了丰富的内容。1992年,在美国召开的“阿斯彭媒介素养领袖会议”上,与会专家学者将媒介素养定义为“近用、分析、评估、评判和创作各种媒介的能力”(the ability to access, analyze, evaluate and create media in a variety of forms)[②],简而言之,媒介素养是人们在接触媒介、认识媒介的过程中需要具备的判断和分析能力,这些能力帮助人们在信息泛滥的世界保持清醒的认知和思考,并能够积极利用媒介参与信息的生产与制造。

媒介素养的内涵包括三个部分:一是认识媒介,指通过媒介获取信息;二是解读媒介,指批判性接受媒介的信息;三是运用媒介,指在工作和生活中运用媒介,通过媒介发声并维护权益。提升媒介素养,就是要提升人们认识媒介、解读媒介、运用媒介的能力。

按照公众群体的不同,媒介素养可以分为儿童媒介素养、女性媒介素养、大学生媒介素养、领导干部媒介素养等不同的类型。其中,领导干部的媒介素养区别于普通公众的媒介素养。普通公众的媒介素养指的是公众能够正确地享用大众传播资源,充分利用媒介资源完善自我,参与社会进步。而领导干部的媒介素养指的是领导干部对传媒及传媒信息的综合认知、解读、评判、驾驭、引导的基本素质和实际能力,即掌握运用媒介的能力以及利用媒介来实现政务管理的能力。

女性媒介素养是女性获取大众传媒信息资源、正确认识和评价媒介中的相关信息、正确认识和评价女性在社会中的作用与责任、建立正确身份认同的能力与素养。[③]

二、媒介素养提升女性领导力

关于领导力的研究最初一直是男性领域的关注点,因为传统的性别观念认为男性具有天然的领导气质,而女性的性别特质是与“领导力”背道而驰的。直到20世纪70年代,性别研究的发展将两性视角带入各个学科领域,管理学中的领导力研究才开始关注女性。尽管如此,多数研究成果仍坚持认为女性的领导能力要大大低于男性。到20世

① 王琴. 新媒体语境中女性领导媒介素养的提升路径[M]//中国媒介与女性发展报告(2015-2016).北京:社会科学文献出版社,2017:156-163.

② 张艳秋. 理解媒介素养:起源、范式与路径[M]. 北京:人民出版社,2012.

③ 单晓红.城市女性媒介素养状况调查:以昆明市为例[M]//“传播与中国”复旦论坛(2007):媒介素养与公民素养论文集.上海:复旦大学出版社,2008.

纪90年代,一系列研究成果开始重视女性领导力的风格特点,以一种差异化的视角来重新审视女性领导力,认为女性拥有一种特殊的但同样重要的领导能力。

在新媒体时代,媒介素养是领导力培养和提升的重要内容。2014年3月1日,中共中央政治局常委、中央书记处书记、中央党校校长习近平出席中央党校春季学期开学典礼并作重要讲话。习近平指出,提高领导干部推动科学发展的能力,是当前干部队伍建设的一项根本任务。各级领导干部要努力提高以下六个方面的能力。一要提高统筹兼顾的能力,善于运用唯物辩证法认识和处理问题,既统揽全局、统筹规划,又在重点突破中推动工作协调发展。二要提高开拓创新的能力,善于根据事物发展的客观规律推动思维创新、方法创新、实践创新、制度创新,创造性地开展工作。三要提高知人善任的能力,善于发现人才,正确识别人才,科学评价人才,合理使用人才,把各方面优秀人才汇聚到党和国家事业中来。四要提高应对风险的能力,善于对各种可能出现的风险进行科学预判和超前准备,增强临机处置能力,化风险为机遇,化被动为主动。五要提高维护稳定的能力,善于见微知著,增强维护稳定的果断性,及时化解矛盾纠纷,妥善处理群体性事件。六要提高同媒体打交道的能力,尊重新闻舆论的传播规律,正确引导社会舆论,要与媒体保持密切联系,自觉接受舆论监督。[①]其中,“要提高同媒体打交道的能力”其实就是对领导干部提升媒介素养的要求。这也是从领导力发展的角度,对干部能力的新的评估准则。

提高同媒体打交道的能力,主要包括两方面内容:一方面,要尊重新闻传播规律,正确引导社会舆论;另一方面,要与媒体保持密切联系,自觉接受舆论监督。

新媒体时代,媒介素养已经成为领导力培养和提升的重要内容。作为社会中的女性精英,女性领导更需要重视提升媒介素养,提高同媒体打交道的能力,以更好地提升自身的综合素质。

三、女性领导媒介素养的提升路径

新媒体的发展改变了传统的大众媒介传播格局。新媒体传播体现了信息密集化、知识碎片化、传播速度快、互动性强等特点。新媒体不仅促进了传播机制的创新,同时也推动了公共意见的表达。传统媒体的传播更多秉承权威性的信息发布,致力于舆论引导。而新媒体传播的及时性和互动性,为公众表达意见提供了更为有效的平台。

新媒体环境下,女性领导媒介素养的提升路径主要体现在以下方面:

---

① 习近平:领导干部要加强党性修养 提高综合素质[EB/OL].(2009-03-01)[2013-08-30]. https://www.gov.cn/ldhd/2009-03/01/content_1247390.htm.

(一)增强女性领导的媒体应用能力

媒体应用能力是领导干部应具备的基本素质。从领导干部的工作职责来看,在促进政府决策的透明化和科学化的背景下,领导干部要满足公众的知情权,通过媒体准确表达自己的意见,实现与民众的沟通互动。从领导干部的个人需求来看,领导者需要不断地从媒体获取知识和信息,将媒体资源为我所用。加强自身修养,提升领导能力。

对于女性领导来说,更要顺应时代特点,更新传播观念,在开展工作时积极利用新媒体传播资源,通过网站、微博、微信等自媒体传播平台主动发声,以获得公众的理解和认可,树立亲民的形象;同时,应了解和掌握新媒体传播的特点和规律,积累传播经验,当面对突发危机事件时,能够积极应对,把握先机。

(二)重视女性领导的媒介沟通能力

新媒体环境下,信息的传播方式更加多元。新媒体不仅仅是传播平台的变化,而是传播生产机制的整体创新。媒体受众不再仅仅作为单纯的信息接收对象或满足对象,还是一个个活跃的媒体内容生产者。在这样的媒体环境下,信息的传播路径从传统媒体的可控性传播转变为新媒体的不可控传播,由单向传播转变为多元传播,网络舆情日益复杂。

面对新的媒体形势,领导干部和媒体的关系变得越发重要。媒体是一把双刃剑,善加利用,则可以助力领导管理。不善于与媒体沟通,则有可能引发负面舆情。沟通协调能力是女性领导的优势,女性的柔性管理特质能够使其在面对媒体时一般不会出现尖锐的对峙,更容易实现和谐的互动。

新媒体时代,作为女性领导干部,要学会用新媒体的思维应对新媒体的传播;要学会与媒体沟通,同时这也意味着与社会公众和舆情进行沟通;要树立主动传播意识,引领传播议题。

(三)建构女性领导的良好媒体形象

在媒介发达的时代,领导力的构建需要有良好媒体形象的支撑。媒体形象是通过媒体传播而建构的社会公共形象。从某种意义上来说,领导力不仅是一种传播控制的能力,也是形象管理的能力。领导者的个人形象设计和形象包装,已经成为提升领导能力、增加领导魅力、吸引媒体关注、赢得公众认同的重要策略和手段。女性领导作为公众人物,更容易受到媒体的关注。因此,建构女性领导的良好媒体形象也是对女性领导力的全面提升。

公关研究中关于组织形象建构的经典理论是 CIS 理论,即组织识别系统理论

(Corporate Identity System),该理论将组织形象的建构分为理念、行为、视觉三个层次。这一理论模型同样也适用于领导形象的建构。①从CIS理论出发,女性领导媒体形象的建构需要有良好的理念、行为、视觉的支持。具体而言,女性领导的视觉形象包括外貌、服饰、仪表等;女性领导的行为形象包括言论、态度、行为等;而女性领导的理念形象则包括才能品行、价值理念等。

需要特别关注的是,女性领导的媒体形象建构应该注重性别差异,要充分发挥女性的性别特质。随着时代的发展,越来越多的女性领导人开始有意识地利用女性的特征和优势,主动塑造和传播个人形象。女性气质和女性魅力正在成为女性领导人媒体形象建构的新方向。

(王琴,中国传媒大学媒介与女性研究中心副主任、副研究员)

① 张晓霞. CIS理论视域下公共领导媒体形象的构建[J].福建论坛(社科教育版),2008(S1):15-16.

回顾与反思:基础教育与女生性别角色意识的研究综述

◇罗 爽

摘要:课程、教师和学校管理是影响学生在校生活的最为重要的三个因素,对女生性别角色意识的形成影响尤甚。课程与女生性别角色意识的相关研究主要集中于课程中的女性性别形象与性别意识的分析等议题;教师与女生性别意识角色意识的相关研究主要集中于教师的社会性别意识及其课堂表现等方面;学校管理与女生性别角色意识的相关研究则集中于学校人事结构和学校文化设施中的性别差异分析这两个方面。已有研究呈现出以下不足:多课程教材分析、少学校管理研究;多综述性介绍、少原创性研究;多现象描述、少理论建构;多经验介绍、少比较分析。

关键词:女生性别角色意识;课程;教师;学校管理

性别角色意识是在个体社会化的过程中不断发展的,作为个体“社会化宫殿”的学校,则是性别角色意识形成的最为重要的场所。然而,当今的学校教育通过课程、教师以及学校中的一些制度和非制度的形式仍在复制和传递着男尊女卑的性别文化和传统的性别分工。身处男权社会的我们对此却往往见惯不怪,未曾意识到它给女生社会化所带来的深刻影响:这样的学校教育使女生不断地被强化传统的妻母角色,无法得到其社会化习得角色所应有的正确榜样,无法形成正确的自我观念,从而导致自我疏离、自我否定的严重后果,深刻影响了女生主体性的建立。可见,在学校教育中,如何引导女生树立现代的性别角色意识是一个长期以来被忽视的问题,也是一个亟须解决的问题。课程、教师和学校管理是对学生的学校生活构成限定的最为重要的学校教育因素课程、教师和学校管理是影响学生在校生活的最为重要的三个因素,,对女生性别角色意识的形成影响尤甚。本文以中国知网的中文期刊和优秀硕士、博士学位论文为文献基础,对这三个因素与女生性别角色意识形成的相关研究展开综述,以期在总结已有成果和不足的基础上,为今后的研究积累经验和资料,寻找线索和方向。

一、课程与女生性别角色意识形成的相关研究

在1949年后至20世纪80年代的较长历史时期内，我国的基础教育与教育研究处于“一段漫长的缺乏性别省思的荒漠期”①。20世纪80年代后，性别研究进入教育研究领域。张德、赫文彦（1987）以人民教育出版社1979—1982年间出版的《全日制学校小学课本·语文》一至十册为研究对象，从插图、故事性课文的主角和人物个性的塑造三个方面揭示了课程教学中的性别不平等问题，并呼吁在小学语文教材里增加女性角色。② 该研究为课程领域性别研究的早期代表作。至20世纪90年代后，基础教育课程中的女性歧视与偏见问题逐渐引起学界更多的关注。21世纪以来，相关研究不仅在数量上有所增加，在研究方法、理论工具和研究成果上也更为丰富。在研究方法上，这一领域的研究以实证研究、民族志研究、行动研究为常用方法论，以观察法、访谈法、文本分析、叙事研究、比较研究为主要研究方法。在理论工具方面，研究通常从女性学和教育学相结合的学科视角出发，以自由主义女性主义、女性主义文学批评、生态女性主义、多元文化理论等理论流派为分析框架和理论工具。相关研究成果主要集中于以下六个方面：

（一）课程政策中的性别议题

自21世纪以来，性别平等议题开始进入国家教育政策。国务院在2001年5月22日发布的《中国儿童发展纲要（2001—2010年）》中提出：“将性别平等意识纳入教育内容。”2011年7月30日正式公布的《中国妇女发展纲要（2011—2020年）》更将实现性别平等与公平的目标具体落实到课程与教材的层面：“性别平等原则和理念在各级各类教育课程标准及教学过程中得到充分体现”，“在教育法规、政策和规划的制定、修订、执行和评估中，增加性别视角，落实性别平等原则”。

虽然性别平等已作为原则和理念进入了我国对课程教学的政策表述中，但是根据刘志华（2013）的研究，当前在我国课程政策的研究与制定的实践中，仍然存在缺乏性别意识、社会性别被隐形化的现实问题。这种缺失在课程政策的三要素中都有所体现：在课程政策目标方面，以男性经验为基础，缺乏女性视角的关爱；在课程政策载体方面，作为课程政策工具的教材存在性别不公正的问题，作为课程政策手段的教师存在性别偏见与刻板印象；在课程政策主体方面，“女性代言人”缺失。③

---

① 闫广芬.中国女子学校教育的发展：认识、视野、使命[J].教育研究，2006(11)：73-79.

② 张德，赫文彦. 小学语文教材里一个值得重视的问题[J]. 东北师大学报（教育版），1987(2)：91-94.

③ 刘志华.课程政策中女性意识的缺失和重构：性别文化视角的反思[J].教育发展研究，2013(2)：73-77.

(二)女性主义的课程文化观

黄宗敬(2003)、姚文峰(2011)分别对女性主义的课程文化观进行了梳理。女性主义揭示并批判了父权制社会主流课程文化中的男性霸权、课程结构中的科层制、课程实践中的性别化教育模式、性别定势。[①] 同时,基于“性别(gender)是一种文化构造和社会建制”的基本观点,反思批判主流课程文化的“男性中心”认识论,主张发展一种替代主流理论的“立场理论”(standpoint theory)。该理论包括三个主要的特征:其一,认为知识来自主体的参与性活动,因此,女性主义的课程研究需要以女性经验作为课程理论的来源;其二,女性主义课程研究的目的是为女性说话,而非为男性服务;其三,强调课程知识存在与认识者所处的地位与立场相联系的偏见,而个人不可能超越这种立场与偏见。[②] 胡振京等(2003)认为,女性主义课程观具有反对性别偏见的合理性,同时也存在女性认知优越的偏见,从而容易矫枉过正。[③]

(三)课程内容中的女性性别形象与性别意识

教材是课程内容的重要载体。在女性主义课程观的影响下,十余年来,有多项研究对我国基础教育教材中的性别角色进行了量化和质化的文本分析。综合这些针对不同历史时期、不同学科、不同学段和不同版本的教材研究,可以发现:我国基础教育教材中的女性性别角色几乎一致地居于从属、被忽视和刻板化的地位。

朱晓斌(1994)对1988—1991年间由不同出版社出版的三版小学语文教材和美国斯考特福斯曼公司(Scott Foresmanand Company)出版的供二到六级英语水平使用的阅读课本进行了比较研究,结果显示,虽然两国教材在职业形象、人物个性等方面都存在性别刻板与偏见,但不同于美国教材中两性角色数量相对持平的情况,中国教材中的故事、故事标题及插图上的男性角色显著多于女性角色。[④] 杜芳琴(1996)统计了人民教育出版社1987年版《中国历史》教材中出现的历史人物数量,显示男女比例分别为97.6%和2.4%,前者是后者的40.7倍。[⑤] 史静寰(2002)的研究显示,幼儿读物和人教版(1994—1996)六年制小学语文教材中的性别偏见和性别刻板印象问题皆十分突出。[⑥]

以历史比较的眼光分析,新课程改革后,基础教育教材中的性别角色问题较之过去有所改善。史习江(2005)梳理了语文出版社在新课程改革后编著义务教育课程标准实

① 姚文峰.女性主义课程的性别批判[J].外国教育研究,2011(6):7-11.

② 黄宗敬.女性主义与课程中的性别问题[J].教育科学,2003(6):26-29.

③ 胡振京,杨昌勇.女性主义课程观述评[J].比较教育研究,2003(11):7-11.

④ 朱晓斌.从我国三种小学语文课本看儿童性别角色的社会化:兼与美国一种阅读课本的比较[J].教育研究,1994(10):52-57.

⑤ 杜芳琴.发现妇女的历史:中国妇女史论集[M].天津:天津社会科学院出版社,1996:176.

⑥ 史静寰.教材与教学:影响学生性别观念及行为的重要媒介[J].妇女研究论丛,2002(2):32-36.

验教科书《语文》(1—9年级)时在落实性别平等方面的努力,如增加描述女性的课文比例、丰富课文中的女性角色与形象、选择青年女性和杰出女性角色、设计以“妇女解放”和“性别平等”为主题的探究学习活动等。① 王松林等(2010)以1996年人民教育出版社和2005年山东教育出版社出版的两套初一到初四的英语教材为样本,比较了新课程改革实施前后初中英语教材中的女性角色,结果显示,初中英语教材中女性出现在职业领域的数量有所增加。然而,后一版本教材中仍然明显存在性别倾向问题。② 阮青青,刘力(2004)以四大出版社(教育科学出版社、江苏教育出版社、人民教育出版社、北京师范大学出版社)2002年版小学三年级《品德与社会》新课标实验教材为样本,分析了本门课程常用教材中成人的性别角色和形象地位,结果显示,虽然四套实验教材都在不同程度上反映了性别角色的时代社会的变化发展,但仍有不少吻合传统却带有偏见的性别角色的描绘。③

多项研究显示,当前基础教育的各版教材中,女性性别角色的缺失、从属和刻板化问题仍然存在。龙艳(2014)对2009年人教版高中语文教材的分析显示,在课文塑造的人物角色中,女性被放置于次要地位。教材中展现的美丽女性大多忧愁善感,具备传统优秀品质的勤劳女性大多命运凄苦,坚贞不一的女性大多深受封建专制文化毒害,同时,光辉、正面、积极的女性形象所占比例极小。整体而言,该版本中,女性角色存在被忽视、被省略、被刻板化描述和歪曲描述的问题。④ 李艳飞(2011)通过对人民教育出版社1987年、2002年、2009年三个不同时期出版的高中语文教科书的纵向比较分析和对江苏教育出版社、山东教育出版社、广东教育出版社、语文出版社等各省新课程标准教科书的横向比较分析,发现新课程改革前后的语文教科书在男女作者、男女角色、男女主角等方面均存在女性数量远少于男性、男女比例严重失衡的现象,同时,七个版本语文教科书中的女性角色多为社会底层受迫害的劳动妇女和家庭中的贤妻良母,社会事业女性角色只有少数,对男女性别角色认识存在刻板印象。⑤ 耿泽岩(2014)对苏教版(第五版)、人教版(第二版)、语文社版(第四版)、北师大版(第三版)四个版本的高中语文教材的文本分析也得出了类似的结论,即四版教材中女性角色被放置于低于男性角色的位置,同时女性角色形象单一并缺少时代感,其中,人教版教材含当代女性角色的选文数量为零。⑥ 在英语学科的教材中也存在相似的情况。顾嘉宜(2003)对苏教版《牛津小学英语》教材的文本分析显示,虽然该版教材中男女性别出现的比例并无显著差别,但是,成年男性的角色较

---

① 史习江.性别平等与新一轮课程教材改革[J].妇女研究论丛,2005(12):21-23,28.

② 王松林,王惠萍,李克信.新课改前后初中英语教材中性别角色的比较研究[J].当代教育论坛,2010(1):66-67.

③ 阮青青,刘力.小学《品德与社会》实验教材中的成人性别角色分析[J].全球教育展望,2004(2):48-53.

④ 龙艳.我国高中语文教材中女性形象审视与重塑[D].重庆:西南大学,2014.

⑤ 李艳飞.教科书的性别文化审视:高中语文教科书的性别差异研究[D].武汉:华中师范大学,2011.

⑥ 耿泽岩.高中语文教材中女性角色的缺失与回归[D].曲阜:曲阜师范大学,2014.

成年女性的角色更为丰富、多元,而且涉及男女性别角色的课文情节设计体现出与大众传统观念相吻合的“刻板印象”。①

曾天山(1995)以比较研究的方法,通过数据分析论证了不同国家和地区在不同时期的教材中皆不同程度存在性别偏见问题,教材中的性别偏见根植于社会文化和女性社会地位的现实。其他已有研究基本认同这一观点,认为教材中女性角色缺失的原因有传统性别文化的影响、教材编写者们的集体无意识、女性实际社会经济地位有待进一步提高和大众传媒的导向等几个方面。其危害主要体现在深化社会性别偏见观念、阻碍学生形成正确的性别意识、影响学生的职业选择等方面。②

(四)女生的性别角色意识对其课程学习的影响

李林仙(1995)的综述从心理学的角度指出,在个体的知觉和信息判断系统中,即使关于目标人的信息是可获得的,人们仍倾向于以刻板观念为依据来进行判断,因此,性别角色刻板观念会影响学生的课程学习偏好乃至职业选择。③ 袁莉(2012)的田野研究在一定程度上以案例生动地说明了女生的性别角色意识会对其学习意识和行为产生相应影响。在其研究中,小学女生小静出于对女生柔弱的性别刻板印象和男尊女卑思想的强烈反抗,在学习生活中有意根据其对男生行为习惯的认知行事,包括无视书写工整这一作业要求“细节”。④

(五)其他国家与地区构建性别平等课程的经验分析

陈雨亭(2004)介绍了自20世纪60年代以来欧美国家为中小学营造性别平等的隐蔽课程的策略,如使用各种有益于改善女生学习环境和性别角色认知的干涉策略、基于性别平等初衷建立符合女生认知与学习特点的单一性别学校或班级、在教师教育中加强性别平等教育、关注教师职业的女性化趋势和防范校园性侵害问题等。⑤

于康平(2009)就美国中小学性别平等课程的经验进行了分析:1972年《教育法修正案第九条》的颁布,为美国性别公平课程的建构奠定了重要的法律基础。其后,美国政府和各种组织确立了一系列政策和措施来改变女生在数学、科学和体育等课程中的不利处境,并开发专门的性别平等课程。重视性别平等教育立法和经费保障,注重性别问题与种族、收入水平等问题的交互作用,性别公平课程的建构与实施一体化,是美国建构性别

① 顾嘉宜.苏教版《牛津小学英语》教材及其运用中出现的问题与对策研究[D].苏州:苏州大学,2013.

② 李艳飞.教科书的性别文化审视:高中语文教科书的性别差异研究[J].武汉:华中师范大学,2011.
耿泽岩.高中语文教材中女性角色的缺失与回归[D].曲阜:曲阜师范大学,2014.
龙艳.我国高中语文教材中女性形象审视与重塑[D].重庆:西南大学,2014.

③ 李林仙.关于性别角色刻板观念的一些研究[J].心理学动态,1995(4):17-22.

④ 袁莉.性别角色刻板观念对小学生学习影响的研究[D].天津:天津师范大学,2012.

⑤ 陈雨亭.欧美中小学营造性别平等的隐蔽课程的对策分析[J].外国中小学教育,2004(5):14-17.

公平课程的主要经验。① 鉴于有研究指出美国中小学的体育课程是仅次于数学的第二大性别偏见科目的情况，辛增友(2010)梳理了自20世纪70年代以来美国学界对中小学体育领域的性别平等教育的研究。美国已有的研究认为，政府在体育方面保障两性平等的强制性措施效果并不理想，其原因在于相关法律规定缺乏实际保障、教师缺乏性别平等意识及相关知识、教师的歧视性言行、课堂管理教学忽视性别角色均等、课程组织实践不利于性别角色平等发展等方面。②

陈怡如(2014)对我国台湾地区九年一贯课程性别平等教育辅导团进行了分析。为指导教师将性别平等这一重大议题的相关职能转化融入七大学习领域的课程之中，台湾地区于2008年成立了"平等教育课程与教学辅导咨询小组"。该组织于2009年将"性别平等教育议题"正式纳入国民中小学课程与教学辅导群的组织体系中，并将后者更名为"九年一贯课程推动工作—课程与教学辅导组—性别平等教育议题辅导群"。辅导群由大专院校教师组成的委员群以及中小学辅导咨询教师(省团教师)共同组成，主要任务为协助各县市成立性别平等教育议题辅导小组，推动与视导学校落实性别平等教育课程与教学，规划办理性别平等教育人员培育进修认证，整合专业资源，提供性别平等教育课程与教学咨询服务，规划性别平等教育课程与教学研究并评鉴其成效。就目前的运作而言，该组织虽成立时间不长，却存在优秀人才招聘与留任困难、性别议题融入学习领域不易落实、部分性别议题严重缺乏社会共识、县市议题团的经费缩减与教学支持体系面临转型等方面的挑战与困境。③

(六)超越性别教育传统的课程建构

周小李(2008)对我国的性别化教育与性别中立教育两种教育传统进行了历史梳理与反思，提出教育应当超越传统，由排斥女性转向全纳女性，践行性别敏感教育。④

在具体的实践上，众多研究指出，针对当前国内基础教育课程中存在的性别问题及其对女生性别角色意识与行为的影响，应当从教育法制、课程政策、学校教育环境、教师、教材、学生与社会多方面着手，寻求解决之道：加强课程中性别平等的法制保障、增加女性在课程政策决策中的参与、优化学校教育环境、消除教师性别刻板观念、在课程与教材中赋予女性相关知识存在合法性、纠正学生关于性别与学科的刻板印象、关注课堂内的

---

① 于康平.美国中小学性别公平课程的建构与实施[J].比较教育研究，2009(3)：55-60.

② 辛增友.美国中小学体育领域两性平等教育的问题及启示[J].现代中小学教育，2010(1)：74-77.

③ 陈怡如.台湾中小学教师专业发展支持机制之运作与挑战：以九年一贯课程性别平等教育辅导团为例[J].华南师范大学学报(社会科学版)，2014(12)：56-61.

④ 周小李.社会性别视角下的教育传统及其超越[D].武汉：华中师范大学，2008.

"性别—权力"关系，同时变革家庭性别文化、纠正传统性别偏见。[①]

除此之外，赵明仁、王嘉毅（2003）、杨萍（2007）指出，地方课程、乡土课程的地域性和文化性特征使其对学生性别角色构建具有重要影响，对超越传统文化中的男性霸权、实现性别平等具有重要意义。[②]

高中建（2010）认为，除此之外还需要根据学生的年龄与性别特征，结合校本课程的要素（目标、内容、实施、评价四个方面）进行性别角色教育校本课程的全方位开发。[③] 冯采玲（2014）进一步在反思我国当前存在的单一性别课程模式和同一性别课程模式的基础上，就如何开发有利于合理性别角色建构的普通高中性别课程做出了设计，提出了确立多元的性别课程开发主体、设置促进两性共同发展的性别课程目标、设计整合的性别课程结构、采取开放灵活的课程实施策略和实行人性化的课程评价五大要点。[④] 丁利民（2010）对上海理工大学附属小学以人格教育为核心，从"性别意识、性别认同、身体保护"三方面内容着手，自主研发一到五年级的性别教育课程的实践经验进行了梳理与反思。[⑤]

二、教师与女生性别角色意识的相关研究

学界对教师社会性别意识的研究在20世纪80、90年代仅是零星存在。直到2000年以后，相关研究成果才逐渐丰富，并在综述借鉴国外研究的基础上开始运用问卷调查法、课堂观察法、访谈法等开展实证研究，对本土的问题进行描述和分析。相关研究成果主要集中于以下四个方面：

（一）教师的社会性别意识状况

教师的社会性别意识是指教师从社会性别的角度，以实现教育的社会性别公平为目的，对教育制度、学校管理、教学过程、课程教材以及师生关系等进行观察、分析和规划的观念和方法。[⑥] 王晓梅（2007）、曹建秀（2011）分别以乌鲁木齐市和南京市的小学教师为调查样本，从"性别角色""性别角色期待""性别平等"三个方面对教师的社会性别意识

① 吕佳岭.性别鸿沟的跨越：女性主义视角下班级性别差异问题研究［D］.无锡：江南大学，2013.
袁莉.性别角色刻板观念对小学生学习影响的研究［D］.天津：天津师范大学，2012.
刘志华.课程政策中女性意识的缺失和重构：性别文化视角的反思［J］.教育发展研究，2013（2）：73-77.
龙艳.我国高中语文教材中女性形象审视与重塑［D］.重庆：西南大学，2014.
周小李.社会性别视角下的教育传统及其超越［D］.武汉：华中师范大学，2008.

② 赵明仁，王嘉毅.地方课程开发中的性别平等问题［J］.全球教育展望，2003（6）：61-63.
杨萍.超越界限：乡土课程资源开发的性别思考［J］.教育理论与实践，2007（12）：46-48.

③ 高中建.性别角色教育的校本课程开发初探［J］.课程·教材·教法，2010（4）：16-21.

④ 冯采玲.普通高中性别课程开发研究［D］.桂林：广西师范大学，2014.

⑤ 丁利民.为小学男孩女孩开设的性别教育课程［J］.上海教育科研，2010（8）：46-50.

⑥ 周小李.论教师社会性别意识教育的必要性及途径［J］.现代教育科学，2007（20）：67.

状况进行了问卷调查。调查结果均显示：第一，教师的社会性别意识有一定的增强趋势，但是传统意义上的性别角色仍然占据很大比例；第二，在性别角色期待上，虽然教师们体现出对传统性别角色期待的反对，但仍有不少教师保持着传统性别角色期待观，尤其对女性的期待仍然是那种“贤妻良母型的”“细心的”“体贴的”；第三，在性别平等的看法上，教师们普遍都能意识到性别平等的问题，而且认为女性和男性具有平等的学习与发展的机会；第四，从整体上看，小学教师缺乏从社会性别视角剖析和批评性别歧视的能力；第五，女性教师大都对传统性别观念的各种看法持否定意见，但主体意识不强；第六，从男性教师方面来讲，其更倾向于把男性定位于公共领域，而把女性的角色定位在家庭中。[①] 陈霞（2007）对江西省铅山县县城、农村的130名中小学教师进行了随机抽样调查，问卷调查结果表明，基础教育阶段教师的性别意识水平不高，主要表现在：教师的男女平等观不成熟；教师的女性家庭角色意识浓厚；教师的性别态度不公正，存在性别刻板印象。[②]

有学者专门对教师的性别角色观和性别角色期望进行了实证研究，研究结果均表明，教师们普遍存在着较为明显的性别刻板印象。许思安、张积家（2007）通过对301名广东省中小学教师的问卷调查发现，教师心目中理想男生的特质按照重要性排列依次为勇敢、坚强、幽默，理想女生的特质按照重要性排列依次为善良、温柔、乖巧。[③] 王晓宁、胡晓红（2011）采用整群抽样的方法对吉林省和内蒙古自治区的中学教师进行了问卷调查，结果显示，教师期望男生在下列特质中高于女生：快乐的、有幽默感的、自立的、有创造力的、喜欢运动的、善交际的、精干的、胆大的、心宽的、不屈不挠的、主动的、奔放的、侠义心肠的、豪放的、外向的、直性子的。这16项特质全部都是传统意义上用来描述男性性别角色特征的。教师期望女生在下列特质中高于男生：善良的、爱整洁的、洁身自好的、文雅的、和气的、纯真的、含蓄的、心细的、守本分的、安分的、温柔的、柔情的、温顺的、文静的、贤淑的。这15项特质全部都是传统意义上用来描述女性性别的。[④] 史静寰（2002）用问卷和访谈的方式对153名初中理科教师进行了关于学生期待的性别差异调查，该研究显示了教师观念中性别偏见的存在。在教师所给出的“王蕾”“王健”理科学习情况的归因分析中，教师们仅仅因为其中主观附会的性别信息，几乎一致地给予王健高于王蕾的评价。[⑤]

---

① 王晓梅.乌鲁木齐市小学教师性别意识的检视与思考[D].乌鲁木齐：新疆师范大学，2007.
曹建秀.小学教师的社会性别意识及教育：以南京市小学教师为例[D].南京：南京师范大学，2011.

② 陈霞.教师性别意识现状调查分析[J].黑龙江教育学院学报，2007(9)：54-56.

③ 许思安，张积家.教师的性别角色观：“阴盛阳衰”现象的重要成因[J].华南师范大学学报（社会科学版），2007(8)：110-118.

④ 王晓宁，胡晓红.关于中学教师对中学生性别角色期望的调查[J].内蒙古师范大学学报（哲学社会科学版），2011(3)：124-129.

⑤ 史静寰.教材与教学：影响学生性别观念及行为的重要媒介[J].妇女研究论丛，2002(2)：32-36.

(二)教师性别刻板印象的课堂表现

众多研究都指出,教师的性别刻板印象会表现为课堂师生互动的性别差异。如卢红、敬少丽(2007)通过对若干中学教师的个案研究发现:教师与不同性别的学生交往和互动的差异表现得非常明显,自觉或不自觉地表现出了传统的性别意识和观念。就整体而言,在教育和教学过程中,教师通常与男生的交流较女生多,与男生的情感距离更容易拉近,因而教师与男生的交流是开放的和兴趣盎然的,这使得男生更愿意大胆地和教师交流自己的真实想法,因而显得机智、思维灵活而富有想象力;而课堂教学中教师与女生的交流较为有限,且与女生的交流出现时间和空间上的缺失或模糊隔阂,教师对女生也存在着一定的距离感,女生倾向于隐藏自己的真实想法且趋同权威的认同,因而女生总是在课堂上显得比较小心,不仅不敢说出自己的想法,而且还刻意地去琢磨教师的内心意愿和真实的意图,以避免自己因为得不到教师的认同而在教师和同学们面前尴尬,并失去自尊。[①] 这种差异具体体现为:

1.课堂提问的性别差异

王晓梅(2007)、谢慧盈(2006)通过课堂观察,发现教师对男女提问的次数是存在显著差异的,提问男生较多。在不少课堂上,即使男生不主动举手发言,也常常由于不认真听讲被教师点名要求回答问题。如果女生不主动举手发言,则常常被忽视,因为她们安静温顺、不扰乱课堂秩序、不干扰别人、好像很认真听课。女生在传统文化熏陶下努力使自己显得文静、矜持而不敢像男生那样不安分地乱嚷。男生的不守规则令女生失去了许多表现机会,教师往往坐视女生机会流失,甚至无形之中鼓励男生在课堂上的这种大胆和无规则。男生在教师不断地默许甚至鼓励下,在同学中更有威信,渐渐地产生了优越感和更强的自信心。而那些文静、矜持的女生将会丧失更多的发言机会。伴随着机会丧失而同时失去的是女生的自信心和再发言的勇气。[②] 曹建秀(2011)还观察到,教师在课堂提问的内容上也存在性别差异:在阅读、回忆性等问题上,教师的偏向程度为比较偏女和严重偏女。在寻找办法、联想等问题上,对男生的提问较多。这些问题反映出教师对男女差别对待的现象,倾向于让女生回答较为简单、思考性不强的问题,而让男生回答更富有挑战性的问题。[③]

2.课堂评价的性别差异

王晓梅(2007)、肖蕾(2007)、曹建秀(2011)的实证研究都表明:不仅在课堂评价频

---

① 卢红,敬少丽.基于社会性别理论的教师性别意识的研究:以若干中学教师个案研究为例[J].教育科学,2007(4):56.

② 王晓梅.乌鲁木齐市小学教师性别意识的检视与思考[D].乌鲁木齐:新疆师范大学,2007.
谢慧盈.关注课堂交往中的性别不公平[J].教学与管理,2006(33):70-71.

③ 曹建秀.小学教师的社会性别意识及教育:以南京市小学教师为例[D].南京:南京师范大学,2011.

率方面存在差异(表现为教师对男生的表扬与批评次数均多于女生),而且在课堂评价内容和方式上也存在差异(评价男生会思考、想象力丰富,但缺乏良好的行为习惯;评价女生行为习惯好但缺乏想象力)。教师通常给予女生“有感情”“背得不错”“看书姿势好”等关于朗读、背诵或行为表现的表扬语;给予男生的则通常是“会思考”“理解得更好”“回答得真棒”等深入学习方面的话语。[①]

3.学业成就归因的性别差异

若干研究还表明,由于教师往往认为男生比女生的能力强,发展潜力更大,因而对男生抱有更高的期望,导致在学生学业成就归因方面也存在性别差异。曹建秀(2011)指出,数学老师和科学老师在访谈中都透露出,女生学习好是死记硬背、认真刻苦的结果;男生学习好就是聪明、学得活。在教学中,教师会无形之中将这种男性聪明、女性笨的意识传递给学生,导致女生对自己成就动机的降低。[②] 吴志勤(2007)的课堂观察结果也表明,教师传递给男生的信息是“你有这个能力,只是你没发挥出来罢了”,然而,女生所获得的信息是“你没必要再做了,因为你没这个能力”。教师的不同反馈是造成男女生不同归因方式的一个重要原因。对待失败,男生倾向于认为是自己努力不够,比女生更有信心去做一件事情,女生则往往把失败归因于自己的能力不行,即使再怎么努力也无济于事,于是便自暴自弃,最终导致学业的失败。[③]

4.分配课余工作的性别差异

曹建秀(2011)在对某小学班级的观察中发现,教师在安排和分配课余工作时,通常会依照自己心中对“性别适合”的理解。教师会更多地让男生帮自己拿仪器、传达任务、完成一些室外的任务;而女生一般被安排教室内的工作。在访谈中,语文教师和科学教师说之所以更多地让男孩干一些重活,是觉得男孩子更积极、不怕苦不怕累;女生显得比较娇气,干活没男生利索。教师组织和分配课余工作的方式容易向学生传达这样的信息:男生应该扮演活跃的角色,能够完成困难的工作;而女生应该扮演细致的角色,完成微小简单的工作。[④]

5.学科态度的性别差异

张丹(2009)指出,普遍教师会在教学过程中认为女生更适合学习语文、英语等文科类科目,而男生更适合学习数学、化学等理工科类科目。在数学等理工科类科目中,男生表现得更积极,容易得到教师更多的关注与鼓励,而在英语等文科类科目中,女生则得到

---

① 王晓梅.乌鲁木齐市小学教师性别意识的检视与思考[D].乌鲁木齐:新疆师范大学,2007.
曹建秀.小学教师的社会性别意识及教育:以南京市小学教师为例[D].南京:南京师范大学,2011.
肖蕾.从性别平等的视角看师生互动:基于开元小学的实地研究[D].南京:南京师范大学,2007.

②④ 曹建秀.小学教师的社会性别意识及教育:以南京市小学教师为例[D].南京:南京师范大学,2011.

③ 吴志勤.浅析课堂性别偏见现象[J].科教文汇,2007(8):62.

教师更多的关注与鼓励,由此影响了两性对不同学科学习的期望值与努力程度,相应地影响了其在不同学科的学业表现,甚至影响其各自未来的职业选择。①

(三)教师社会性别意识对学生的影响

张丹(2009)以广州、深圳、重庆、成都的四所学校的问卷调查数据为基础,并综合国内外的相关研究成果,较为全面地分析了教师的性别意识对学生的学习态度及行为、学业成就、性别角色认知、未来职业选择、学习动机、对课外活动的选择等方面产生的影响。② 雷湘竹、胡晓红(2009)通过理论分析指出,教师的性别刻板印象过于强调女性或男性的某方面特质,会导致学生人格发展的不健全。例如,过于强调女生的顺从、羞怯,则会忽视其独立意识的培养,从而导致女生缺乏自信心,增强依赖性。同时,性别偏见会压制女生的创造力。例如,教师强调男强女弱,男生聪明、逻辑思维能力强,而女生则在学业上的悟性不太高等性别偏见,导致不少女生降低了自我期待,从而抑制了其潜在的创造能力。③ 肖蕾(2007)指出师生互动中的性别差异对女生的影响主要表现为两方面:一是缺乏可资效仿的女性榜样。如已婚的女教师在工作之外往往承担着大量的家务劳动,如果她们在有意无意间显示出疲惫之态或因疲惫而情绪化,就有可能产生负面的替代性强化,降低女性的职业期望。这些教师成为女生的互动性榜样的可能性也就变得很小。二是产生负面的累积效应。如果教师偶尔在课堂上少关注或看低女生一次,可能不会让女生感觉受到了不公正的待遇。但是,如果这种情况频繁发生,其传达的性别不平等信息就会慢慢累积并不断影响着女生的学习期望和成就动机。这种累积的最坏结果是导致女生产生内化的性别自卑感,继而在自我实现的道路上步履迟疑。④

(四)教师社会性别意识的成因及其教育

曹建秀(2011)认为,教师社会性别意识的形成主要源于四个方面的影响:传统的性别角色观念的建构、家庭环境的强化、学校教育的塑造、文化传媒的深化。⑤ 陈霞(2007)的实证调查特别指出,教师的女性发展观念受传统性别观念的影响较深。传统的社会性别意识和性别角色的刻板观念制约着教师特别是男性教师。女性教师更多地切身感受到了女性在社会上面对工作和家庭的双重压力,对于社会性别平等有更多的要求。而男性及社会还没有为女性的发展提供足够的观念支持。有学者则尝试运用再生产理论来解释教师社会性别意识的形成机制。⑥ 卢红、敬少丽(2007)指出,女教师对自身地位和期

---

①② 张丹.教师的性别差异与学生发展[D].上海:华东师范大学,2009.

③ 雷湘竹,胡晓红.教师的性别意识对学生成长的影响及其对策[J].中小学教师培训,2009(8):61-62.

④ 肖蕾.从性别平等的视角看师生互动:基于开元小学的实地研究[D].南京:南京师范大学,2007.

⑤ 曹建秀.小学教师的社会性别意识及教育:以南京市小学教师为例[D].南京:南京师范大学,2011.

⑥ 陈霞.教师性别意识现状调查分析[J].黑龙江教育学院学报,2007(9):54-56.

望的认同体现了不平等的合法化。在有着几千年的传统文化教育环境下成长起来的一代人,整个社会环境和教育环境充满着性别刻板印象和观念,外界的性别角色刻板印象在社会的实践中已经内化为人们的自觉体验,从而使人们往往按照社会对不同性别角色的要求来行事,人们也不得不遵循自己的传统性别角色。① 张丹(2009)则认为,由于社会建构以及儒家传统文化中"主内"思想的影响,对生理性别差异这一客观现象的僵化理解带来的误导性意识会有意或无意地影响到教师自身的性别意识及角色定位。学校再制了社会性别角色的差异,问题是积极客观的再制还是僵化理解后的简单套用刻板观念于两性身上。②

针对我国教师社会性别意识缺乏、性别刻板印象严重的现状及其所造成的教育不公平问题,众多学者都提出应将社会性别意识纳入教师教育和教师专业发展之中,具体措施包括:

1.将社会性别意识纳入职前教师教育课程

为了加大普及的力度,国家教育行政部门有必要将性别课程纳入师范院校课程目录,并规定为师范院校的必修课。同时,抽调专家、学者编写教材,各地区、各学校大力培训师资,以加快性别课程建设的进程。

2.加强对在职教师性别意识的培养,提高教师的性别敏感度

联系教师教学实际,在继续教育中加入性别意识教育内容;同时,学校可以适当开展提高性别意识的活动、讲座等,结合教师实际的教学行为,对教师进行性别教育和性别公平教学行为的训练,提高教师对性别观念的关注。

3.加强教师教育者的社会性别意识

专门对教师进行社会性别意识教育的教育者,必须具备扎实的社会性别和教师教育的理论功底和实践经验;其他教师教育者,也必须具备一定的社会性别敏感性,具备对相关的教师教育课程和教学的社会性别识别能力。

4.鼓励教师参与性别研究

教育行政部门和学校可以通过将性别问题列入课题指南的方式,鼓励部分有兴趣的教师率先开展性别研究,以促使教师更关注性别问题,并带动更多的教师去反思自己在

---

① 卢红,敬少丽.基于社会性别理论的教师性别意识的研究:以若干中学教师个案研究为例[J].教育科学,2007(4):56.

② 张丹.教师的性别差异与学生发展[D].上海:华东师范大学,2009.

教育教学中的性别误区。[①]

三、学校管理与女生性别角色意识的相关研究

从目前的文献来看,学界对学校管理领域的性别研究关注较少,缺乏系统的专门研究;已有研究也大多是经验性描述和综述性分析,缺乏科学可靠的实证研究。相关研究成果主要集中于以下两方面:

(一)学校人事结构中的性别不平衡及其影响

众多学者都关注到了学校人事结构中的性别不平衡问题。如杜健梅、风笑天(2000)指出,在现实的学校组织结构中,有一个有目共睹的客观事实:中小学特别是小学教师女性化过程加剧,女性教师在儿童的早期教育阶段较为集中。小学校园中,女性教师在各科目的分布是比较广泛的。然而,随着年级的升高(特别是进入初中、高中),女性教师大多从事一些记忆性科目的教学,地位也显然越来越不及男性教师。这个变化过程很明显。与此相对应的是:在女性比比皆是的小学校园中,却并不乏男性管理者;而且随着女性教师所起到的作用越来越局限,与此同时,男性教师的作用却日益重要起来,他们多分布在显示技巧性、知识性和需要较强能力的岗位上。这种高年级日渐男性化管理和教学的趋势与小学教育女性化过程加剧的趋势,正好形成了鲜明的对比。[②] 孙雨霞(2007)分析了学校中这种男性权力中心模式的影响,认为它势必给学生带来男性优于女性的印象,男性应该处于领导地位,而女性应该协助男性、顺从男性。这就在潜移默化中向学生灌输了传统的性别模式,使学生认为社会中的男女不平等现象是合理的,这也直接影响了学生的自我评价和自我期望。[③]

(二)学校文化设施中的性别差异及其影响

李芳(2012)指出了学校设施的男性化特征。从表面上看,学生处于同一所学校,面对同样的教师与同学,使用同样的教学实施、活动场所,似乎没有什么不同,但是学校的软硬件设施、各项规章条例等无不散发着性别信息。最明显的例子就是校服的款式,往

---

① 张丹.教师的性别差异与学生发展[D].上海:华东师范大学,2009.
雷敏.教师性别角色因素在教学中的影响[J].内蒙古民族大学学报,2011(7):188.
陈霞.教师性别意识现状调查分析[J].黑龙江教育学院学报,2007(9):54-56.
雷湘竹,胡晓红.教师的性别意识对学生成长的影响及其对策[J].中小学教师培训,2009(8):61-62.
周小李.论教师社会性别意识教育的必要性及途径[J].现代教育科学,2007 (20):68-69.

② 杜健梅,风笑天.学校教育与儿童性别角色社会化[J].广西社会科学,2000(4):126.

③ 孙雨霞.女性主义视角下教育与社会性别公平[D].天津:天津大学,2007.

往不考虑女性特征,统一裁剪成适合男生穿着的肥肥大大的运动服。[①] 陈雨亭(2003)、赵春娟(2010)等人的综述性研究则分析了学校精神文化设施的性别差异及其影响。学校为学生提供的课外读物,尤其是虚构类文学作品,其中充斥着性别刻板印象。如女性的最普遍形象是仙女、美人鱼、灰姑娘式的人物,主要以青春期的女生为读者的小说中的女主人公大多对学业和事业不感兴趣,却特别在乎长相,对爱情充满着憧憬。这无疑会影响女生的上进心。学校的宣传栏与布告栏、各种名人名言与伟人照片,都存在明显的性别不平衡,女生可从中得到的性别榜样少之又少。如学校里张贴的名人名言绝大多数出自男性,女性的少之又少;实验室里张贴的科学家画像,女性科学家一般只有居里夫人一个,再无其他。由此,学生潜意识中可能得到这样一个印象:只有男性的言论才可能名垂青史,才值得学生牢记在心。[②]

四、已有研究的总结与反思

总结当前国内有关基础教育与女生性别角色意识的研究,在肯定近年来该领域研究成果的同时,我们也必须看到,相关研究仍然存在以下四方面的不足:

(一)多课程教材分析,少学校管理研究

已有研究主要集中于课程教材领域,而对学校管理层面的相关分析则较少。因此,学校管理对女生性别角色意识的影响这一议题具有较为广阔的研究空间,也是今后的研究能够有所突破和创新之处。在已有的对学校人事结构、学校文化设施的性别分析之外,未来可尝试综合运用文本分析、田野实证等方法,对学校的组织结构、规章制度、管理者特征的性别差异和特点进行描述,并分析其如何影响女生性别角色意识的形成。

(二)多综述性介绍,少原创性研究

由于在我国,性别研究进入教育视野的时间不是太长,缺乏关注性别的研究传统,研究基础较为薄弱,因此已有研究大篇幅地引述国外研究成果的现象较为普遍,大多数研究是对国内外研究的综述性介绍,导致研究结论较为雷同,既缺乏必要的反思重构,同时也缺乏对本土问题的科学研究和对本土理论的原创建构。因此,我们应开展对本土实际问题的深入研究,加强科学的研究方法尤其是实证研究方法的运用,以生产出更有价值的原创性成果。

---

① 李芳.论学校教育中的性别公正问题[J].基础教育研究,2012(22):16.

② 陈雨亭.隐蔽课程中性别不平等的社会学分析[D].曲阜:曲阜师范大学,2003.
赵春娟.性别公平:学校教育的应然选择[J].教学与管理,2010(24):4.

(三)多现象描述,少理论建构

在面向实证的已有研究中,大多仍停留在对现象本身进行描述和解释的层面,其中,虽有部分研究具有一定的理论视野,但相对成功者也多是套用已有的成熟理论对现象进行分析,缺乏以现象为基础升华构建原创理论的决心和勇气。从而从学术高度而言,存在较大限制。因此,我们应加强对已有理论的反思,重视运用质性研究的方法建构理论,探索更具解释力的理论框架,增强研究的理论价值。

(四)多经验介绍,少比较分析

相关的比较研究在比较方法的运用方面仍显不足。以教材领域的比较研究为例,虽然在 20 世纪 90 年代就有朱晓斌(1994)对中美不同版本教材的文本比较研究和曾天山(1995)对多个国家和地区教材中性别偏见状况的数据比较研究珠玉在前,但是遗憾此后的国际比较研究,绝大多数仍停留在单向度介绍和分析国外经验的层面上。各国的基础教育虽有其共性,然而,始终根植于各国迥异的社会文化背景中,因此,国外经验并不能在缺少深入双向比较的基础上贸然为我所用。

(罗爽,首都师范大学教育学院副教授、博士)

当代女性领导力的限制性因素研究及提升策略浅探

◎张 芊

摘要:伴随着时代的进步与人类认知能力的提升,围绕两性关系状况的分析逐渐成为颇受关注的社会性课题。本文以两性关系现状为基础,首先提出女性领导力的概念,分析其特质、现状及发展趋势;继而由社会现象分析当代女性领导力的限制性因素,分别从个体认知、家庭困境以及社会观念等方面进行因素解析,并提出相应的解决办法;其后,本文重点就如何突破女性领导角色在实际中的瓶颈状况给出策略,探究实现教育性别公平化以及开展女性领导力的个性化教育。

关键词:女性;领导力;提升策略

一、"推动摇篮的手可以改变世界"——当代女性领导力的概念及特质

(一)从"第二性"到"第一性"

过去,女性被认为是相对于男性存在而言的"第二性",女性在社会中的角色面临着强烈的认知偏差。法国作家波伏娃就在其以涵盖哲学、历史、文学、生物学、古代神话和风俗等多种文化内容为背景的著作《第二性》里,纵论了从原始社会到现代社会的历史演变中,妇女的处境、地位和权利的实际情况,探讨了女性个体发展史所显示的性别差异以及女性作为男性的相对性存在的现实。随着社会文明的不断进步,人们逐渐认识到两性的平等关系,女性的独立自主意识与权利行使行为得到提倡。从"不完美的存在"到"女人能顶半边天",性别意识的平等化走过了一段漫长的历程,尽管时至今日社会性别平等尚未完全实现,但相对于过去,关于两性平等的整体认知程度与发展速度值得肯定。

当今社会,女性地位发生显著变化的表现在于,女性在社会经济、政治、文化生活中所扮演的角色越来越重要,各行各业的女性卓越者越来越多,女性领导力成为越来越不可忽视的力量,对社会发展产生了越来越重要的影响。越来越多的女性开始认识到这样

的观点:"女性必须要获得经济独立,只有女性经济地位产生变化才能带来精神的、社会的、文化的变化,只有当女性对自身的意识发生根本的改变,才有可能真正实现男女平等。"①由是观之,"推动摇篮的手可以改变世界",女性的"他者"地位正在发生巨大的变化。从"第二性"走向自我认同的"第一性",是女性的成功,也是社会文明进步的象征。②

在时代进步的长河里,工业不断发展,机械化生产取代体力劳动,科学技术成为第一生产力。女性不断地从家庭走向社会,她们不仅能够与男性做相同的事情,并且在某些方面逐渐凸显出自身的优势,如女性工作时更具有耐心、更能吃苦、更细致等,这些特点与女性自身的努力相结合,涌现出一批优秀的女性领导者。这些女性领导者不仅与男性一样,为群体带来丰厚的经济利益与社会效益,她们更擅于利用自身的柔性形象,在集体活动中丰富团体生活,传播善意与积极的信念。因此,越来越多的组织、企业认识到,女性不仅能够担任领导者角色,而且能够成为非常优秀的领导者,女性领导力得到了重视。

(二)女性领导力的特质及现状

"领导"是富有挑战性的社会角色,享受着组织赋予的权力,同时也承担着更为重大的责任。有学者认为,领导是"影响和支持其他人为了达到目标而富有热情地工作的过程"③。"领导力就是把意愿转化为现实的能力。"④"从领导力的判定上讲,领导力是一种综合素质和复合性能力的体现。"⑤相对于男性,女性领导力在管理风格、人际沟通、个人魅力等方面都有其特色和优势。具体体现在以下三方面:

1.柔性的管理风格

相对于男性来说,女性领导力更为强调领导工作中的变革特质与魅力影响导向。女性领导者的亲和力更强,更善于营造轻松、愉快的工作氛围,也更重视改善人际关系,对管理效能的提升具有重要的辅助作用。

2.善于进行人际沟通

任何团队的基本组成单位都是个体,在团队合作中产生的矛盾与冲突往往源于沟通不畅。"一般认为员工关系对管理绩效具有较大的影响,管理就是管人和管事的结合,而事情是由人操作的,因而从一定程度来说,管理就是管人的过程。"⑥相对于男性,女性更擅长语言表达,在对人员进行管理的过程中,女性善于人际沟通的特质能够得到充分的

---

①② 刘慧敏.存在主义女性主义与女性的自由与解放:浅析波伏娃的《第二性》[J].重庆科技学院学报(社会科学版),2010(13):39-40,48.

③④ 汪来杰.中西方视域下的领导理论[M].开封:河南大学出版社,2010:2.

⑤ 边慧敏.大学生领导力提升[M].成都:西南财经大学出版社,2012:73.

⑥ 陈志霞,张慧芳.女性领导的领导风格与管理绩效研究:对107名女性领导的案例分析[J].管理现代化,2014(3):77.

发挥,使交流更为顺畅。在良好的沟通氛围中,员工或下属更愿意与之亲近并倾诉所遇到的问题或提出可行性建议,双向沟通能够大大强化管理效果。

3.注重细节,善于从细微处着手

女性天生敏感,无论在工作还是生活中,女性往往更注重细节。对于工作来说,细节管理意味着更为人性化、更有效的管理方式。细腻的管理风格能够凸显团队中平等与平衡协调的重要性,从而增强团队的向心力,促使成员们共同努力,实现管理目标。

二、是什么正在阻挡"她力量"——当代女性领导力的限制性因素分析

"她力量"指"女性群体在社会各个领域产生的不可忽视的力量,包括女性本身的力量、女性和男性融合的力量、女性对男性激励的力量"①。随着社会的不断发展,女性地位日渐提高,女性的文化水平与经济实力显著增强,"她力量"的影响范围不断扩大。然而,在这样的时代变革中,"她力量"的成长依然受到历史认知、社会关系、现实状况等因素的制约。

(一)个体认知的偏差

传统性别意识成为限制女性社会参与的重大阻碍。虽然两性平等已经成为社会共识,但是受根深蒂固的传统思想影响,仍然有相当一部分女性对自我定位存在认知偏差。这部分女性群体仍然被男尊女卑的传统观念所左右,存在一定程度的自我否定。认知偏差使她们始终坚持社会传统的角色定位,对自我能力有怀疑,缺乏政治敏感度,事业心不足,从根本上影响了女性领导力的发展。

(二)家庭角色的"两难"处境

对于职业女性来说,如何处理好工作与家庭的关系是其所面临的最大难题,大部分女性更愿意维持"妻子"和"母亲"的角色,家庭因素在很大程度上决定了女性是否能够成为领导者。在家庭与工作的抉择中,无论是家庭的决定还是女性个人意愿,都倾向于由女性照顾家庭、妥协工作,这自然对女性的职业发展有着很大的制约。"正是生育和抚养幼儿等女性的这种所谓的'内在性'限制了她的'超越性',使她成为'他者''第二性'。女性与家庭的连接相对于男性更为紧密,因此家庭角色常常高于社会职业角色。"②尽管当今时代,更多的女性接受了高质量的教育,平等观念深植于心,然而,绵延持久的家庭

---

① 张岩.不可忽视的"她力量"[EB/OL].(2012-03-29)[2013-08-30].http://corner.youth.cn/xwttx/rc/201203/t20120329_2043793.htm.

② 杜静.女性主义视野下我国高等教育性别平等问题研究[D].呼和浩特:内蒙古农业大学,2008.

角色意识所带来的影响将是长期而不易移除的。

(三)社会认知与体制的歧视

当今社会人们已经普遍认识到女性所具备的领导力,但在领导职位的选择上,女性却往往被排除在外。女性与男性看起来拥有相似的发展空间,但实际上,对于女性领导者来说,职业升迁往往有着难以突破的壁垒,我们通常称之为“玻璃天花板”现象。

这种“玻璃天花板”是一种无形的、隐形的不平等,在相同条件下的男女竞争者中,看似机会平等,但对于关键领导人选,组织内部往往对女性有着更高的要求。虽然在领导者的选拔机制上已经剔除了男女不平等的规定,但在实际执行过程中,仍缺乏有效的机制予以保障。

三、突破“玻璃天花板”——当代女性领导力的提升策略

伴随着时代的变革,如何突破“玻璃天花板”,使女性领导力尽可能得到发挥,已经被越来越多的学者与研究者所关注。个人意识、体制机制等都是突破女性领导力限制的关键。本文将重点讨论教育特别是高等教育对于提升女性领导力的作用。

(一)高等教育中的性别平等意识输入,是真正实现社会性别平等、提升女性领导力的重要手段

人的性别意识受到文化环境的影响。教育的功能之一是教化作用,影响着人对事物的判断标准。因此,教育尤其是高等教育中的性别平等意识输入,是真正实现社会性别平等、提升女性领导力的重要手段。从心理学角度分析,人往往会成为自己想成为的样子。所以,女性想成为一名杰出的领导者,首先要战胜对自我的否定和怀疑,也就是女性个体意识的转变。女性要突破传统的男尊女卑观念,对女性的社会地位和社会角色有重新的认识,充分发挥自身的优势,提高社会参与度,通过科学规划职业发展、不断加强自我学习,处理好家庭与工作的关系。

实现这一系列反思与行动的基础在于接受教育尤其是高等教育。基础教育中,关于两性平等的教育理念对于全社会形成正确的两性观有着重要的作用。在高等教育阶段,受教育者对社会现象的认知和思考都更为成熟,这时候形成的观念和学到的方法对于未来更好地处理两性关系有实质性的帮助。特别是对于女性来说,高等教育阶段的自我认识与职业发展教育,将会成为她们走入社会进而真正发挥“她力量”的重要前提和保障。

(二)实现教育性别平等,以教育的力量突破“玻璃天花板”

如何为女性领导力的提升创建“培养皿”,提倡并鼓励更多的女性参与到领导力的学

习与实践中，是高等教育未来必然会关注的课题。

1.实现教育性别公平化

高等教育阶段是学生性别社会化意识定型的关键时期，这个阶段进行的科学、合理的性别能力认知引导能够在很大程度上消除性别偏见和性别歧视，为女大学生提供展现自我、发展自我的平台。恩格斯在《家庭、私有制和国家起源》中曾经指出："妇女解放的第一个先决条件就是一切女性重新回到公共劳动中去。"在现在社会的发展水平下，实现这一目标的先决条件是：将一切妇女都纳入教育体系，尤其是高等教育体系。

《国家中长期教育改革和发展规划纲要（2010—2020）》规定，在2015年，我国高等教育毛入学率要达到36%。按照国际通行标准，我国已经进入高等教育大众化阶段。是否接受教育是衡量女性是否拥有平等的社会地位的重要标志。就当代的教育情况来看，在教育尤其是高等教育中，一直存在着隐形的性别歧视现象。在我国历史文化发展的不同时期，在社会领导力方面，一直存在着不同程度的弱化或边缘化女性现象，当代高等教育以及社会、家庭环境的观念引导介入，虽然使这一状况有了一些改观，但在很多方面，仍只是将问题与状况从显性逐渐转化为隐性。

2.女性领导力的个性化教育

根据马斯洛的需求层次理论，人在满足生理、安全、社交、尊重的需求之后，最高层次的需求就是自我价值的实现，换言之，是成就感的需求。受过高等教育的女性在其他方面的需求获得满足后，自我追求卓越的意识随之增强，展示女性领导力的机会也越来越多，从而对社会整体女性领导力的提升有了一定的促进作用。受到高等教育的女性在自我认知上偏于认可女性的优势，强调女性的平等社会地位。随着社会的发展和知识的更新，当代社会对科技文化的利用率将大大超越以往，未来高等教育将成为女性进入社会竞争的必备条件。

对于女性而言，既有共性教育，又有针对女性的个性化教育体系设计，是高等教育理念与实际建设的重中之重。首先，在专业设置上需要去性别化，在学术研究领域内应避免性别因素造成的准入难题；其次，在高等院校中应建立并逐步推广女性领导力课程体系。"女性领导力计划可以包括展示才艺、学习技能、领导技能，如聆听、沟通、统筹等，另外还可以在高等院校的课程中开设性别意识教育、针对女性的管理技能培养及领导力培养课程。"①

《中国妇女发展纲要（2001—2010）》中指出："要在高等教育相关专业中开设妇女学、社会性别与发展等课程，这些课程的开设旨在增强教育者与被教育者的社会性别意

---

① 杜静.女性主义视野下我国高等教育性别平等问题研究[D].呼和浩特：内蒙古农业大学，2008.

识。”①“我国高等校园开设的女性领导力课程很少,相关的研究也很薄弱。很多女大学生希望有培养领导能力的平台和机会。”②如何开设相关课程,开设怎样的课程,需要教师、学生、研究者以及社会各界人士的分析、建议与协助。

(三)改善社会环境,创造两性平等的真实空间

当女性接受了教育、进入社会,她们依然会发现在自己周围的发展环境中总有“看不见的手”在施加影响,对女性的发展产生了一定的阻碍作用。如果想要从根本上解决这个问题,就必须通过完善福利制度、加强体制公平性等方式来创建平等的社会环境,从而改变不利于女性从业者的环境和制度。

参考文献

[1]刘慧敏.存在主义女性主义与女性的自由与解放:浅析波伏娃的《第二性》[J]. 重庆科技学院学报(社会科学版),2010(13):39-40,48.

[2]汪来杰.中西方视域下的领导理论[M].开封:河南大学出版社,2010:2.

[3]李永瑞.领导力与组织管理[M].北京:清华大学出版社,2011:27.

[4]边慧敏.大学生领导力提升[M].成都:西南财经大学出版社,2012:73.

[5]陈志霞,张慧芳.女性领导的领导风格与管理绩效研究:对107名女性领导的案例分析[J].管理现代化,2014(3):77.

[6]张岩.不可忽视的“她力量”[EB/OL].(2012-03-29)[2013-08-30].http://corner.youth.cn/xwttx/rc/201203/t20120329_2043793.htm.

[7]杜静.女性主义视野下我国高等教育性别平等问题研究[D].呼和浩特:内蒙古农业大学,2008.

[8]中国妇女发展纲要(2001-2010)[EB/OL].(2003-09-03)[2013-08-30]. http://news.xinhuanet.com/ziliao/2003-09/03/content_1061214.htm.

[9]唐勤,徐倩.我国女大学生领导力培养现状及启示[J].学校党建与思想教育,2013(12):69-70.

(张芊,中国传媒大学学生工作部副部长)

① 中国妇女发展纲要(2001-2010)[EB/OL].(2003-09-03)[2013-08-30]. http://news.xinhuanet.com/ziliao/2003-09/03/content_1061214.htm.

② 唐勤,徐倩.我国女大学生领导力培养现状及启示[J].学校党建与思想教育,2013(12):69-70.

女性领导力研究的差异性取向及四种认识论*

◇ 张敬婕

摘要：本文梳理了女性领导力研究的差异性内涵与研究取向，阐释了实证主义、实在主义、批判理论和建构理论对女性领导力研究的不同影响。

关键词：性领导力研究；差异性取向；认识论

自20世纪70年代开始，第二次女权主义浪潮如火如荼地席卷了整个西方社会，具有众多流派的女权思潮与女权主义学术以其深刻的批判性与敏锐的洞察力，改变着人们的思想观念，也不断地挑战着政治、经济、文化以及日常生活的既有格局。以往对女性充满了歧视和钳制的各种规则正在逐渐松动，女性力量的崛起成为20世纪末的突出话题，女性对于世界的影响以及相关研究议题的热议延续至今。

在此背景下，在各个方面涌现出的女性领袖，尽管仍然面临诸多观念抵触和人们对其能力的质疑，但是她们所做出的成就以及身上所展现出的独特魅力，使得"女性领导力研究"成为一个兼具学术性与实践性的课题。

一直以来，对于"女性领导力研究"的理论内涵以及研究范式，学者之间争议比较大。据笔者的不完全统计，在国内外相关论文和出版物中，对"女性领导力"的描述和定义超过了50种。

一、具有女性气质的女性领导力研究

关于何为"女性领导力研究"这个问题，不同的学者之间有着截然不同的定义，并且采用了各式各样的研究取向。

有学者认为，女性领导力研究是对具有女性气质的领导力的研究，"是从自然生理差

* 本文为2015年度教育部哲学社会科学研究重大委托项目"高等教育大众化与媒介融合时代菁英女性培养与领导力提升研究"（项目编号：15JZDW002）阶段研究成果。

异角度来关注性别对领导力的影响"①,其所对应的英文翻译实际上是"Feminine Leadership Studies"。也就是说,对于传统的领导力研究而言,这一类型的女性领导力研究是在不改变传统的领导力研究的既有研究理论和研究范式的基础上,将"女性"作为一个修饰词添加到领导力的研究框架之中。并且,"女性领导力"概念中的核心词"女性"被限定性地解读为"女性气质",而"女性领导力"则被解释为"温柔""具有亲和力""善于协调与沟通"的领导特色与领导风格。

比如亨利·明茨伯格(Henry Mintzberg)在《关于管理的十个冥想》中谈道:"组织需要培育,需要照顾关爱,需要持续稳定的关怀。关爱是一种更女性化的管理方式。"②史凯恩(Schein,1973)曾对男性经理和女性经理展开过一项大型调查,要求被试者对列表中的性格特征进行评估,以便归纳哪些特征更具有男性气质,哪些特征更具有女性气质。结果显示,男性的性格特征被认为更符合领导者的气质类型,而且被试者对男性成为领导者的期待比对女性的期待要强烈得多。③

将女性领导力研究等同于对具有女性气质的领导力的研究,这种认知和研究取向的优势在于能够借用人们对领导力研究的理论成果,发展出以女性为专门研究对象的领导力研究,并且将建设性的研究视角引入传统的领导力研究视域中,反思并补充了传统领导力研究中对女性经验与女性立场的漠视与缺失。然而,这种认知与研究取向窄化了女性领导力研究更为丰富的内涵,并且将"女性"僵化地解读为"女性气质",遮蔽了"女性"这一关键词背后蕴含的社会性别研究(Gender Studies)的多样性与复杂性。

二、具有女权主义特色的女性领导力研究

有学者认为,女性领导力研究是对女性的"独特"领导能力与领导方式的专门研究,这样的研究不固守传统的领导力研究的范式,并且以其具有女权主义研究的"挑战性"和"差异性"作为鲜明的特色。其所对应的英文翻译应该是"feminist Leadership Studies"。这种研究挑战了以男性作为领导力的唯一合法主体的理论框架,认为对女性领导力进行研究,并不是出于对女性作为领导者的合法性的审定,而是为了弥补以往领导力研究的性别盲视与性别偏见。

比如,史密斯(Smith,1997)曾试图以女权主义观点与研究方法为基础,试图建立一个融入男女特质的领导理论。胡剑影(2008)对女企业家领导力进行调研后也发现,在直

① 周敏.女性领导力的特征及其喻义[J].山西师大学报(社会科学版),2011,38(5):120.

② 吕玉玲.西方女性领导力研究[D].汕头:汕头大学,2010:3.

③ BRENNER K M,BUTTERFIELD D A. Sex effects in evaluating Leaders[J].Journal of applied psychology,1989(6):87-116.

觉性、逻辑推理等方面，男性与女性、男性领导与女性领导，事实上没有显著的差别。①

将女性作为研究主体的领导力研究，采用了一种具有颠覆性的研究模式。这种研究将发现领导力研究中的女性的主体角色以及主体价值作为女性领导力研究的重点。在这方面，诺思豪斯（Northouse）的研究值得关注。她在总结了20年间女性领导者和管理者的相关研究案例后发现，人们面对女性领导者和管理者时总会提出几个问题，包括："妇女能成为领导者吗？""男性和女性领导者在机构中的行为和效率有差别吗？""为什么处于最高领导层的妇女这么少？""怎样才能使更多的女性领导者进入最高层？"②

在这种具有女权主义特色的女性领导力研究的取向之下，存在着两种不同的研究认同，一种是将"女性"作为整体性的复数概念（women），即强化女性整体的突出共性而忽略了女性个体之间的差异性。比如，有研究者认为"女性的职业优势在于敏锐的直觉力、合作的天赋，客观务实、工作认真、投入多，尊重关心他人，善于随机应变，精打细算"③。很显然，这样的论断忽略了女性个体之间可能存在的差异性。

将女性作为整体概念使用的相关研究还体现在将男性领导者与女性领导者作为研究对象的各种对比性调查研究中。比如海根斯（Helgesen，1990）提出过网状的领导概念，她指出女性的领导特色是从组织的中心往外扩散，而男性则采取自上而下的科层领导。④易格丽和约翰森（Eagly&Johnson，1990）的研究则发现，女性在领导风格上更倾向于采用参与型和民主型的领导风格，而男性则表现出更加直接与专制的领导风格。也有一些性别对比研究发现，不同的领导力风格不是由性别因素决定的，而是由诸如社会文化背景等因素决定的。⑤

另一种是将"女性"作为个体性的单数概念（woman），注重研究女性领导者之间的各种差异性，包括成长与成才的差异性、领导风格的差异性、所处的社会及群体情境的差异性，等等。相关研究主要体现在对不同的女性领导者所进行的个案研究上。

总体而言，这种具有女权主义特色的女性领导力研究，其研究优势在于进一步凸显了与以男性为主导的领导力研究所不同的女性领导力的重要性与多样性，并成功地将差异性和批判性的视角引入传统领导力研究视域之中；将"女性"视为单数概念或复数概念的论争，也进一步丰富了研究者们对领导力研究主体——人的性别差异及其领导力差异的思考。但是，这种研究取向的劣势在于，有将性别差异刻板化和二元对立的倾向。

事实上，传统的领导力研究并非都只具有男性气质和大男子主义研究范式，而成为

---

① 胡剑影.女性企业家领导力模式实证研究［J］.上海交通大学学报（哲学社会科学版），2008（6）：66.

② 诺思豪斯.领导学：理论与实践（第二版）［M］.吴荣先，译.南京：江苏教育出版社，2002：42.

③ 聂志毅.女性的职业优势与领导力［J］.学术界，2010（3）：115-121.

④ HELGESEN S. The female advantage：the method of leadership［M］. New York：Doubleday，1995：50.

⑤ NINA T. A Cross-national cross-gender studies of managerial task preferences and evaluation of work characteristics［J］. Women in management review，1997（6）：89.

领导的那些女性也并不天然都是性别平等观念的支持者，这就导致在领导力研究与女性领导力研究之间，从研究者的角度而言，并没有形成所谓的“优势阵营”或者“劣势阵营”；而男女两性领导力的差异，与其说是由生理性别因素造成的，不如说是由个体因素造成的更为准确。当然，在个体差异之间，性别差异所起到的显性和隐性的影响值得研究者重视和深入研究。

三、四种认识论对女性领导力研究的认同影响

当前女性领导力研究之所以会出现认同与研究取向上的差异，主要原因在于对“女性领导力研究”，不同学者所基于的认识论是不同的。

在社会科学领域，有四种认识论的基本理论可以澄清关于知识的本质，即实证主义（Positivism）、实在主义（Realism）、批判理论（Critical Theory）、建构主义（Constructivism）。这些理论传统在解决本体论的相关问题上，比如，面对“什么构成实在（being）”“实在（being）如何可知”的问题上，有着截然不同的观点。

（一）实证主义对女性领导力研究的影响

实证主义认为，科学的目的就是去解释、预测并最终掌握那个“实在”，可以通过试验的手段，制造、检验并证实关于客体的各种假设。实证主义者认为，在整个研究过程中，研究者必须与研究对象保持客观的距离，以免造成认知偏见。实证主义者还认为，在正确使用了科学方法后，任何人都可以把握客观实在，研究者个人的信仰和价值观不应干扰对客观实在的把握，因此，任何人为的因素不得参与科学研究的过程。

基于实证主义认识论的研究者认为，“领导力研究”这个客观实在一直以来都是以男性作为唯一合法对象的，之所以会产生“女性领导力”的说法，主要是女性研究者基于自身性别的因素而对领导力研究做出的一种不客观的认知。认同实证主义认识论的研究者认为，无论研究者是什么性别、什么年龄、什么教育背景、什么种族，都应该无差别地遵循领导力研究的既有理论框架和研究范式；只有剔除了各种差异性因素的干扰，才能真正研究好“领导力研究”这个课题。因此，认同实证主义认识论的研究者基本上是抵触女性领导力研究的，并且认为不存在“女性领导力研究”，真正的研究对象只有以男性作为唯一合法主体的“领导力研究”而已。

尽管性别研究在西方学术界已经成为不可忽视的一门显学（无论是高校的研究项目还是各种课程，都设置了性别研究相关的内容；性别平等观念就像种族平等观念一样，成为一个“政治正确”的内容，在西方社会和公众之间拥有广泛的影响力），但是，抱持实证主义认识论的研究者在全球范围内并非少数。这些在认识观念上持保守态度的研究者，

同时也是传统性别观念的坚定支持者。他们反对女权主义学术，质疑社会性别研究的科学性。

（二）实在主义对女性领导力研究的影响

实在主义同样认可存在着一个客观“实在”，但是，实在主义与实证主义的差别在于，它指出想要纯粹地、完全地、无偏向地把握“实在”几乎是不可能的。换言之，由于人类的缺陷，研究者不可能绝对精确地把握这个纯粹、真实的社会和物理世界。在整个研究过程中（提出假设和用试验来检验假设），研究者必须力图确认并剔除各种可能出现的偏见。

基于实在主义认识论的研究者认为，以男性作为唯一合法主体的“领导力研究”是一种科学研究，之所以会有“女性领导力研究”，是因为研究者无法逾越性别身份带来的各种影响，这种由性别因素而带来的影响，造成领导力研究出现了性别偏向。认同实在主义认识论的研究者认为，女性领导力研究的出现是女性研究者无法回避自身性别影响而不得已进行的一种研究；这种研究虽然客观存在，但它是一种不科学的研究，应该尽量避免进行这种研究。

（三）批判理论对女性领导力研究的影响

批判理论认为，“实在”总是被社会、政治、文化、经济、伦理和性别的价值观所解释，因此不存在一个客观实在。我们所认为的知识不是“纯粹的事实”，因为它已经被各种视镜所过滤了。因此，研究的目的是理解研究者和参与者的价值观如何决定了对这个世界的认知。而且，研究者的身份至关重要，因为其价值观、信仰和生活体验影响了研究问题的形成、数据的发现与收集以及如何解释研究的发现。因为剔除或分离这些因素几乎是不可能的，研究者必须明白他们的个人体验塑造了他们的研究发现。

基于批判理论的研究者认为，领导力研究不是铁板一块，源于研究者的性别差异而出现的“女性领导力研究”，反映出研究者在不同性别观念的影响下，对研究对象的性别属性存在的差异性认识，即对“领导力的主体是默认为男性”还是“可以有男性也可以有女性”的存疑和论争。认同批判理论的研究者认为，女性领导力研究是对领导力研究的必要补充，它给传统上默认为男性主导的领导力研究增添了柔性的色彩，将女性气质引入领导力的研究视野之中。

（四）建构主义对女性领导力研究的影响

建构主义的认同者比批判理论的认同者更进一步，他们直接指出所谓的“实在”是社会建构出来的。社会事实，例如性别、种族、阶级、文化以及经济等，不仅仅勾勒出我们的基本属性，而且也决定了我们观看事物的基本角度。其实并不存在什么所谓"真实的实在"，要评估我们所要理解的这个社会和世界，研究者必须与参与者进行交互式的对话，并尽可能使所有社会建构的事实得以彰显出来。与批判理论相似，建构主义者也认为研究者的身份是至关重要的，因为研究者积极地参与了研究的社会建构。因此，研究本质上是一个被研究者主观建构的过程。

基于建构主义理论的研究者认为，既有的领导力研究反映出的性别盲视与性别偏见，是研究者持传统的、歧视性的性别观念的产物。女性领导力的提出以及相关研究，不仅仅是对传统领导力研究进行的一种柔性领导风格的补充，更重要的是，将女性作为领导力研究的主体，将不同女性的领导力风格的共性和差异性展现出来，对女性领导力的相关规律进行研究。特别是研究女性如何在管理岗位上实践并定位自己的性别角色（doing gender），这是非常必要的。因为不同女性领导者的成长环境与成才过程各不相同，她们的女性领导力的培育条件有哪些共性特征，有哪些独特性，这些都是需要研究的客观实在，都具有研究价值。

总体来看，在认定女性领导力研究的内涵及其研究价值方面，实证主义和实在主义是缺乏性别平等视角的两种认识论。批判理论是带有一定性别盲点的认识论，它并不打破领导力研究的既有理论框架和研究范式，虽然让女性领导力研究获得了一定的研究空间，但也使女性领导力研究及其社会实践失去了理论的自主性。建构主义认识论是对传统领导力研究中的性别偏见和性别盲点的有效纠正与补充，它为今后的女性领导力研究与实践奠定了有效的理论基础。

（张敬婕，中国传媒大学媒介与女性研究中心讲师，联合国教科文组织"媒介与女性"教席科研团队成员，博士）

从女性个人品牌的塑造谈媒介女性话语权的提升路径

◇ 宫月晴

摘要:个人品牌是具有独特性、典型性的人物印象,能够为个人创造直接的或者间接的经济价值和情感价值。女性塑造个人品牌有公认的无形价值,标志着身份,体现着实力。女性话语权是男女平等的重要标志之一,女性媒介话语权就是女性利用传播资源表达自我主体意识的权利。女性个人品牌的塑造不仅有利于树立优秀的女性形象,获得更多对女性的关注,而且能够提升女性媒介话语权高度。尽管当前的媒介环境一定程度上促进了女性话语权的提升,但是,由于媒介决策者充满"歧视性"的议程设置,女性话语权仍然在某种程度上受限;受商业利益的驱动,女性的价值被物化,女性媒介话语权的缺失现象仍然存在。我们在塑造女性个人品牌时,要从品牌构建的角度将个人品牌塑造纳入女性话语权建构的社会层面,同时要借助专业的传播规划,善用社交媒体的力量。

关键词:女性;媒介话语权;个人品牌

一、绪论

从20世纪60年代中期流行的品牌形象理论到20世纪80年代兴起的品牌个性理论,品牌与人的关系日渐紧密。到21世纪,个人品牌出现,超脱产品、组织、公司等物化载体,成为一个独立的品牌,并有了很大的构建和运营的空间。不同的学者给个人品牌下的定义也有很大的区别。自汤姆·彼得斯(1997)提出"个人品牌"①这一概念以来,人们已经意识到品牌不仅与企业、产品有关,还跟个人息息相关。汤姆·彼得斯认为,每个人都需要建立起个人品牌,才能应付21世纪的工作和生存。费远强、周爱梅(2004)认为个人品牌就是把个人塑造成品牌,把人生当作是一个目标极度明确的过程来经营②。王

---

① PETERS T. The brand called you[J].Fast company magazine,1997(8):83.

② 费远强,周爱梅.如何打造个人品牌[J].江西金融职工大学学报,2004(4):8.

嘉瑞(2008)则认为个人品牌是指他人头脑中持有的一种印象①,也就是说,塑造个人品牌的中心问题就是别人如何看待你。这个定义的侧重点是个人在他人心中的印象。参照上述的概念,本文给个人品牌做了个内涵的界定:个人品牌是具有独特性、典型性的人物印象,能够为个人创造直接的或者间接的经济价值和情感价值。

话语权研究是当前文化与传媒研究中一个较热门的话题。法国哲学家福柯认为,话语是一种权力关系,是权力的表现形式,是知识传播与权力控制的工具,它意味着谁有发言权,谁无发言权。拥有话语权实际上就是拥有了"说话"的权力和资源。女性话语权,就是站在女性的立场关注女性生存和发展、表达自我主体意识的话语权。大众接近和享用大众传播资源,发表自己的意见和观点,是现代社会成员普遍享有的一种行为自由与精神自由,蕴含了基本人权和多种宪法权利的基本诉求,是社会公共权利不可缺少的一部分。

虽然现代媒介都声明已经实现了男女平等,而事实上,媒介仍是以男性为主导,从一定程度上来说,它是"男性中心意识"欲望化的载体,"女性歧视"转换成了更加隐秘的方式,女性只是男权文化的代言人,她们仅仅作为一种态度、观点的出口,女性的媒介弱势地位并未得到根本改变。因此,女性个人品牌的塑造在建构女性媒介话语权的过程中十分重要,对提升女性形象、增强女性的社会地位有着显著意义。成功塑造女性个人品牌,并配合科学、有效的媒介传播方式,是提升女性媒介话语权的有利路径,可以促进女性媒介话语权得到关注、扩大社会影响;在注意力经济时代,成功塑造媒介中的女性品牌,不仅能够提升女性的媒介话语权,而且能带来粉丝效应;鉴于品牌的独特个性,女性个人品牌可以转化为女性在社会中的竞争优势,进而提升自身的社会地位。因此,女性媒介话语权的提升可以从塑造女性个人品牌的角度出发,让女性个人品牌成为实现女性媒介话语权建构的重要举措。

二、女性个人品牌是提升女性媒介话语权的重要元素

(一)女性个人品牌与女性媒介话语权识别

女性个人形象是女性整体形象的组成部分,媒介中女性的典型形象是社会看待女性的重要识别元素。当代媒介女性形象,由单一形象向多元化发展,由传统女性形象向更为现代、独立的女性形象发展,包括女企业家、女性领导人、有影响力的知识女性等。但是同时我们也看到了网络上对女性的一些审丑、爆粗现象。不可否认,媒介对于引发社会对女性形象的普遍误读有很大的责任。甚至个别媒体受经济利益的驱使,将女性形象

① 王嘉瑞.个人品牌形象塑造的途径分析[J].发展,2008(10):137.

视作吸引受众眼球的法宝而肆意地扭曲、物化。

与此同时,女性个人品牌的塑造则能向外界传递和树立女性的良好形象。公众通过这类女性的仪容仪表、言谈举止、知识修养、个性风格、业绩声望等,对女性产生了关注、认知和认可。这些优秀的女性不仅是媒介女性形象有机整体的一部分,而且是女性话语权的重要出口,是公众识别优秀女性形象的一个重要维度。

(二)女性个人品牌与注意力经济

互联网带来了信息的爆炸式增长,在信息爆炸中,关注度已经转化成为竞争优势,谁能获得关注,谁就能处于竞争的优势地位。为此,女性媒介话语权必须借助强有力的手段获取关注,才能赢得这场注意力经济的战争。女性个人品牌的塑造,就是简单有效的方法。形象突出、个性鲜明的女性,宛如“明星”,总是能吸引公众的眼球,获得媒体热捧。成功塑造个人品牌的女性通过媒体曝光,能为女性媒介话语权带来极大的关注,进一步深化公众对女性媒介话语权的认知及理解,给女性媒介话语权带来非常好的传播效果。

成功塑造个人品牌的女性不仅能吸引公众关注,而且能引发崇拜,带来粉丝效应。塑造女性个人品牌,就是媒介女性的“造星”运动,通过女性个人的魅力,吸引社会关注,号召粉丝拥护女性权益。在中国乃至国际上的各种重大活动中,都有女性作为形象代言出现,如申奥大使杨澜、郎平、邓亚萍,联合国儿童基金会扶贫大使莫文蔚……她们频频出现在媒体的报道中,不断提升着中国女性的社会地位以及媒介话语权。

(三)女性个人品牌与女性意见领袖

当下,移动互联网的发展,为女性认识自我、发现自我、实现自我提供了新的平台。总体来看,一批自强自立并具有较高学历的职业女性形象不断在媒体上涌现,并引发了公众对优秀女性群体的积极关注。这种优秀媒介女性形象一旦被公众广泛接受,就会成为一种强有力的社会文化标志,提升女性的发言权和影响力。这些优秀的女性群体,也就是我们所谓的“女性意见领袖”,对于提升女性媒介话语权具有重要的作用。例如格力集团董事长董明珠,她不仅是职业女性的楷模,还在影响着中国制造业的未来发展。再如联想高级副总裁乔建,她给联想带来的最大价值是“跨文化的连接器”和“连接所有管理层和员工的纽带”。在众多的媒介女性形象中,女性意见领袖正发挥着自身的独特魅力,引导公众对女性权益的关注。

二、影响女性媒介话语权表达的因素

一个时代的传媒对女性形象的塑造,往往折射出这个时代人们对两性的要求,以及不同时代背景下的文化价值观。北大著名学者戴锦华指出:“女性在今日文化中遭遇的是镜城情境,在男性文化之镜中,她要么是花木兰化妆成男人,要么就是在男性之镜中照出男人需求的种种女人形象,是巫,是妖,是贞女,是大地母亲。只有在女性自身体验的忠实写作中才能打破所有镜子,让它成为哈哈镜。”①那么,究竟是什么原因导致女性媒介话语权受到身份阶层的影响呢?

(一)媒介决策者充满“歧视性”的议程设置

媒介传播环境是影响女性媒介话语权表达的重要因素。媒介决策者,即媒介的“把关人”,是他们在选择媒介内容。媒介决策者在设置媒介议题时,无形之中形成了一种“舆论气候”,以男性观点为中心审视着女性和社会,女性话语权被遗弃到了角落,男性话语成为主流。目前,大众媒介的议程设置仍然是以男性文化为中心,不露声色地重申且强化着性别角色的差异和男女不平等的传统,让受众在性别平等的幻象中被由来已久的性别成规潜移默化。但与此同时,气质优雅、头脑睿智的精英女性群体也无形中得到了男性“把关人”的青睐。

(二)话语平台虽多样,但女性话语领域仍然有限

互联网低门槛、可匿名、交互性的特点,为女性话语权表达带来了极大的便利。网络中的博客、微博、论坛、网站等,这些丰富的交流平台给女性话语表达提供了开阔的空间,但女性话语领域依然显得局促狭窄,大多集中在美容服饰、婚姻家庭、商品消费等方面,即通常所说的私人领域,而忽略了女性作为独立主体更应关注自身发展的更为广阔的社会空间。

(三)商业利益驱动下的价值物化

长久以来,“美”一直是作为女性的终极追求,这不仅强化了女性在审美活动中的附属地位,也削弱了她们作为独立主体的自我价值的追求与实现。刺激消费的广告铺天盖地,通过各类美女树立的“完美形象”,强化了男权文化的核心地位。女性为了获得现实利益,也往往主动加入这一追逐利润的价值物化过程中。

四、塑造女性个人品牌之要义

女性媒介话语权的建构,实际上是建构媒介文化和权威性的过程。“构建女性话语体系就意味着女性必须以自己的声音对女性的历史和现实进行描摹,以自己的体悟和实

---

① 戴锦华.雾中风景[J].北京:北京大学出版社,2000:93.

践来展现女性特有的生存状态和心理图式”。[①] 但女性媒介话语权的建构又不仅仅是女性自身的问题，而是需要全社会的共同参与。通过构建女性个人品牌提升女性话语权，有如下三个重点。

（一）提升品牌素养，将个人品牌塑造纳入女性话语权建构的社会规划

女性的个人形象和社会形象是紧密相关、相辅相成的，是一对命运共同体。中国第六次人口普查显示，18—64 岁女性的就业率为 61%，女性受大学本科以上教育的人群也有所提高[②]，随着女性受教育程度的提高，她们的思想也进一步解放，而且她们有能力进入各行各业，在社会上独当一面。比如在大型纪录片《大国重器》中就出现了多个专业领域的杰出女性。像世界顶级起重机设计师孙丽，很难让人相信一个外表柔弱的南方女子能够设计出世界顶尖级的超级起重机，这样的起重机主要应用于核电和石化工业等重要领域的大型结构件吊装。她带领她的团队克服重重困难，突破技术壁垒，取得令世界瞩目的技术成就。还有大型压缩机叶轮研发制造的专家崔莲顺，她带领团队承担了百万吨乙烯压缩机的研发任务，只用九个月的时间就攻克了这项技术，让中国成为全球第二个拥有这项制造工艺的国家。再比如上海汽轮机厂总工程师阳虹，以前大型发电机组的汽轮机全部依赖进口，但是阳虹和她的同事们一起钻研，掌握了中国自己的大型汽轮机制造技术，不是亲眼所见，很难想象这些庞然大物都是由女性来主导研发的，她们在很多专业技术领域都表现突出。所以，女性个人品牌的塑造，不能离开社会属性，而是要站在社会发展的高度，从女性的家庭背景、性格特征、职业背景等角度切入，进行定位和策划，与社会发展融为一个有机整体。

（二）专业的传播规划，借助社交媒体的力量

在女性个人品牌的塑造过程中，需要有专业的传播规划。专业的传播规划能高效、高质量地提升女性个人品牌的曝光度，进而有效提升女性的知名度及美誉度。一般来说，对女性个人品牌的曝光度管理可以采用多种方式，如公开出席各种活动、会议、论坛，接受媒体采访等。随着互联网的发展，女性个人品牌传播管理也应该具备互联网思维，借助社交媒体的力量。

自 Web2.0 技术开启社交媒体的新时代以来，社交媒体已经成为人们进行信息传播的主要平台，与传统媒体相比，社交媒体在用户数量、用户参与度、话题引领性等方面均占据绝对优势，其传播效果已经大大领先于其他各类媒体。微博、微信、博客、社交网站

---

① 叶晖. 大众传媒中女性的“在场”与话语困境[D]. 杭州：浙江师范大学，2005：33.

② 女性就业现状及行业与职业分布性别差异[EB/OL].(2013-03-06)[2013-08-30].http://acwf.people.com.cn/n/2013/0306/c99013-20688261.html.

等,不仅给人们提供了多样化的交流和分享平台,而且丰富了用户体验。因此,用社交媒体进行女性个人品牌的传播优势明显:女性在社交媒体上发布观点、见解、思考等,很容易吸引公众关注;借助社交媒体,传播正确的性别价值观,增进人们对女性的了解。随着时代的发展,越来越多的优秀女性在社会中扮演着重要角色。我们有理由相信,尽管当前的女性媒介形象仍有缺失,但随着经济文化的不断发展,女性个人品牌的影响力将逐渐彰显,女性媒介话语权的平等终将会实现。

(宫月晴,北京第二外国语学院讲师、博士)

PART 04

国际视野下的女性领导力

国际视野下的女性领导力:以行动谋求妇女参与政治和决策目标的实现

◇ 邹晓巧

摘要:妇女参与政治和决策已成为当前国际议程中的重要议题,并已成为国际社会评定性别平等的重要内容和实现性别平等的重要量度。本文的论述主要集中于以下五个方面:其一,国际社会从保护人权和消除基于性别对妇女歧视的角度出发,强调妇女参与政治和决策的重要性;其二,北京世界妇女大会 20 周年以来,女性参政群体的崛起令全球瞩目,呈现了人数日益增多、向权力顶峰不断迈进的趋势,尤其是作为衡量各国妇女参政水平的一项很重要的指标甚至是唯一指标的女议员比例大幅上升;其三,各国通过立法、行政等措施(包括采取暂行特别措施、规定性别指标、加强制裁和问责制以及赋权妇女等手段),保障妇女参与政治和决策的权利和机会;其四,中国政府在确保妇女参政权利和机会方面采取了积极举措,包括制定妇女发展纲领、加强对女干部的选拔和培养工作等;其五,妇女在参与政治和决策方面仍面临诸多挑战,需要行动和强有力的政治意愿,要将社会性别观念纳入政策、方案、培训等领域的主流,要采取各种措施为妇女参政营造一个良好的政策环境、社会环境和舆论环境。

关键词:非歧视和性别平等原则;妇女参与政治和决策;成绩与挑战;对策

妇女参与政治,尤其是参与决策领域,已日益受到国际社会的广泛关注和重视,并已成为国际议程中的重要议题。同时,妇女参与政治活动被认为是衡量一国政治发展的重要指标,是判断妇女地位提高的重要标志,也是衡量社会文明与进步的重要尺度。

一、国际社会高度重视妇女参与政治和决策管理

联合国自 1945 年成立以来通过的众多公约、宣言、决议,以及全球性会议通过的各种宣言和行动纲领等文件,均提出了非歧视原则,以及人人享有平等权利,不分种族、肤色、性别、语言、宗教、政治或其他见解、国籍或社会出身、财产、出生或其他身份等任何区

别,并在此原则下,强调妇女平等参与政治和公共事务以及参与立法、行政等决策领域的重要意义。同时强调,妇女参与决策过程是一个人权问题,对于实现两性平等和妇女赋权至关重要。这些文件包括《世界人权宣言》(*Universal Declaration of Human Rights*)、《公民和政治权利国际公约》(*International Covenant on Civil and Political Rights,ICCPR*)、《经济、社会及文化权利国际公约》(*International Covenant on Economic, Social and Cultural Rights*)、《妇女政治权利公约》(*Convention on the Political Rights of Women*)、《消除对妇女一切形式歧视公约》(*The Convention on the Elimination of All Forms of Discrimination against Women*,CEDAW)以及1993年世界人权大会通过的《维也纳宣言和行动纲领》(*Declaration and Programme of Action*)、第四次世界妇女大会通过的有关宣言和行动纲领。此外,各区域制定通过的相关文件对妇女参与政治和决策也起到了积极的促进作用。例如,欧盟理事会1996年12月通过的关于《男女均衡参与决策的建议》、欧洲委员会编写的《政治决策中如何保持性别平衡》、2008年南部非洲发展共同体通过的提高妇女在公共和私营部门决策职位(将其比例从30%提高至50%)的相关政策,等等。

(一)《北京宣言》和《行动纲领》

1995年第四次世界妇女大会通过的《北京宣言》和《行动纲领》重申了妇女平等参与政治和决策的重要性。《北京宣言》向全世界阐明:“赋予妇女权利和能力以及她们在平等基础上充分参加社会所有领域,包括参加决策进程和掌握权力的机会,是实现平等、发展与和平的基础。”《北京行动纲领》确定了12个重大关切领域,其中第7个领域“妇女参与权利和决策”中明确指出:“妇女平等参与政治生活,在提高妇女地位的整个决策中起着关键作用”,强调各国政府在处理提高妇女地位的机制问题时,应将社会性别观点纳入所有政策和方案主流,以便在做出决定之前分析对妇女和男性各自将产生的影响。各政府承诺在政府机构和委员会,以及在公共行政单位和司法部门,制定性别均衡的目标。联合国妇女地位委员会[①]在多次审议有关男女平等参与各级各领域决策过程等议题后通过的商定结论中强调,妇女必须充分、平等地参与政治、社会及经济决策,包括参与负责经济和公共财政政策的行政实体。

1995年北京世妇会后,国际社会开始更加关注“性别平等”和“赋权妇女”。性别平

① 妇女地位委员会是联合国经社理事会9个职司委员会之一,1946年6月成立。初创时有15名成员,1967年扩大到32名。其成员由联合国会员国的代表组成,代表由经社理事会按区域分配原则选举选出,其中亚洲4名、非洲8名、拉丁美洲6名、东欧4名、西欧及其他地区8名,任期4年,可连选连任。该机构的职责是研究妇女在经济和社会发展中的作用;在全球范围内就保障妇女在政治、经济、社会、教育和法律等方面的权利的进展情况,向经社理事会提交报告,并对在妇女权益方面需立即引起注意的事项向经社理事会提出建议;制定有关妇女地位的公约、宣言;监督重要国际文件的执行;就有关妇女问题筹备和召开会议;制定提高妇女地位的计划和预算;协调联合国系统的妇女活动等。1995年第四次世界妇女大会过后,联合国大会授权该委员会将世界妇女大会的随后进程纳入其工作日程,定期检查《北京行动纲领》中普遍关注的优先领域。

等不仅意味着两性在各级教育、工作领域和家庭中享有平等权利,能够平等掌握资源,也意味着两性在参与政治和决策层中的平等权利、平等机会和平等结果。男女均衡参与决策进程无疑有益于造就一个对男女更加合理和平等的世界。[①]目前,两性平等参与政治和决策过程已成为国际社会评定性别平等的重要内容和实现性别平等的重要量度。

(二)《消除对妇女一切形式歧视公约》[②]

1979 年联合国大会通过的《消除对妇女一切形式歧视公约》(以下简称《公约》),是联合国为消除对妇女的歧视、争取性别平等制定的一份重要国际人权文书,被称为《妇女权利宪章》。其基本思想是遵循非歧视原则,废除歧视妇女的法律、习俗、规章和惯例,主张妇女与男子在平等的基础上参与国家的政治、经济和文化生活。《公约》第七条要求缔约各国应采取一切适当措施消除政治和公共事务中对妇女的歧视,并确保她们在政治和公共事务中享有与男子平等的权利。第七条规定的具体义务涵盖公共和政治生活的所有领域,包括行使政治权利,特别是立法、司法、行政和管理的权利。[③] 为加速实现男女事实上的平等,《公约》第四条第一款要求各国采取暂行特别措施,通过创造有利于实现结果平等的环境赋予妇女权利。考虑到妇女和男子的生理差异以及社会和文化造成的差别,在某些情况下,应给予男女不同待遇,以纠正这些差别。此外,实现实质性的两性平等还需要有效的战略,目的是纠正妇女代表名额不足的现象,在男女之间重新分配资源和权力。[④]联合国消除对妇女歧视委员会[⑤](以下简称"委员会")通过对各缔约国执行《公约》报告的审议,强调妇女与男子享有机会平等的重要性以及平等参与公共事务和决策的重要性。呼吁缔约国考虑根据《公约》第七条和第四条第一款以及委员会第 23 号和第 25 号一般性建议,采取暂行特别措施,并确立适当的配额,以加快实现妇女在所有公共和职业生活领域尤其是在决策职位和地方行政中的平等代表权;鼓励各缔约国修订《选举法》,使男女候选人以交替方式列入参选名单,以实现平等;制定有具体时限规定的基准和培训,实现妇女平等、全面参与政治和公共生活以及各级决策,包括各级司法、管理职务和国际组织的决策层。

---

① 赫克尔. 欧盟的性别民主[J].国外社会科学,2001(2):93.

② 《消除对妇女一切形式歧视公约》(*The Convention on the Elimination of All Forms of Discrimination against Women*, CEDAW)于 1979 年 12 月 18 日第 34 届联合国大会通过。1980 年 3 月 1 日开放给各国政府签署和批准。1981 年 9 月 3 日在 20 个国家向联合国秘书长递交了批准书和加入书后开始生效。

③ 委员会第 23 号一般性建议,第 5 段(1997 年)。

④ 委员会第 25 号一般性建议,第 8 段(2004 年)。

⑤ 根据《公约》规定,消除对妇女歧视委员会由 23 人组成,按地域公平分配原则由《公约》缔约国从其公民中选出,任期四年,以个人身份任职。委员会的职能是审查监督各国执行《公约》的情况,并根据缔约国提交的报告和审议结果提出结论性意见和一般性建议。

二、全球女性参与政治和决策的变化与现状

自1995年以来，国际妇女参政运动发生了两个重大变化。一是数量上的增长，鼓励各国政府采取更加有效的措施，包括暂行特别措施，如配额制，以进一步提高妇女参政和决策的比例，主张将妇女参政比例由30%提高到50%；二是注重参政的质量，尤其强调参政者应具备社会性别观点主流化的决策能力和推进性别平等的执行能力。多项研究显示，妇女在决策领域占有率的临界量为30%-35%。只有达到这一比例，妇女才能对政治形势和决策内容产生实质性影响。

过去的20多年，妇女参政群体的崛起令全球瞩目，呈现了参政领域和范围不断扩大、人数日益增多、向权力顶峰不断迈进的趋势。各国议会联盟2015年发布了一份题为《议会中的女性：20年回顾》的报告，详细列举了1995—2015年全球女议员比例、排列等变化情况。尽管有人认为这种排名并不科学、完善，但它仍是目前世界上公认的衡量各国妇女参政水平的十分重要甚至唯一的指标。报告指出，过去的20年见证了全球妇女在各国议会中数量的大幅上升，并为实现《北京行动纲领》提出的妇女在决策层占30%的目标做出了积极的努力。1995年至2015年的20年间，妇女在议会中的平均比例几乎提高了一倍，从11.3%增加到22.1%，女议员比例占30%的国家从4个增加到42个，占40%的国家从1个增加到13个。同期，女议员比例低于10%的国家从109个降至38个，没有女议员国家的数量从10个减少到5个（见表1）。截至2015年1月，4个国家的女议员比例已超过50%，1个国家的女议员比例已达60%以上。放眼全球，女议员比例排名前10位的国家发生了巨大的变化。1995年，女议员排名前10位的国家有8个来自欧洲。而今天，有4个来自撒哈拉以南的非洲、3个来自美洲、3个来自欧洲（见表2）。

表1　女议员整体变化情况（1995年/2015年）

	1995年	2015年
全球女议员比例（%）	11.3	22.1
女议员占30%以上的国家（个）	4	42
女议员占40%以上的国家（个）	1	13
女议员低于10%的国家（个）	109	38
没有女议员的国家（个）	10	5

资料来源：《议会中的女性：20年回顾》（各国议会联盟，2015年）

表 2　女议员占比排名前 10 位国家(1995 年/2015 年)

1995 年			2015 年		
国家	地区	女议员占比(%)	国家	地区	女议员占比(%)
瑞典	北欧/欧洲	40.4	卢旺达	非洲	63.8
挪威	北欧/欧洲	39.4	玻利维亚	拉美	53.1
丹麦	欧洲	33.5	安道尔	欧洲	50.0
芬兰	欧洲	33.5	古巴	拉美	48.9
荷兰	欧洲	32.7	塞舌尔	非洲	43.8
塞舌尔	非洲	27.3	瑞典	欧洲	43.6
奥地利	欧洲	26.8	塞内加尔	非洲	42.7
德国	欧洲	26.3	芬兰	欧洲	42.5
冰岛	欧洲	25.4	厄瓜多尔	拉美	41.6
阿根廷	拉美	25.3	南非	非洲	41.5

资料来源:《议会中的女性:20 年回顾》(各国议会联盟,2015 年)

从妇女担任国家元首或政府首脑的情况来看,截至 2015 年 1 月,全世界共有 19 位女性领导人(2000 年只有 9 位),其中,欧洲 9 位,美洲 6 位,非洲和亚洲分别为 2 位,阿拉伯和太平洋地区为零。在 273 个议会中(参、众两院),妇女担任议长的有 43 位,占 15.8%,比 2009 年提高 3.3 个百分点。①

全球共有 30 个国家的女性部长占 30%以上,其中,达到 50%以上的国家有 5 个。排第一位的是芬兰,16 位部长当中有 10 位女性,占 62.5%;其次为佛得角(52.9%)、瑞典(52.2%)、法国(50.0%)和列支敦士登(50.0%)。目前只有 8 个国家政府没有女性部长,分别为波黑、文莱、匈牙利、巴基斯坦、沙特阿拉伯、斯洛伐克、汤加和瓦努阿图。②

中国 26 位政府部长中有 3 位女性,占比为 11.5%,在全球排第 65 位。全国人大代表中,女代表占 23.6%,在各国女议员参政排名中居第 54 位。③

三、各国为提高妇女参政和决策管理采取的措施/行动

之所以取得以上进展,归功于 20 余年来国际社会及各国政府和政党对妇女参政的高度重视、采取的行动和作出的政治承诺。采取的措施主要包括:

(一)法律保障妇女参政的平等权利和机会

许多国家将性别平等和非歧视原则,包括消除基于性别的对妇女直接和间接歧视纳

①②③ 《2015 年女性参政地图》,联合国妇女署和各国议会联盟 2015 年 3 月 10 日发布。

入宪法和相关法律法规，确保妇女在立法和担任公职岗位的机会平等，并在其制定的性别平等国家行动计划中，将妇女参与政治及参与其他决策过程列为优先事项。例如，为了加速实现实质性的男女平等，卢旺达 2003 年 6 月 4 日生效的新《宪法》《基层政府选举法》及立法选举和总统选举法等，都规定了在决策机构中的女性比例。根据新《宪法》规定，众议院中有 24 个席位自动属于女性议员，参议院中女议员的比例不得低于 30%。[①]。厄瓜多尔在规范妇女参与政治的法规方面，承认在选举程序中的性别比例均等原则。其《共和国宪法》保障在议会席位选举中的比例制，规定"……国家应促进男女在通过提名或指派方式担任公职、进入领导和决策机构时的平等代表权"。厄瓜多尔的《共和国政治组织和选举法》和《民主法典》，除了规范落实选举名单中的男女比例均等原则外，还规定在决定当选人时，如最终选举出现男女候选人票数相当的情况，应判定女候选人当选。[②]

为消除对从政妇女的政治骚扰和迫害，一些国家通过颁布法律保障妇女的参政权利。如玻利维亚 2012 年通过了《打击对妇女政治骚扰和迫害法》，其内容包括：消除政治骚扰、迫害现象、行为和表现方式，制定并执行公共政策和战略，以根除对妇女一切形式的政治骚扰和迫害。

（二）实施暂行特别措施/配额制，规定性别指标

为增强妇女的政治参与，许多国家采取了暂行特别措施，包括采取不同类型的配额。一些是强制性的，并提出硬性的性别指标，旨在让提名（即候选人配额）或结果（如保留的席位）达到一定的数字目标，如阿根廷、西班牙等国家的法律规定，在政党提名的候选人中，妇女必须占 40%。还有的国家除了立法规定的配额或强制性配额外，政党在拟定候选人名单时，在其内部结构中自愿实行配额。采用这类性别指标配额的国家从 1995 年的少数几个增加到 2015 年的 120 多个。[③]平均而言，实行选举配额制国家的女议员比例为 25%；没有实行配额制国家，这一比例为 19%。此外，一些国家在适用配额的同时，制定了有关选举名单上候选人位置安排或排序的规定，以提高候选人当选的可能性。例如，玻利维亚 2010 年 6 月新修订的《选举法》将平等与均衡列为强制性遵守部分，规定当局有义务在男女人数均等和交替任职标准的基础上，保障落实性别平等和男女之间的机会平等；规定在参议员、众议员、省议员和地方议员、市政议员以及其他通过选举产生的官员候选人名单中，确保候选人的排名依次是：一名女性正式候选人，其后为一名男性正式候选人，之后为一名男性候补候选人，再然后是一名女性候补候选人，以此类推。[④] 2014 年玻利维亚大选的成果是，女议员比例大幅上升，从上一届的 25.4%提高到 53.1%，跃升

① 卢旺达根据《公约》第十八条提交的第四、第五和第六次定期合并报告，2007 年。

② 厄瓜多尔根据《公约》第十八条提交的第八和第九次定期合并报告，2013 年。

③ 《议会中的妇女：20 年回顾》（各国议会联盟，2015 年）。

④ 玻利维亚根据《公约》第十八条提交的第五和第六次定期合并报告，2013 年。

为女议员比例排名全球第二。塞内加尔2012年新修订的《选举法》明确规定,大选中的候选人名单须保持两性均衡,即一名男性、一名女性。①

(三)制定制裁措施,保障妇女的参政权利和机会

为使法律规定的妇女参政权利和机会得到有效落实,很多国家在其颁布的选举法或相关法规中预先制定了制裁措施,以制裁那些在提交候选人名单时不遵守名额要求的政党。制裁措施包括选举当局有权退回女性候选人人数未达到规定的选举名单,或进行经济罚款、减少对竞选活动的公共资金。例如,圭亚那《选举法》规定,各政党候选人名单中的三分之一必须为女性。如果提交的候选人名单中没有达到此规定则将被退回,而该党将被拒绝予以登记。②

(四)加强领导技能培训,提高妇女参政能力与水平

许多国家为妇女参政开展能力建设培训,包括:选举制度和进程,公共演讲,如何发挥政治领导作用,如何参与竞选,如何使用信息和通信技术,等等。还有的为新任公职的妇女提供支助,帮助女性候选人建立关系网络,与选民保持联系。例如,巴林和阿拉伯联合酋长国为鼓励妇女参政开展了增强政治权能活动。委内瑞拉为提高公众对社会性别观念的认识,积极推行多项针对妇女的公共政策,着重从社会性别敏感角度对各级妇女参政进行培训,提高她们在国家和地方层面的地位,促进更多妇女进入决策领域,实现两性平等与公正。③

四、中国为提高妇女参政和决策管理采取的措施/行动

中国政府历来重视妇女在国家政治生活中的作用,积极推动妇女参与政治和公共生活。针对不同时期的问题与特点,中国政府积极采取各种政策措施,促进妇女以各种形式参与国家和社会事务的民主管理和监督。特别是1995年联合国第四次世界妇女大会在北京的成功召开,为中国的性别平等事业、人类可持续发展以及经济社会协调发展,注入了强大生机和活力。作为此次大会的东道国,中国政府以实际行动履行承诺,把实现男女平等作为促进社会发展的一项基本国策,优化妇女发展的政治和社会环境,致力于推动更多的妇女参与政治和公共生活。

在妇女参与政治和决策管理方面,中国采取的主要措施包括:

---

① 塞内加尔根据《公约》第十八条提交的第三至第七次定期合并报告,2013年。

② 圭亚那根据《公约》第十八条提交的第七和第八次定期合并报告,2010年。

③ 委内瑞拉根据《公约》第十八条提交的第七和第八次定期合并报告,2013年。

(一)制定必要的指标,保证妇女参政比例

2007 年 3 月,全国人大十届五次会议通过了《关于第十一届全国人大代表名额和选举问题的决定》,明确要求"第十一届全国人民代表大会代表中,妇女代表的比例不低于 22%"。这是全国首次对女代表的比例作出明确规定(遗憾的是,第十一届全国人大妇女代表的比例未能达到这一要求,为 21.33%①)。国务院自 1995 年起共颁布了三个周期的中国妇女发展纲要,均对妇女参政目标作出了相应规定。例如,2011 年颁布的《中国妇女发展纲要(2011—2020 年)》提出了"县(处)级以上各级地方政府和工作部门领导班子中担任正职的女干部占同级正职干部的比例逐步提高","村委会成员中女性比例达到 30% 以上,村委会主任中女性比例达到 10%以上"②等目标。

(二)制定规划,加强对培养选拔女干部工作的领导

中共中央组织部和全国妇联曾多次联合召开全国培养选拔女干部、发展女党员工作座谈会。例如,2006 年 8 月 23 日至 24 日,中央组织部在京召开了全国培养选拔女干部、发展女党员工作座谈会,会上强调"要正确评价女干部对社会和家庭的双重贡献,在政策上给予适当的倾斜,在同等条件下优先选拔任用女干部"③。中央组织部还在 2007 年年底建立了培养选拔女干部年度工作报告制度和工作通报制度,以便及时总结督促指导各地工作。

(三)加强对女干部的培养,提高女性的参政能力和水平

各级政府积极为女性发展创造机会和支持性环境,为女干部提供各类培训,让女干部学习经济、政治、文化、科技、法律等方面的知识,不断提高她们的业务和领导水平;组织女干部到国内经济发达地区或境外学习考察,开阔眼界、增长见识,不断增强培训的针对性和实效性。

(四)发挥非政府组织的力量,共同推进妇女参政工作

非政府组织在推动妇女参政方面,从中国国情和妇女发展的现状出发,通过各种渠道,积极向人大、政府、政协以及有关职能部门反映妇女参政中存在的问题,督促有关妇女参政的法规、政策和措施的制定与落实,争取政府部门的重视,推动培养选拔女干部工

---

① 图表:十一届全国人大代表中女性代表占 21.33%[EB/OL].(2009-03-09)[2013-08-30].https://www.gov.cn/2009lh/content_1254789.htm.

② 国务院关于印发中国妇女发展纲要和中国儿童发展纲要的通知(国发【2011】24 号)[EB/OL].(2011-07-30)[2013-08-30].https://www.gov.cn/xxgk/pub/govpublic/mrlm/201108/t20110805_63972.html.

③ 中国根据《公约》第十八条提交的第七和第八次定期合并报告,2013 年。

作纳入政府工作的议事日程和整体规划。① 例如,全国妇联在社会上积极宣传男女平等基本国策,开展对妇女参政状况的调研,举办女干部培训班,建立妇女人才库,向有关部门推荐优秀女干部。

在党和政府的重视、支持和关心下,中国妇女参与政治和决策管理取得了一定的成绩。据不完全统计,在中国共产党第十八次全国代表大会的代表中,有女性 521 人,占代表总数的 22.95%,比上届提高 2.9 个百分点。在第十二届全国人民代表大会的代表中,有女性 699 人,占代表总数的 23.4%,比第八届(1993 年)女代表的比例提高 2.37 个百分点。第十二届全国政协女委员 399 名,占委员总数的 17.8%,比第八届(1993 年)提高 3.28 个百分点。女公务员的比例持续增高,2011 年至 2013 年,中央机关及直属机构录用女公务员的比例分别为 40.3%、44.5%和 47.8%。2013 年,全国 90%以上的村委会都有女委员,村委会成员中,女性比例为 22.6%。②

五、面临的挑战及对策建议

(一)妇女发展现状

尽管联合国已经从不同角度提出了妇女参与政治和决策管理的理想目标,尽管各国的宪法或相关法律保障妇女的参政权利和机会,尽管世界上绝大多数国家在过去的 20 年妇女参政比例有了不同程度的提高,但无论是全球还是中国,妇女在立法、司法、政府等机构,特别是在决策层任职的人数比例依然偏低,离 30%的目标还有较大差距。此外,地区乃至各国的发展仍很不平衡。从地区来看,女议员比例增长幅度最大的是美洲地区,为 13.7 个百分点;其次是撒哈拉以南的非洲,为 12.5 个百分点;增长幅度最小的是亚洲地区,只有 5.3 个百分点。从国家来看,卢旺达是世界各国女议员比例增长幅度最大的国家,为 59.5 个百分点;其次是安道尔(46.4)、玻利维亚(42.3)。增长幅度在 30—39 个百分点的国家有 3 个,20—29 个百分点的国家有 16 个,10—19 个百分点的国家有 62 个,1—9 个百分点的国家有 65 个。18 个国家女议员的比例比 1995 年倒退了 6.6—0.1 个百分点不等,4 个国家原地踏步。在这方面,中国排名第 140 位,增长幅度为 2.6 个百分点。③

(二)妇女发展面临的主要挑战

其一,缺乏有效促进妇女参政的政策环境和高层领导的政治意愿,没有将社会性别

① 中国根据《公约》第十八条提交的第五和第六次定期合并报告,2004 年。

② 中国根据《公约》第十八条提交的第七和第八次定期合并报告,2013 年。

③ 《议会中的妇女:20 年回顾》(各国议会联盟,2015 年)。

观点纳入促进妇女参政领域的政策框架。有的政策措施甚至对妇女存有歧视,如男女退休年龄不同导致妇女因为制度安排失去晋升和发展机会(越南、中国)。有的缺乏政治意愿,不愿意确定性别指标或将妇女的比例目标降低很多,只限在10%至30%之间。

其二,尽管暂行特别措施/配额这样业经证明的战略可增加妇女在国家和地方政治、决策层的代表比例,但实施配额方面的体制能力薄弱,并且,缺乏政治共识和对妇女决策作用的歧视态度,阻碍了暂行特别措施/配额的运行,降低了妇女在各级决策层中的比例。有的尽管采用了指标性的配额,但往往也只是男权世界的点缀,犹如万花丛中一点红,体现的可能只是形象工程、面子工程。

其三,有关性别的陈规定性观念以及关于男女角色的歧视态度和偏见,继续成为阻碍妇女平等参与各级决策过程的重要障碍。有的甚至认为妇女不适合担任政治职位,其能力不如男性等。除了性别外,许多从政妇女或寻求从政的妇女还面临着基于其族裔/种族、宗教、残疾、性取向和年龄的歧视。有的妇女即使通过了政党提名程序,也仍可能遇到诸如选民的性别偏见、主流媒体传播消极的性别观念以及对女性候选人的不公平报道等不利局面,从而加重她们从政的困难或削弱她们参政的积极性和热情。

其四,妇女在决策领域中的边缘化。尽管有的妇女已经身居领导岗位,但仍大多集中在那些传统上认为适合妇女的领域和职位,无法进入决策主流。根据各国议会联盟截至2015年1月的统计数据,在191个国家担任政府部长的女性有1116人,主要集中在社会事务、环境、妇女、家庭、青年、儿童、残疾、老年、教育和卫生领域。中国也不例外。在权力机构中,妇女担任重要职务的机会少,基本上是担任部门或机关的副职。国家文化部原副部长、全国妇联原副主席孟晓驷在2011年全国妇联"推动中国妇女参政"项目启动会上指出,中国女干部副职多、正职少,虚职多、实职少,低级别多、高层次少,边缘部门多、主流部门少等,已成为不容置疑的事实。

此外,影响妇女参政的其他阻碍还包括:缺乏家庭成员的支持、家务负担重、缺乏自信及筹款困难等。①

(三)对策建议

纵观各国和中国在妇女参与政治和决策层的现状与挑战,拟建议采取的行动和倡议如下:

第一,进一步提高高层领导包括政党领导人的政治意愿,充分认识妇女参与政治和决策有助于国家社会经济发展的重要意义;消除歧视妇女的法律条款,制定并通过一系列的积极政策措施,包括暂行特别措施(如配额制),以及明确的硬性性别指标,为妇女参与政治和公共生活创造良好的政策环境。对中国来说,要加大宣传力度,切实落实男女

---

① 《议会中的女性:20年回顾》(各国议会联盟,2015年)。

平等基本国策，明确并制定定量的性别指标，并把推动妇女参与政治和决策以及培养女干部的目标纳入各级党政领导班子和领导干部的综合考核评价指标体系之中，加强领导问责制。①

第二，将社会性别观点纳入与妇女参政相关的政策、方案、培训等领域的主流。社会性别观点主流化是 1995 年北京世妇会确定的促进两性平等的全球战略，也是各国推动妇女全面发展、实现妇女参与决策目标（30%—50%）的有效手段。这个战略要求各国政府推行一项积极、鲜明的政策，将社会性别观点纳入包括立法、政策和项目计划在内的所有政策、方案的主流，以便在做出决定之前，分析对妇女和对男子的影响，从而保证女性和男性都能平等受益，终止不平等现象。社会性别观点主流化还在于建立并加强决策中的性别意识，通过开展两性平等对话等措施，促使决策从两性的差异角度出发，在充分兼顾两性共同利益的基础上实现决策的科学化。因此，加强提高全社会特别是高层和各级各领域决策者的社会性别观点至关重要。只有将社会性别观点纳入一切政策方案的制定、实施和监测评估的全过程，逐渐消除基于性别的对妇女的歧视，才能真正实现参政领域中的两性平等。

第三，系统收集在政治和决策领域中的分性别统计数据。建立分性别统计机制有助于在性别比较的基础上判断性别差异，为政府提供决策咨询和依据，以便及时监测和评估妇女参与各级决策的进展情况，确保妇女充分、平等、有效地参与所有领域的决策层，并在其中发挥积极的主导作用。

第四，采取一切措施，包括制定中长期战略措施，消除不利于妇女进入和参与政治领域的观念（基于男尊女卑思想或基于男女角色定型）、偏见和歧视态度，确保妇女与男子享有同等权利和机会，获得所有公共职位的任用，消除妇女在决策中的边缘化，为妇女参政营造良好的社会环境。

第五，鉴于大众传媒的影响力与日俱进，以及大众传媒对创造妇女参政的有利环境所起到的重要作用，应采取激励措施，鼓励其把握正确导向，积极宣传并倡导两性平等文化、妇女的正面形象、男女在公共及私人生活中的平等地位，为妇女参政营造良好的舆论环境。

第六，加强能力建设，增强妇女的政治和经济权能，提高妇女参政议政的自信心和自觉性；同时，为减轻妇女多重角色的压力，将其从烦琐的家务劳动中解放出来，为其参政创造良好条件，国家有必要大力发展社会服务事业，开发各种家庭服务，使妇女更多地参与社会、政治和经济活动。这将有助于那些有能力、有才干的妇女更好地在参政议政的领导岗位上施展她们的才华。

总之，妇女参与政治和决策领域已成为国际社会不可逆转的潮流。妇女作为世界的

① 消除对妇女歧视委员会关于中国第七和第八次定期合并报告的结论性意见，2014 年 10 月。

一员,不可能永远处于政治活动包括决策领域的边缘。不论是中国还是外国,妇女走向政坛,参与更多的社会政治生活是历史的必然,任何人都不可能阻止这种发展趋势。这是人类文明进步的表现。正是妇女积极参与政治活动,才使世界变得如此和谐与美满。为实现这崇高的目标,大家需要共同为之付出努力。

(邹晓巧,全国妇联国际部部长,中国联合国协会第四届理事会理事)

“世界大学女校长论坛”在领导力发展中所扮演的角色

◎ 朱迪斯·甘丽雅

摘要:本文不仅从普遍意义上描述了领导力所面临的挑战,而且在学术语境下对其展开了具体讨论。本文同时指出世界大学女校长论坛(WWUPF)为领导力发展提供了诸多渠道,在促进其发展的过程中扮演着重要角色。本文特别探讨了领导力的本质问题,包括领导力与管理的区别,以及在进行有效的学术指导时,领导力与管理各自所扮演的角色。本文作者曾先后以大学副校长和大学校长的身份参与论坛,她十分珍惜和感激自论坛创立以来每一次参与其中的机会。基于在世界大学女校长论坛及分论坛中宝贵的学习交流经历,本文作者提出了自己的观点和看法。

关键词:世界大学女校长论坛;领导力挑战;领导力发展

一、引言

大学校长承担多份职责,其中就包括保证学校全体教职人员享有职业发展的机会。尤其是,大学校长必须提供领导力发展所需的渠道,从而帮助下一代学术领导人能在大学运行的各个领域扮演好领导者的角色。这些目标群体包括:新晋的学术职工、曾经因各种原因中断过工作的职工以及年资较高且有望晋升领导层的职工。

然而,还有一个问题就是:大学校长应如何获得反思和改进自身领导力的机会呢?

本文将涵盖领导力发展的方方面面,主要关注世界大学女校长论坛(WWUPF)在促进大学校长及副校长领导力发展过程中所做出的贡献。

二、世界大学女校长论坛及分论坛

这一部分将概述世界大学女校长论坛曾组织的主要活动。

2001 年 8 月,第一届世界大学女校长论坛在北京召开。此后,在中国传媒大学(简称 CUC,原北京广播学院)前任校长刘继南教授富有前瞻性的指导下,论坛逐渐发展成为一个极具影响力的组织。中国传媒大学是国家直属"211 工程"全国重点建设大学,享誉全国。

世界大学女校长论坛每隔两年或三年在中国举办一次。每一场都围绕一个大主题展开讨论。截至目前,举办情况如下:

表 1

时间	地点	主题
2001 年 8 月	北京	新世纪高等教育发展战略
2004 年 9 月	北京	沟通·合作·发展
2006 年 8 月	北京、南京	和谐世界·多样文化——大学与媒介的责任
2009 年 9 月	南京	大学可持续发展与女性领导力
2011 年 11 月	厦门	文化与教育的包容性发展——大学女校长的使命与作为
2014 年 9 月	北京	女性·教育·领导力

除此之外,在世界其他国家也举行了一系列分论坛,包括:

表 2

时间	分论坛	举办地	主题
2007 年	大洋洲分论坛	新西兰·北帕默斯顿(梅西大学)	未来女性领导力发展
2008 年	亚洲分论坛	日本·东京(城西国际大学)	老龄化背景下的女性高等教育
2010 年	北美洲分论坛	美国·希洛(夏威夷大学)	全球性对话——高等教育中的女性
2012 年	亚欧分论坛	土耳其·伊斯坦布尔(伊斯坦布尔理工大学)	跨越大洲·跨越玻璃天花板
2012 年	非洲分论坛	津巴布韦·哈拉雷(非洲女子大学)	发展·平等·开放
2013 年	南美洲分论坛	墨西哥·蒙特利尔(蒙特利尔大学)	高等教育中女性领导力提升的创新性路径

同时,论坛还开展了一系列活动,包括正式的文化学习(如在云南丽江开展的摩梭母系文化学习),以及体验中国文化多样性的活动(如会后参观福建客家土楼)。

本文第五部分将详述世界大学女校长论坛对领导力发展所做出的贡献。下面这一部分将在大学学术生活语境下探讨领导力的转变及其发展的方方面面。

三、领导力不同于管理

谈及领导力，应首先区分“领导”和“管理”这两个概念。虽然领导不同于管理，但是，一位成功的领导者必须同时处理好这两个方面。

管理何异于领导力？管理关注的是组织中的日常高效管理，包括员工管理、技术支持、预算、服务交付。管理的核心在于维持现状。此外，管理无须对团队成员负责。法国古典管理理论学家、被称为“管理理论之父”的亨利·法约尔（Henri Fayol）将管理定义为：组织管理是指通过计划、组织、领导、协调、控制等手段，对组织资源进行合理配置，以实现组织目标的过程。

与之相反，领导力通常体现在与团队成员的交流互动并需要对团队成员负责等方面。领导力主要关注共同愿景的培养，从而保证在环境变化或者挑战来临时，组织能够积极应对。反映这一核心的定义：领导力是领导与下属之间建立的一种极具影响力的关系，在应对变化和取得成果时，双方拥有共同的目标。领导力可以帮助指明团队未来的发展方向，激励大家克服困难，努力朝同一个方向前进。

虽然管理和领导力具备了不同的功能，但只有高效的管理和领导才能保证组织日常各项功能达到最佳状态，同时具有持久的生命力。与之相应，学术领导者的大部分时间都要参与管理，如开展组织内部的日常行政工作。大多数情况下，有效的管理需要借助分工，即将具体工作分配给团队里的相关人员，如让团队的财政主管负责准备财政报告。

但是，在面对重大变化、挑战或者危机时，领导力就会发挥作用。在这种情况下，基于信任，领导者会与团队成员之间建立起一种关系，设定目标并且激励团队成员共同完成这个目标，包括将来要实现的、可以促进团队成员积极适应新环境的目标，这就是所谓的变革性领导。

四、向领导力转变

年轻教师们很关注职业目标的实现。其中一个目标就是促进和激励年轻学生在特定学术领域展开学习，从而为自身树立一个值得信任并且工作高效、为人坦诚实在的教师形象。为了实现这一目标，教师们通常会提前准备教学材料，包括准备演讲、辅导及其他学习活动。同时他们也会为学生提供指导，不仅针对那些学习能力强、对自身要求高的学生，还包括在学习难点知识时需要更多支持和鼓励的学生。通过这些活动，年轻教师们能够很好地完成大学教学任务。第二个目标是参与到相关学术研究领域。通常来说，成为研究团队的成员，获得提升相关研究技能、参加学术会议、合写学术论文的机会，能够激励他们实现这一目标。这些活动使得年轻教师们在大学学术研究领域发光发热。然而,年轻教师们并未充当领导的角色。相反,他们仍受那些年资高同事的影响和领导,需要向后者汇报工作。

教师的学术生涯通常会经历一次转变,即从一位受领导的年轻教师转变为领导团队其他成员的老教师。与此同时,他们身上肩负的责任也会发生重大转变,这些责任包括指导下一级的年轻教师以及促进团队老教师领导力的发展。

教师学术角色的成熟表现在从过去到现在的转变,即从一个接受指导培训的新人到成为众望所归的领导者。当一名教师被提携为研究小组的领导者或者主要教学项目的负责人时,这种转变必然会发生。同样,当一名教师担任教学单位(系、学院)的领导或者教职工的代表时,他们不仅要领导教学科研,还要负责行政工作,此时他们的角色也发生了转变。

我第一次担任领导职务是在一个学术部门。这样的职位变动让我深刻地体会到了作为部门成员和作为部门领导的区别。以前,我的工作重心主要放在如何有效达到教学及科研的要求。担任领导职务后,我需要通过直接处理或者间接指派的方式,解决与部门员工及部门运行相关的问题。此外,我还要颁布一些制度,制定实施战略规划,保证内外部环境发生变化时,部门也可以富有创造性地应对。

最高级别的学术领导者就是大学校长。在成为大学校长后,领导者的领导力将进一步增强,管理职责也会进一步扩大,不仅需要与学校内部的员工进行交流,同时也要将视野延伸至与学校密切相关的外部机构。身为大学校长,我们在履行职责时,必须采用大学应有的方式,而不能够完全个人做决定。

一路走来,我发现自己很幸运。成为校长需要时间的积累。在不同的职位上,我收获了丰富的经验。一开始,我只是一个小部门的领导;后来,我成为一个多学科、大部门的领导;再后来,我被任命为学院院长、大学副校长,直到最后成为大学校长,每一次晋升都意味着我将要承担更多的责任。

五、领导力发展——榜样的影响

很多活动都可以促进领导力的发展。对于年轻教师而言,领导力发展有赖于老教师们持续不断的提点和指导。通常这意味着,年轻教师需要参加更多正式的活动,比如跟进一个项目、参加特定的培训。为年轻教师树立榜样,是一种非正式但行之有效的领导力培养方法。

个人与组织外或者组织内领导的直接接触以及对领导行为方式的观察可以持续不断地影响其领导力的发展,这种领导力培养方法影响深远、值得提倡。一位好领导可以为员工树立积极的榜样,在与员工进行各种交流时,能够给员工留下一个好领导的印象。有时,这种交流也会引发员工的思考:“这种处理问题的方法很好,我必须记住。”同理,在日常的观察和交流中,如果对方不是一位好领导,那么他的错误决策和不公正行为不仅将直接挫伤团队成员的积极性,消耗他们对领导的敬畏之心,同时还会给员工的日常工作带来消极影响,打击他们的工作热情,使他们不再专心于学术。与这样的消极榜样相处,员工必然时不时抱怨:“如果我是领导,绝对不会像他那样做。”

这种来自榜样的影响在我第一次担任领导时体现得尤为突出。之前,我从未参加过任何相关入职培训项目。所以,在开展工作时,我基本依靠的是以前对领导力的一些非正式学习,这些学习大都来自与榜样的交流以及我对榜样的观察。我以前跟各式各样的领导有过这样或那样的接触,我会学习他们做得好(在我看来)的地方,同时也会学习同事眼中好领导的处事方法。当然,我会尽量避免做出那些在我看来或者在别人看来不好的行为。

因此,领导在实际行动中所树立的榜样可以有效地影响领导力的培养。这种影响范围广泛,榜样自身对其可能也毫无察觉。在学术领域树立榜样的领导并不一定是该部门的直接负责人,也不限于学术领域,而更可能来自其他领域。此外,向榜样(不论是积极的榜样还是消极的榜样)学习,并不应局限于学术生涯的某一阶段。在我看来,不论职位高低,对榜样的非正式学习是一个持续不断的过程,将贯穿其学术生涯始终。

六、世界大学女校长论坛在领导力发展中的价值

在引言部分,我提出了一个问题:大学校长应如何获得反思和改进自身领导力的机会?如果大学校长能够通过一些渠道在开放的、不受批判的环境下就领导力问题畅所欲言、交换意见、自由探讨,那么他们就获得了反思、改进自身领导力的机会。来自不同国家、地区和城市的大学校长可以展开会谈。然而,这种地区性的会议潜存一定的局限性,在某些问题上,校际竞争可能导致讨论无法完全开放。类似的会议可以在全球范围内召开,而世界大学女校长论坛就提供了这样一个渠道。

很荣幸,自 2001 年世界大学女校长论坛创办以来,我就一直参与其中。创办之初,与会者只有来自 8 个国家和地区的近 100 位代表。到 2014 年,有来自 54 个国家和地区的 200 多位大学女校长出席论坛。嘉宾多元化使得论坛价值不断上升。与会者拥有不同的文化、政治、经济、人口及社会背景,她们在这些问题上研究各有侧重,由此便带来了多样化的意见,开辟了广阔的视野。

关于领导力问题,世界大学女校长论坛提供了很多反思和讨论的机会。具体如下:

(一)正式探讨领导力问题

论坛为探讨具有共同利益的问题,包括领导力问题,提供了正式或者非正式的交流机会。有时,论坛主题集中在领导力上,如“领导力能力发展策略”“女性·教育·领导力”等。经验丰富的大学女校长通过正式演讲陈述和分享自身关于领导力的观点和看法,与会者就议题提出各自的疑问,在一问一答过程中,推动议题向更深层次延伸。

这种正式的演讲必然引发个人对自身领导力培养、领导技巧以及领导效果的反思。演讲引发听众思考,与会者在提问环节展开有趣的交流,通过聆听别人的意见,来评价反思自己的观点。

(二)构建社交网络

像公司的首席执政官一样,大学校长处在一个孤立并且孤独的位置上。《首席执政官简报》上的一项报告显示,在接受调查的所有执政官中,有一半人表示,工作强度过大、无处吐露心声加重了他们内心的孤独感。当今社会,女校长并不多见。大学里,高级管理层基本由男性主导,这样的性别失衡使得女校长内心的孤独感更加强烈。

加强联系对于孤独感的克服尤为重要。通过世界大学女校长论坛,女校长们可以与来自世界不同地区大学里的前任或现任女校长取得联系,建立个人社交网络。国际同仁间组建的个人社交网络形成了一个同辈组织,在这个组织里,大家可以以一种更加开放、坦诚的态度就一些富有争议性的话题交换意见,而在同一城市、地区或者国家里,校际竞争使得这样的讨论不太可能实现。

对于大学校长而言,个人社交是对工作社交和政策社交的重要补充。论坛营造的良好氛围以及由此建立的社交网络能够很好地消除职位所带来的孤立感和孤独感。通过论坛,与会者之间可以建立联系,后续的论坛也将不断地加强巩固这种联系。随着时间的推移,原本简单的工作社交也逐步发展成为朋友间的友谊,在论坛里,这样的现象屡见不鲜。即使论坛结束,这种联系也依然存在。

此外,构建社交网络可以从各个方面影响领导力发展。交流有利于信息共享,不同的学校可以分享各自的领导力发展策略,两所大学之间也可以开展领导力培训活动,如派出年轻教师或老教师参与短期校际交换项目,或者开展一系列科研跟进项目和短期访问项目。

(三)非正式分享领导力议题

当前,大学校长们的脑海中始终萦绕着领导力这一问题。校长们所面临的领导力挑战不仅有来自社会、经济、政治等外部环境的压力,也源于领导者自身的性格以及领导角色等内部因素的影响。所有的大学校长都要面临这些挑战。

与正式演讲同样重要的还有茶歇或者会后的非正式交流,与会者可以在友好轻松的氛围中面对面深入讨论某一议题的各个方面。这些非正式的交流可能涵盖关系到双方共同利益的领导力问题。

如果对下属关心不够或者对团队目标考虑不周,领导可能陷入无限的自责中。领导力是一个复杂的概念,无法单独存在——只有下属心甘情愿地追随领导,上下级拥有相同的目标时才会产生领导力。正如沃伦·本尼斯(Warren G. Bennis)所说:"领导力植根于相互关系中。简单说来,领导力就像一个三脚架,一端是领导或者领导们,另一端是下属,还有一端是双方想要共同实现的目标。三方相互依存、缺一不可。"想要成为一位成功的领导需要达到很多要求。其中包括:懂得激励下属,得到下属拥戴;制定团队目标时,允许下属建言献策,同时承担起最后决策的重任;懂得与组织内外的利益相关者进行有效沟通。

世界大学女校长论坛将众多女校长聚集在一起,创造了一个独特的环境。大学校长的领导角色这一重要话题涵盖方方面面,包括其本质、所面临的诸多挑战以及应对挑战的措施,与会者可以在这个独特的环境里各抒己见、畅所欲言。

接下来谈谈我个人。2001 年我参加了第一届世界大学女校长论坛,那时我还是悉尼大学的副校长。在那次论坛上,我有幸见到了许多其他大学的校长,并且同她们就领导角色的诸多方面问题以及工作模式展开了非正式讨论。这些会面和讨论给我带来了宝贵的经验,对我后来升任梅西大学校长帮助很大。

(四)分享和认识文化多样性

与会者们来自世界各大洲的不同国家和地区,各国在历史、文化、人口等诸多方面存在差异。大家怀着相同的目标,都希望在教学、科研以及科研培训方面能够更进一步。在担任大学校长期间,大家也都面临着相似的挑战。尽管如此,受本国社会、文化、历史及个人阅历的影响,每一位校长都有着自己独特的视角。

与来自世界不同国家和地区的大学女校长相识和交流,是一段非常愉悦并且有价值的学习经历,不仅开阔了我们的视野,也让我们真切地体会到,在一个社会或者一种文化中理所当然的事情,在其他社会和文化中其实并非如此。

此外,与论坛及分论坛相关的参观考察活动,让与会者们有机会领略到中国丰富的历史和文化,感受中国文化的多样性。例如:

- 作为世界文化遗产的福建客家土楼——多层泥土结构建筑群,众多家庭集体聚居于此。
- 泸沽湖地区摩梭母系文化中的"走婚"习俗。

- 位于扬州的中国雕版印刷博物馆——记录印刷术的历史,陈列中国古代雕版版片,展现中国古代四大发明之一的印刷术。

在世界大学女校长论坛中,通过与来自不同文化的与会者展开交流,我们可以认识到,领导力无法离开文化而独立存在。实际上,领导力与文化紧密相连。在讨论领导力问题时,我们应该意识到,一种文化对领导力的理解也许有别于另一种文化。人们很容易陷入从本国文化出发、用单一视角看世界的陷阱。

总之,就我个人而言,我非常感谢组委会为我提供了多次参加世界大学女校长论坛及分论坛的机会。在此,我尤其要感谢刘继南教授,她是一位有感召力、能够鼓舞人心的领导。她创办了世界大学女校长论坛,也陪伴见证了它的发展壮大。在论坛中,我们互相交流,建立友谊,这些经历无论是对我的个人生活还是职业生涯都是一笔宝贵的财富,使我对领导力有了更深入的认识和理解。

(朱迪斯·甘丽雅,新西兰梅西大学原校长、澳大利亚悉尼大学原副校长;翻译:欧梨成)

“玻璃天花板”还是“迷宫”*

——美国妇女晋升的障碍与路径讨论

◈ 李英桃　王海媚

摘要:“玻璃天花板”这一政治术语出现于 20 世纪 80 年代,系指美国少数族群和妇女面临的看不见、突破不了的障碍,即无论其资质和成就如何,均极难登顶企业的晋升阶梯。经过全球妇女运动几十年的发展,美国妇女的就业率和受教育程度都有很大提高,在不同领域担任各级领导职位的妇女人数逐步增加,有学者认为,“迷宫”才是符合 21 世纪美国妇女地位状况、对其在晋升过程中所面临障碍的更好的比喻方式。本文作者提出,妇女需要走通的是镶着多层玻璃天花板的金字塔形立体迷宫,其中一些天花板已被打破,一些已出现裂纹,但顶层的天花板仍保持完好。在术语从“玻璃天花板”向“迷宫”转换的同时,促进性别平等的各项任务的排序也需进行相应的调整,以使女性领导力的重要性得以进一步提升。

关键词:美国政治;“玻璃天花板”;社会性别主流化;女性领导力

“玻璃天花板”(glass ceiling)这一术语于 20 世纪 80 年代中期在美国媒体上出现,后被广泛应用于媒体和研究著述中,常有“玻璃天花板效应”(glass ceiling effect)一说。在该术语出现后的 30 年里,全球性别平等运动对各国妇女发展产生了不同程度的影响。美国妇女是否已经打破了“玻璃天花板”? 她们面临的性别歧视状况是否有所变化和出现怎样的变化呢? “玻璃天花板效应”又有怎样的发展?

一、术语变化:从“玻璃天花板”到“迷宫”

玻璃天花板通常指妇女在攀登职场阶梯的过程中,特别是在通往权力顶层的道路上遭遇的看不见、摸不着却通不过的障碍,在之后对形形色色的性别歧视问题的讨论中,这

---

* 原文刊载于《国际观察》2016 年第 2 期,收入本书时略有改动。

一术语被世界各国广泛使用。随着时代的发展,妇女在职业晋升中面临的阻碍和问题发生了一定变化,学者们开始尝试以新的术语补充或替代玻璃天花板的说法,2007 年爱丽丝·伊格利(Alice H. Eagly)和琳达·卡雷利(Linda L. Careli)提出的"迷宫"(Labyrinth)即为其中之一。

(一)"玻璃天花板"的概念与特证

玻璃天花板最初被用于分析企业中妇女面临的晋升问题,人们引用较多的出处是 1986 年 3 月 24 日《华尔街日报》"企业女性"专栏的文章[①]。安·莫瑞森(Ann M. Morrison)于 1987 年出版的《打破玻璃天花板:妇女可以达到美国最大公司的顶层吗?》[②]即以玻璃天花板为书名。在此之后,玻璃天花板在目标群体、试用范围和涉及研究领域方面都有所扩展。

首先,玻璃天花板的提法由最初关注性别歧视和不平等延伸到对少数族裔问题的关注。1991 年,美国依据同年通过的民权法,成立了联邦玻璃天花板委员会(Federal Glass Ceiling Commission),该机构由来自两党的 21 个成员组成,专门研究影响妇女和少数族群在企业中谋求升职和取得成就过程中遇到的障碍,然后根据研究成果发布报告并得出结论、提出建议,以寻找打破玻璃天花板的路径。联邦玻璃天花板委员会对玻璃天花板的定义是:"美国少数族群和妇女面临的看不见、突破不了的障碍,即无论其资质和成就如何,均极难登顶企业的晋升阶梯。"[③]

其次,玻璃天花板由主要描述美国企业中的性别不平等发展到讨论政治、经济、军事、法律、社会、文化等各个领域的妇女和少数族群面临的晋升障碍,从分析美国问题扩展至探讨各种全球性议题。例如,芭芭拉·普尔默(Barbara Palmer)和丹尼斯·西蒙(Dennis Simon)在《打破政治玻璃天花板:妇女和国会竞选》(*Breaking the Political Glass Ceiling: Women and Congressional Election*)[④]中分析的就是政治领域的问题;苏·罗瑟(Sue V. Rosser)在《科学玻璃天花板:学术界的女科学家和通往成功之路》(*The Science Glass Ceiling: Academic Women Scientists and the Struggle to Succeed*)中特别强调,需要改变阻碍女科学家冲破玻璃天花板的制度而不是改变妇女本身[⑤];简·詹森(Jane S. Jensen)的《妇女

---

① HYMOWITA C, SCHELLHARDT T. The glass ceiling: why women can't seem to break the invisible barrier that blocks them from top jobs[N]. Wall street journal, 1986-03-24.

② MORRISON A M, et al. Breaking the glass ceiling: can women reach the top of America's largest corporation? [M]. MA: Addison-Wesley, 1987.

③ Federal Glass Ceiling Commission. Solid investment: making full use of the nation's human capital[M]. U.S. Department of Labor, 1995: 4.

④ PALMER B, SIMON D. Breaking the political glass ceiling: women and congressional election[M]. New York: Routledge, 2006.

⑤ ROSSER S V. The science glass ceiling: academic women scientists and the struggle to succeed[M]. New York: Routledge, 2004.

政治领导人：打破最高的玻璃天花板》(*Women Political Leaders：Breaking the Highest Glass Ceiling*)一书从斯里兰卡女总理西丽玛沃·班达拉奈克(Sirimavo Bandaranaike)开始，讨论全球女性国家元首、政府首脑、职业政治家和其他各类国家领导人的个人背景、教育经历、从政经验、竞选以及如何平等家庭与事业的方法等问题[①]；2015 年，爱丽丝·德扬(Alice de Jonge)出版的讨论妇女在中国和印度上市公司董事会中的地位与角色的专著《中国和印度董事会的玻璃天花板：中国和印度上市公司的女性董事》(*The Glass Ceiling in Chinese and Indian Boardroom：Women Directors in Listed Firms in China and India*)，也是以玻璃天花板为其标题[②]。

有学者提出，并非妇女和少数族群在上升过程中面临的所有障碍都可被归结为玻璃天花板效应，玻璃天花板具有特定的含义和特征。大卫·科特(David Cotter)等人认为，玻璃天花板意味着妇女和少数族群"在金字塔的顶端较在低层的劣势更大，在个人职业生涯中，这些劣势日后会越发严重"[③]。他们为玻璃天花板设定了四个标准：第一，玻璃天花板式不平等所代表的性别或种族差异，是不能用与雇员的工作相关的其他特质来解释的；第二，玻璃天花板式的不平等所代表的性别或种族差异的影响在高层甚于在低层；第三，玻璃天花板所代表的是在进入更高层时的机会不平等，而不仅仅是每个性别或种族的人数比例问题；第四，玻璃天花板所代表的性别或种族不平等，随一个人的职业发展而越来越严重。[④] 在讨论玻璃天花板的特征时，这四个标准十分有意义，但常常被忽视。

(二)"迷宫"的提出及寓意

除玻璃天花板外，用以形容妇女所处的不平等地位的，还有其他一些提法。有学者认为，美国有色人种妇女遭遇的是"水泥天花板"(concrete ceiling)[⑤]。顾名思义，这是一种具体的、看得见、摸得着、突不破的障碍。与之相类似，在教育和科学领域使用较多的是"漏管道"(Leaky Pipeline)的隐喻：最初大量的水被注入管道中，但它们在向前流动的过程中渐渐被漏掉，仅有很少一部分能够坚持到最后。而在职业发展和晋升过程中，妇女所处的环境也正是如此。有学者从妇女自身的特点出发，提出在谋求职业成功的过程中，她们的很多行为妨碍了其有所成就，"这不是玻璃天花板，而是粘地板(sticky floor)"。作者列举了妇女摆脱粘地板的方法，如她们应当做自己、采取行动了解自己并成为自己、平衡好工作和生活、让自己足够好、形成自己的指导者团队、将政治智慧转化为资本、说

---

① JENSEN J S. Women political leaders：breaking the highest glass ceiling[M].London：Palgrave Macmillan，2008.

② JONGE A D.The glass ceiling in Chinese and Indian boardroom：women directors in listed firms in China and India[M]. Cambridge：Chandos Publishing，2015.

③④⑤ COTTER D A，HERMSEN J M，OVADIA S，etc. The glass ceiling effect[J].Social forces，2001，80(2)：655-681.

话算数、弄清楚自己想要什么、马上行动,等等。①

笔者在考察布隆迪和利比里亚妇女参与政治、社会以及家庭生活的情况后,提出了"橡木地板"(oak floor)的比喻:与美国妇女参政人数的正金字塔形相比,布隆迪妇女在决策领域的高参与率并非建立在基层妇女对政治事务的广泛参与基础上,贫穷的下层妇女的社会地位和参政水平并不高。橡木地板实实在在,看得见、摸得着,它已经在参与决策的女性领导人的脚下,却仍在普通妇女的头顶上。②

在众多提法中,最具代表性的当属"迷宫"。爱丽丝·伊格利(Alice H. Eagly)和琳达·卡雷利(Linda L. Careli)于 2007 年出版的《走通迷宫:关于妇女成为领导者的真理(以下简称《走通迷宫》)是一本写给现任和未来的女性领导人的书。书中提出了"玻璃天花板还在吗"的问题,指出"妇女在权力职位上的缺乏状态常常被归因于玻璃天花板,但这种解释已经不再适用了"③作者认为,在美国,妇女的就业率和受教育程度均有很大提高,在不同领域担任各级领导职务的妇女越来越多,尽管还远未实现性别平等,但是在 21 世纪的今天仍然使用玻璃天花板这一术语具有很强的误导性:

第一,它错误地暗示妇女有平等地进入底层职位的通道。

第二,它错误地假设在组织的某个高位上有一个绝对的障碍。

第三,它错误地建议所有的障碍对妇女都难于勘知因而不可预测。

第四,它错误地假设存在一个单一、同质的障碍,因而忽略了女性领导所面对障碍的复杂性和多样性。

第五,它未能认识到想成为领导人的妇女所运用战略的多样性。

第六,它排除了妇女克服障碍、成为领导人的可能性。

第七,它未能提出可解决促进妇女提升领导力问题的深刻建议。④

美国的性别研究始于国际妇女运动第二次浪潮。"在(20 世纪)70 年代女性主义学者开始研究性别问题的时候,领导力问题在很大程度上是被忽视的。许多此类研究者将'当领导'看成是男人干的事,因而它不是以妇女为主的新兴研究领域的主要内容。但对我们来说,在权力和权威职位上缺少妇女,这个问题需要一个解释。今天,许多学者和研究人员分享我们的观点,揭示出性别是如何深刻地影响领导力的。"⑤

---

① SHAMBAUGH R. It's not glass ceiling, it's a sticky floor: free yourself from the hidden behaviors sabotaging your career success[M]. New York: McGraw-Hill, 2008.

② 李英桃.和平进程中的非洲妇女安全:以布隆迪和利比里亚为例[J].国际安全研究,2014(3):154-155.

③ EAGLY A H, CARLIL L. Through the labyrinth: the truth about how women become leaders[M]. Boston: Harvard Business Press, 2007: 1.

④ EAGLY A H, CARLI L L. Through the labyrinth: the truth about how women become leaders[M]. Boston: Harvard Business Press, 2007: 7.

⑤ EAGLY A H, CARLI L L. Through the labyrinth: the truth about how women become leaders[M]. Boston: Harvard Business Press, 2007: ix.

迷宫象征着妇女作为领导者和潜在领导者所面临的形势："通过迷宫的道路既不简单也不直接，需要毅力，要能看到进步，会仔细分析前方的难题。对想获得领导职位的妇女而言，通往目的地的道路是存在的，但其间有可预见和不可预见的曲折和艰险。所有的迷宫中都有到达目的地的可行路径，即目标是可以实现的，但对走通迷宫的要求比对通过直路的要求苛刻得多。"①

西莉亚・哈奎尔(Ceilia V. Harquail)认为《走通迷宫》一书涵盖了对妇女在走向领导岗位的过程中将要面临的所有困难的假定性解释(putative explanation)，其重点在于说明为什么妇女成为领导比男子更困难。"迷宫的图像是有意义的，它复杂而具有结构性，各种社会模式(如性别角色)、文化机制(如家庭中劳动力的性别分工)和工作机构的实践(如理想员工的榜样)交织其中。个人偏见也融入了该结构所呈现的障碍中。但与其责怪个人偏见，毋宁说是我们的组织及更大范围内的文化对强化、滋养这种偏见负有责任。"②

西莉亚・哈奎尔所强调的是，在晋升的道路上，妇女仍然面临诸多困难，因而未能取得与男子平等的地位。显然，她主张将性别歧视的原因归结于不平等的权力结构和社会文化而非妇女个人。笔者在赞同哈奎尔观点的同时，更看重爱丽丝・伊格利等希望用"迷宫"替代"玻璃天花板"的原因。

二、影响术语变化的妇女晋升环境

无论是玻璃天花板还是迷宫，讨论术语合适与否的前提就是对妇女所遭受歧视和所面临障碍产生的原因及其发展变化加以分析。就整体来看，两者所展示的宏观背景是一致的：现存的不平等的权力结构、歧视妇女的社会文化、不利于妇女的社会政策、企业制度、晋升机制、家庭责任，等等。经过 30 年的发展，这些问题或多或少地有所改变，但尚未发生实质性变化，国际社会目前对全球性别平等状况的基本判断依然是"进展缓慢而不均衡，仍然存在重大差距"③。

即便如此，提出迷宫的原因，除了玻璃天花板这一术语本身的局限性之外，更直接的仍是近 30 年来美国妇女发展和她们担任领导职务状况的积极、正面的变化。在《走通迷宫》的作者看来，这种变化意味着"玻璃天花板已经被打破、击碎很多次了，在很多情境中，用这个隐喻不能够很好地形容妇女在工作场所面对的障碍。妇女不再面对挡住所有

---

① EAGLY A H, CARLI L L. Through the labyrinth: the truth about how women become leaders[M]. Boston: Harvard Business Press, 2007: ix.

② HARQUAIL C V. Review[J]. Administrative science quarterly, 2008, 53(2): 363.

③ 李英桃. 二十年的成绩与挑战：联合国妇女地位委员会第 59 届会议观察与总结[J]. 妇女研究论丛, 2015(3): 106.

上升通道的同质化路障了"①。

妇女步入领导职位的晋升之路,涉及各个领域和各行各业,本文将从两个方面说明这种变化。一是通常被用以代表妇女参与决策水平的政治领域;二是企业界,因为玻璃天花板这一术语起初即是用于分析企业界的妇女晋升问题的。

(一)妇女参与政治生活的状况

考察妇女在政治领域发挥作用的水平,通常主要依据的是妇女在议会中的比例和担任国家元首、政府首脑的情况。首先,据各国议会联盟的统计,妇女在议会中比例的全球平均值已从 1997 年的 11.7%上升至 2015 年的 22.5%(见表 1)。

表 1　世界和美国国会中妇女的比例

时间	世界各国妇女平均比例	美国妇女比例	
		众议院	参议院
1997 年 11 月 10 日	12.1%	11.7%	9.0%
1998 年 8 月 10 日	12.7%	11.7%	9.0%
1999 年 9 月 30 日	13.0%	13.3%	9.0%
2000 年 8 月 25 日	13.8%	12.9%	9.0%
2001 年 6 月 28 日	13.8%	14.0%	13.0%
2002 年 8 月 15 日	14.7%	14.0%	13.0%
2003 年 8 月 31 日	15.3%	14.3%	13.0%
2004 年 8 月 31 日	15.4%	14.3%	13.0%
2005 年 8 月 31 日	15.9%	15.2%	14.0%
2006 年 8 月 31 日	16.7%	16.8%	14.0%
2007 年 8 月 31 日	17.4%	16.8%	16.0%
2008 年 8 月 31 日	18.2%	16.8%	16.0%
2009 年 8 月 31 日	18.6%	16.8%	15.3%
2010 年 8 月 31 日	19.1%	16.8%	15.3%
2011 年 8 月 31 日	19.3%	16.9%	17.0%
2012 年 8 月 31 日	20.2%	17.0%	17.0%
2013 年 9 月 1 日	21.4%	18.8%	20.0%
2014 年 9 月 1 日	21.8%	18.3%	20.0%
2015 年 9 月 1 日	22.5%	19.4%	20.0%

资料来源:Inter-Parliamentary Union,"Women in National Parliaments",http://www.ipu.org/wmn-e/world-arc.htm.

① EAGLY A H, CARLI L L. Through the labyrinth:the truth about how women become leaders[M].Boston:Harvard Business Press,2007:183.

通过分析各国议会联盟从 1997 年到 2015 年的统计数据(见表 1),可以得出下列三个结论:第一,近 20 年来,妇女在各国议会中所占百分比的平均值呈逐年缓慢上升的趋势;第二,美国妇女在参众两院的比例与全球发展趋势相一致,但仍低于全球平均水平;第三,无论是全球平均值抑或美国的数字,均尚未达到联合国于 1990 年设定的到 1995 年达到 30%的目标。①

根据联合国最新公布的《2015 年世界妇女:趋势与数据》的统计,2015 年 3 月,全球 152 个民选国家元首中,仅有 10 人为女性,194 个政府首脑中有 14 人为女性,拥有女性国家元首和政府首脑的国家共计为 19 个,略高于 1995 年的 12 个国家。全球担任内阁部长的女性比例从 1994 年的 6%上升至 2015 年的 18%,1994 年到 2015 年,没有女部长的国家数量从 59 个减少为 8 个,女部长占 30%的国家从 5 个增加到 31 个。但绝大多数女性内阁部长的职位与社会问题相关。② 美国参众两院的女议员比例在全球排名中并不靠前,但较 20 世纪 90 年代已有明显进步。迄今为止,美国业已产生了 3 位女国务卿。此外,在参众两院担任重要职务的还有南希·佩洛西(Nancy Pelosi)、耶里·汤姆森(Jeff Thomson)、南希·埃里克森(Nancy Erickson)、艾米丽·雷诺兹(Emily J. Reynolds)等。

可以说,美国妇女参与政治事务与决策的情况与全球总体趋势相一致,进入 21 世纪后,妇女的参政状况已有所改观,妇女的晋升机会比 20 年前明显增多。

(二)妇女担任企业高级管理职务的状况

评估妇女在企业中的发展,其担任高级管理职务的情况是一个重要标准。《财富》世界 500 强排行榜(Fortune Global 500)一直是衡量全球大型公司的最具权威性的榜单,因此统计分析《财富》世界 500 强企业的女性首席执行官的情况无疑有较强的代表性和说服力。根据皮尤研究中心(Pew Research Center)的总结,在 1995 年到 2014 年《财富》世界 500 强企业的首席执行官(CEO)中,女性人数从无到有、缓慢增加,至 2014 年上升为 5.2%(见表 2)。③ 这个数字虽然很小,却向世界表明,企业界已有少数妇女打破玻璃天花板,担任高级别领导职务了。

① 1990 年,联合国妇女地位委员会在第三十四届会议上提出:到 1995 年,政府、政党、工会、专业团体和其他代议制组织中,30%的领导职务应由妇女担任。参见:《联合国纪事》(第 7 卷),1990 年第 2 期(总 26 期),第 68 页。

② United Nations Statistics Division. The world's women 2015:trends and statistics[EB/OL].(2015-01-01)[2016-08-30].https://wedocs.unep.org/handle/20.500.11822/7778.

③ SUH M.Women CEOs in fortune 500 companies:1995-2014[EB/OL].(2015-01-01)[2016-08-30].http://www.pewsocialtrends.org/chart/women-ceos-in-fortune-500_companies-1995-2014.

表 2 《财富》世界 500 强企业女性 CEO 比例(1995—2014)

年份	妇女 CEO 比例
1995	0%
1996	0.20%
1997	0.40%
1998	0.40%
1999	0.40%
2000	0.40%
2001	0.80%
2002	1.20%
2003	1.40%
2004	1.60%
2005	1.80%
2006	2.00%
2007	2.40%
2008	2.40%
2009	3.00%
2010	3.00%
2011	2.40%
2012	3.60%
2013	4.00%
2014	5.20%

资料来源：Michael Suh, "Women CEOs in Fortune 500 Companies, 1995-2014", http://www.pewsocialtrends.org/chart/women-ceos-in-fortune-500-companies-1995-2014/.

从全球发展的总体情况看，进入 21 世纪以来，女性在企业管理部门的任职状况呈现出虽有曲折但整体稳定的态势，难以进一步改善，也未急剧恶化。全球第五大会计事务所——致同会计事务所(Grant Thornton)2015 年公布的《国际商业调查报告》显示，2012 年，担任高级管理人员的妇女为 21%，在过去十年中基本未有明显变化；同时，企业中普遍存在职务越高、妇女人数越少的现象，担任领导的妇女更倾向于在金融和人力资源部门任职，在领导岗位上仍存在较大的性别分野。①

具体就美国妇女在企业管理部门的任职状况而言，通过对《财富》世界 500 强排行榜中的美国企业中女性领导者的统计，亦可得出与全球趋势相似的结论：自 1995 年至今，在这些企业中，女性领导者从无到有，有所增加，但增速缓慢。2014 年，在美国的上榜企

① 该报告针对全球 35 个国家和地区的超过 10000 家企业进行国际问卷调查。参见 http://www.grantthomton.cn/upload/IBR%20201 5%20%E5%95%86%E7%95%8C%E5%A5%B3%E6%80%A7-%E9%A2%86%E5%AF%BC%E5%8A%9B%E4%B9%8B%E8%B7%AF.Pdf。

业中，女性首席执行官占 4.8%（见表 3）。①

表 3　《财富》世界 500 强美国企业中女性 CEO 比例（1995—2014）

时间	比例
1995	0.0%
2000	0.4%
2005	1.8%
2010	3.0%
2014	4.8%

资料来源：Statista，"Percentage of female CEOs in Fortune 500 companies in the United States from 1995 to 2014"，http：//www.statista.com/statisics/319672/percentage-of-female-ceos-in-fortune-500-companies/.

从 2007 年起，全球著名的管理咨询公司麦肯锡（McKinsey&Company）每年发布《妇女至关重要》报告，研究全球企业中妇女的代表性问题，关注妇女参与比例的提升。根据 2013 年发布的麦肯锡报告，美国公司中，妇女占公司董事会人数的 16%，占执行委员会人数的 14%。②

总之，无论从全球还是从美国的情况看，当前妇女在参政、从事企业管理方面取得的成绩并不尽如人意，都未能达到联合国要求的 30%的目标。尽管如此，与 20 年前相比，状况已明显好转。这一进步也体现妇女在其他一些领域的发展中。正是这些发展变化，为改变描述她们在晋升过程中所面临障碍的术语提供了可能。

三、打破"玻璃天花板"和走通"迷宫"的路径建议

判断形势与确定任务是一个统一的整体。基于对妇女晋升障碍的实际情况和发展趋势的具体分析基础上，美国联邦玻璃天花板委员会和《走通迷宫》的作者们分别为打破玻璃天花板和走通迷宫提出了路径建议。

（一）打破"玻璃天花板"的路径建议

如何打破"玻璃天花板"呢？经过 4 年的考察与研究，美国联邦玻璃天花板委员会于 1995 年提交了最后报告并宣布完成其历史使命，该报告题为《稳健的投资：充分利用国家的人力资本（联邦玻璃天花板委员会的最后建议）》（以下简称《稳健的投资》）。

① Percentage of female CEOs in Fortune 500 companies in the United States from 1995 to 2014[EB/OL].(2015-01-01)[2016-08-30].http：//www.statista.com/statistics/319672/percentage-of-female-ceos-in-fortune-500-companies/.

② Women matter 2013：gender diversity in top management：moving corporate culture，moving boundaries[EB/OL].(2012-12-31)[2016-08-30].http：//www.mckinsey.com/~/media/McKinsey/dotcom/homepage/2012_March Women Matter/PDF/WomenMatter%202013%20Report.Ashx.

报告指出,玻璃天花板是美国妇女和少数族群实现“美国梦”的阻力,因此“彻底打破玻璃天花板是我们必须留给后代的具有深远意义的遗产”[①]。为了实现这一目标,委员会向企业、政府和社会都提出了改变的具体建议,而后者又与委员会对妇女晋升障碍的认识密切相关。

首先,在企业方面,报告要求企业管理者承诺消除玻璃天花板效应,强调尊重多样性并实行问责制度,运用肯定性行动(affirmative action)工具,选拔、提升合格人员,培养少数族裔和妇女,为其担任高级职位做好准备。由于传统上选拔高级管理人员和董事会成员的先决条件和资格要求过于苛刻,太注重传统来源和经验,致使上升通道太过狭窄。委员会建议企业拓宽视野,在非传统来源的背景和经验下选拔人才;让雇员了解有关职位的任职要求,实施协调工作与家庭的政策等。

其次,对于政府,报告建议它成为实现性别平等的引领者,所有政府机构作为用人单位当以身作则,努力消除内部的玻璃天花板,让合格的妇女和少数族裔成为决策者;应加强反歧视法律的执行力度,加强数据的搜集,公布多样性数据,努力强化反歧视法律的效力、发布反歧视行政命令的权力,使政府得以在为合格的少数族群和妇女创造平等的就业、晋升机会中切实发挥积极作用。

再次,就社会而论,玻璃天花板并非孤立地存在于企业架构之中,而是由它所处社会的态度决定的。因此,委员会指出了两种社会障碍——一种是差异障碍,以性别和肤色为基础形成的文化差异是问题产生的主要原因;另一种是供给障碍,由缺少合格的少数族群和妇女所致。为了应对性别刻板模式、各种偏见造成的差异性障碍,需要特别认识到媒体的作用;而为应对体现在机会和成就上的供给差异,须为妇女和少数族群提供学习和提高的机会,挖掘其更多方面的潜力,使女童认识到工作和晋升的价值。[②]

从美国联邦玻璃天花板委员会的报告中可以看出,其任务的重心在于改变性别不平等与性别歧视赖以存在的权力结构、法律政策和制度,加强性别统计工作,切实了解“玻璃天花板效应”的实际情况并加以彻底的改变。其中,企业的承诺与问责至关重要。

(二)走通“迷宫”的路泾建议

那么,妇女该如何穿越迷宫呢?爱丽丝·伊格利和琳达·卡雷利在讨论了男人是不是天生的领导者、家庭责任对妇女的影响、性别刻板模式和偏见造成工作领域的歧视等问题之后,通过大量实例分析妇女取得成功的原因,重点探讨了提升女性领导力

① U.S. Glass Ceiling Commission. A solidinvestment:making full use ofthe nation's human capital(Recommendations of the Federal Glass Ceiling commission)[EB/OL].(1995-12-31)[2016-08-30].http://digitalcommons.ilr.cornell.edu/cgi/viewcontent.cgi? article=1117&context=key_workplace

② 美国联邦玻璃天花板委员会对企业、政府、社会的建议部分,参见 http://digitalcommons.ilr.cornell.edu/cgi/viewcontent.cgi? article.1117&context=key_workplace。

的具体思路。

在性别刻板模式和偏见的众多表现中,妇女的"两难处境"(double bind)颇具代表性。例如,合群、倾向于通过交流进行集体决策的女领导人可能被指责为主体性不足,但主体性强、作风独断的女领导人又可能被批评为缺乏群体意识。又如,女领导人说话坚定果断不被看好,温柔平和也会受责难,人们更容易拒绝女性的影响,等等。在充斥着性别歧视和偏见的文化中,主动自我推介的妇女可能遭到他人的拒绝,所以其举止必须平和谦虚;在传统的男性领域,男子抵制具有主体性的妇女;当群体中只有一名或是少数妇女时,她们处于不利地位;在工作场所和社会大环境中仍普遍存在着不愿意服从女性领导的情绪和做法。因此,"两难处境"要求妇女努力平衡各方观点、恰当地应对各种局面。①

由于妇女在晋迁的道路上会遭遇被形容为迷宫的各种障碍,如何规划自己走通迷宫的途径、提升自身的领导力便被提上了议事日议。作者在书中为她们提出了两个针对工作场所的一般性原则和一个平衡工作与生活的建议。原则之一是,妇女既要展示自己的主体性,又要表现得十分合群,将两者有机协调,进而改变权力的属性。女性领导人需注意如下具体要点:充满男性特质的环境限制协调型领导风格的效能,所以策略上需做相应的调整;应当用成绩说话;学会进行有效的谈判;在领导职位上要有权威感,等等。原则之二,经营自己的社会资源,通与同事和在组织内外建立良好的人际关系来实现目标。关于平衡家庭与工作的关系,作者强调家庭和事业兼得。她们特别指出,在工作场所之外,妇女在职业发展中要学会绕道行走,以兼顾家庭责任,扮演好自己的多重角色对个人发展同样具有很大作用;更重要的是,妇女应学会在家庭内部实现两性平等,让丈夫平等地分担家务。

作者强调:"当代妇女仍然面对许多挑战,特别是来自男性主导的领导角色的挑战。她们必须勇敢、有策略、有创造力、聪明地取得成功,因为在通往领导职位的道路上,她们将面对的是最复杂的迷宫。" ②

四、"社会性别主流化"与"提升女性领导力"

在通往权力之路上,无论妇女还是男子都会遭遇各种困难和挑战。但是,在现有的社会文化与权力结构中,妇女因身为"第二性"(the second sex),所面临的问题远多于男子。在美国,从 20 世纪 80 年代提出的玻璃天花板到 21 世纪出现的迷宫及其他各种说

① EACLY A H, CARLI L L. Through the labyrinth:the truth about how women become leaders[M].Boston:Harvard Business Press,2007:101-118,161-174.

② EAGLY A H, CARLI L L. Through the labyrinth:the truth about how women become leaders[M].Boston:Harvard Business Press,2007:199.

法,都形象地揭示出性别歧视与不平等对妇女成为领导者的阻碍。

(一)两个术语关注的问题相同,但侧重点各异

从整体来看,玻璃天花板和迷宫这两个术语对现状、问题的看法以及要实现的目标是一致的。同时,它们又带有各自鲜明的时代特征,反映了相关作者对问题理解的差异,也体现出全球妇女运动发展、社会性别意识增强对妇女发展的影响。

比较《稳健的投资》中的建议和《通过迷宫》所提出的"真理",可以发现,前者强调企业、政府和社会应如何从法律、政策、制度、文化的角度为性别平等提供保障;后者更重视妇女个人的适应能力、协调能力、自我调整能力和领导能力的全面提升。这一区别正是基于对权力结构和客观环境的认知所作出的不同策略选择。玻璃天花板最初提出之时,妇女成为高层领导的机会小、人数少,社会文化和权力结构的阻碍大,所以改变必须由此着手。而在 30 年后的今天,步入各个领域各级领导岗位的妇女都不同程度地增加,歧视妇女的社会文化和权力结构已经有所改变,她们的能力建设和领导力提升问题因而被提上更重要的位置。

但必须强调的是,无论是打破玻璃天花板抑或走通迷宫,权力结构、社会文化改变和个人发展都不可或缺,时代的发展变化所带来的是强调重点和工作重心的调整。

爱丽丝·伊格利和琳达·卡雷利认为,在显示玻璃天花板已被打破的各种变化中,"一个指标便是对希拉里·克林顿即将接受总统提名之事给予的高度关注,这是美国最有权力的职位。……仅仅几年前,充分具备条件的女性候选人参选后仍很快就失去机会,如伊丽莎白·多尔(Elizabeth Dole)。"看到各种针对希拉里·克林顿的与其性别相关的消极评价,两位作者承认:"在妇女和男子平等地获得权力和权威方面,妇女还有很长的路要走。"[①]遗憾的是,《走通迷宫》刚出版不久,希拉里·克林顿即于 2008 年 8 月退出竞选,巴拉克·奥巴马(Barack Hussein Obama)获得党内提名,正式成为民主党总统候选人。当时,希拉里·克林顿成为离总统职位最近的美国女性。

或许可以说,美国妇女所要穿越的是镶着多层玻璃天花板的金字塔形的立体迷宫,其中一些天花板已被打破,另一些已出现裂纹,而顶层的天花板仍然保持完好。在这个标志着性别不平等的立体迷宫中,妇女需要跨越比男子更多的障碍,付出更多的努力。

(二)接驳实现性别平等的全球战略

美国妇女在晋升问题上克服障碍的路径与实现性别平等的全球战略具有一致性。1995 年召开的联合国第四次世界妇女大会通过了《行动纲领》,这是一个促进性别平等

---

① EAGLY A H, CARLI L L. Through the labyrinth:the truth about how women become leaders[M].Boston:Harvard Business Press,2007:183-184.

的全球性战略。1997 年,联合国又通过《联合国经济及社会理事会关于性别主流化的商定结论》,提出了“社会性别主流化”(gender mainstreaming)战略。该战略需要评估任何计划的行动(包括立法、政策或方案)在各个领域和层次对男女产生影响的进程,将妇女和男子的关注事项和经验作为一个整体,纳入政治、经济、社会等所有领域的政策和方案的设计、落实、检测与评估,使男女都平等受益,终止不平等现象。这一战略的最终目标是实现两性平等。[①] 二者与 1979 年通过的《消除对妇女一切形式歧视公约》、2000 年提出的“千年发展目标”一起,成为促进全球性别平等的里程碑式文件。这些全球战略与《稳健的投资》皆将重心置于改变不平等的社会文化及权力结构,强调投资妇女的价值,敦促国际社会、政府、企业和其他利益攸关方积极采取行动。

在玻璃天花板被逐步打破,各个领域不同层级上的女性领导人渐次增多的背景下,实现社会性别主流化的战略任务并没有改变,但提升女性领导力问题的重要性和迫切性却逐步凸显,国际社会也十分重视这个问题。早在 2007 年 12 月,联合国提高妇女地位司(Division for the Advancement of Women,简称 DAW)等机构即组织了主题为“妇女的领导角色”(Women in Leadership Roles)的线上研讨,以回应第四次世界妇女大会《行动纲领》等联合国关于妇女平等参与决策的各项文件的要求[②],对女性领导能力的讨论是其重要的组成部分。目前,提升女性领导力的任务已清晰地摆在人们的面前,各界对此问题的重视程度也有所增加。从这个意义上说,“‘迷宫’是激励妇女并使之认识到所面临挑战的一个令人鼓舞的隐喻”。[③]

五、结论

在第四次世界妇女大会召开 20 年后的今天,全球性别平等运动取得了巨大成绩,妇女晋升的可能性在多数国家和众多领域都有不同程度的增加。但与此同时,进步并不均衡,进展依然缓慢,在同一时间点上,全球性别平等的状况因空间不同而相去甚远。在通往领导职位的道路上,妇女仍然面临歧视、不平等及其他各种阻挠,其中有的人要面对的是玻璃天花板,有的人甚至仍然要对抗“水泥天花板”,还有“橡木地板”“粘地板”等等。“玻璃天花板”和“迷宫”是形容美国妇女在晋升道路上所遭遇阻力的两个颇具代表性的术语。

通过梳理“玻璃天花板”到“迷宫”的历史发展脉络,本文得出的基本结论是:作为一个受到多种因素共同影响的复杂多样的整体,美国妇女在通向领导职位的道路上会遇到

---

① Gender mainstreaming 可译为“性别主流化”或“将性别纳入主流”等。“联合国经济及社会理事会关于性别主流化的商定结论”,载《经济与社会理事会 1997 年的报告》。

② 参见 http://www.un.org/womenwatch/forums/leadership/。

③ EAGLY A H, CARLI L L. Through the labyrinth: the truth about how women become leaders[M]. Boston: Harvard Business Press, 2007: ix.

各种阻力;但总体来看,她们已在一定程度上打破玻璃天花板,有了晋升到各个领域的各个级别甚至最高职位的机会;妇女向上攀登的道路不是笔直的,需要经过崎岖多变的金字塔形立体迷宫,打破残存于其中的玻璃天花板,走通迷宫,最终在各级领导岗位上实现性别平等。因此,在要求政府、企业、社会文化做出改变,认真贯彻联合国提出的"社会性别主流化"战略的同时,将提升女性领导力的问题提上议程的要求显然更加迫切。需要再次强调的是,提升女性领导力不仅仅是女性个人的事,政府、企业、社会和个人从来都密切地联系在一起。没有前三者的行动,便不可能彻底消除妇女在晋升中遇到的障碍。

虽然本文讨论的主要是美国妇女的晋升问题,但此问题对全球性别平等运动和世界各国妇女都有一定的参考价值。

有一款著名的电玩游戏名为"超级马力兄弟"(Super Mario Bros.),玩家体验的是主人公超级马力(Super Mario)历经各种考验解救受困公主的艰辛历程。如若将游戏的主人公设定为女性,名叫智慧玛丽亚(Smart Maria),则她所要解救的公主正是被迷宫围困而不能自由发展的女性,这位公主同时也可被看作是智慧玛丽亚自己的投影。为了实现目标,智慧玛丽亚要比超级马力经历更多、更为复杂的考验,单凭她的一己之力难以独自完成这项复杂的系统性任务,因而需要国际社会、各级政府、各利益攸关方和男性的共同努力。同时,成功地走通崎岖的迷宫之路需要智慧玛丽亚能够准确地判断形势、有效地整合资源、充分利用其优势、合理地选择路径、勇敢地面对挫折……因此,增强性别平等意识、强化能力建设对智慧玛丽亚至关重要,而提升女性领导力所发挥的正是这一作用。

毫无疑问,在智慧玛丽亚实现自我解放的同时,超级马力也必将获得自由。

(李英桃,北京外国语大学国际关系学院教授、博士;王海媚,北京外国语大学国际关系学院硕士研究生)

各国推动、培养女性领导力的公共政策比较

◇ 王玉梅

摘要：本文采取比较研究的方法，以世界各国为推动、培养女性领导力尤其是政治领导力而出台的公共政策为研究对象，在对欧洲、亚洲和美洲国家的公共政策进行梳理分析的基础上，归纳出推动女性政治领导力提升的典型政策类型。本文也为中国培养女性领导力的公共政策提出建议。

关键词：女性领导力；国际比较；公共政策

一、引言

发展和培养女性领导力，体现的是社会对女性地位的尊重，对女性价值、才能和文化的承认和推广。这是基于现代文明已经达成的共识：女性是创造和推动人类社会文明进步的重要力量；女性的发展水平，是社会发展、国家发展的一个重要指标，是衡量社会进步的重要尺度。

然而，在女性领导才能得到认可的情况下，女性领导力的发展总是受到各方面因素的制约，在政治、经济和学术三类最具代表性的领域当中，性别不平等仍然是非女性自身能力所限而造成的女性领导力发展的主要障碍。

由于政治活动在人类社会生活及文明演进中的无可争议的重要地位，政治领域中的女性领导力仍然能最有代表性和说服力地反映女性领导力的最高发展水平。① 二战以来，各国纷纷出台提升女性政治领导力的公共政策，以发展和培养女性领导力，帮助女性实现自身的价值。这些政策不仅对女性有益，还具有更深层次的意义：

第一，加强民主。民主是建立在所有社会成员参与决策过程的基础上的。女性占人口的一半，应有权按照人口比例参与决策过程，使民主机制能够更合理、高效地运转。女

① 蒋莱. 女性领导力研究[M]. 上海：复旦大学出版社，2011.

性领导的贡献在于其可以更多地关注女性这一社会群体的特殊利益和价值。

第二,贯彻社会性别平等原则。平等是基本人权,男性和女性在参与政治决策和社会生活方面应享有平等权利,女性领导力的展现能促进实现基本社会性别平等。

第三,有效使用人力资源。女性占人口的一半,如果女性不能充分地参与政治决策与社会生活,则意味着人力资源未能得到充分和有效的利用。

本文将对各国推动、培养女性领导力尤其是政治领导力的公共政策进行比较分析,以期能够从中发现尚需改善和可资借鉴之处。

二、欧洲国家培养女性领导力政策

(一)政策概述

欧盟机构认为,男女在决策中的平等参与是民主的基本前提,并建立了促进女性参政的机制性框架。1996 年,欧洲理事会制定了关于促进决策过程中男女平等的 84/6635 决议。[①] 在决议中,欧盟对各成员国提出了女性参政议政的四项基本原则:第一,采取全面配套战略促进女性与男性平等地参政议政;第二,利用并采取经济和社会生活中的所有因素来实现机会平等;第三,收集并公布男女在参政中的比例数据;第四,促进政党在候选人提名方面的男女平等。

在此决议框架下,欧盟各国纷纷采取一系列措施推动本国女性领导力的发展。其中,配额制是各国推动女性领导力发展的主要公共政策。根据配额制的形式和内容属性,我们把欧盟国家的配额制大致分为三种类型:

1.非强制性议会配额制

在议员候选人选拔领域实行女性配额制,提高女性议员候选人的数量,进而提高女性议员在议会中的比例,成为政党推进男女平等、发展党内民主的一项重要举措。欧盟国家中采用此种方式的主要有比利时、法国、意大利、葡萄牙、芬兰。如比利时和意大利有关法律规定,议会中女性议员的最低比例为 20 %,地方议会中女性议员的最低比例为 25 %[②]。

2.强制性政党配额制

一些国家把"女性最低比例"的条款明确地写进宪法或法律,如比利时法律规定,政党提交的议员候选人名单中女性至少要占 1/3 的比例。再比如,法国于 1999 年通过的宪法修正案规定,政党提交的议员候选人名单中,女性必须占 50 %,如不执行,该名单将被

① 张迎红.试析欧洲国家提高妇女参政的"最低比例制"[J].欧洲研究,2004(3):117-129.

② Inter-Parliament Union. Women in Parliament 1945-1995[M]. Geneva:IPU,1995.

视为无效或政党将被课以罚款。[①]

3.非强制性政党配额制

法律对于配额没有强制规定,而是由政党自行决定候选人中的女性比例。政党内部规定一般被认为是一种“软性约束机制”,其实施的效果取决于该政党的女性政策和政党结构。由于欧盟大多数国家实行的是议会民主制,政党政治较为强势,因此,其对女性参政的影响力甚至要大于强制性法律规定。这就是北欧国家虽然较多采用政党内部规定机制,然而女性当选议员的比例仍较高的原因。目前,欧盟大多数左翼政党都采取此种方式。

在上述三种基本政策模式之外,部分国家还增强了配额制的强制力度,对政策的施行进行监督和给予必要的惩罚:

法国议会于 2000 年通过的《男女竞选公职平等机会法》,是法国立法保障男女平等参政的标志性成果,该法案被实际应用于 2001 年众议院和 2002 年参议院的选举。根据法律规定,在众议院选举中,如果在 577 个选区进行第一轮投票时男女候选人的数量差异大于 2%,则该政党要受到惩罚,并根据违反的程度按比例惩处[②]。

意大利于 2004 年制定法律规定,在政党候选人名单上采取单一性别最低比例为 1∶3,达不到的政党将受到惩罚,减少 50%的选举经费补贴。[③] 另一方面,如果候选人名单达到 1/3 女性比例,该党则可以得到奖励,提供额外 5%的补贴,以用于竞选费用。

(二)欧盟非直接政策措施

根据欧盟要求,收集、建立和公布男女在参政中的比例数据,也是提高女性参政意识、推动女性领导力发展的重要举措。丹麦、芬兰、奥地利和瑞典已经建立起每年或每两年公布一次数据的报告制度;爱尔兰、比利时、希腊、德国、卢森堡、英国和西班牙也建立了公布最新统计数据的制度[④]。目前,欧盟各成员国正在努力通过跨国合作来统一统计方法,通过定期收集并公布数据来提醒社会对男女平等参政的重视。同时,这也是相关职能部门进行监督和推动女性领导发展的重要依据。

除此之外,欧洲的女性团体组织也通过自身的影响力推动女性领导地位的提升。她们通过组织不同规模的游说活动、利用互联网等媒介收集和传播与性别平等相关的信

---

① Council of Europe action in the field of equality between men and women: list of documents-strasbourg May 2002[EB/OL].(2002-01-01)[2013-08-30]. https://xueshu.baidu.com/usercenter/paper/show?paperid=5c931d4241f5fa710d676ad7e7409013&site=xueshu_se.

② BAUDINO C. Parity reform in France: promises and pitfalls[J]. Review of policy research, 2003(3).

③ 转引自:全国妇联妇女研究所.研究信息简报[EB/OL].(2012-06-24)[2019-06-08].https://www.wsic.ac.cn/uploadfile/2019/0608/2012-05.pdf.

④ 张迎红. 试析欧洲国家提高妇女参政的“最低比例制”[J]. 欧洲研究,2004(3):117-129.

息、建立女性领导才能培训机构、开展女性问题研究等途径和方式,对欧盟机构和制度施加影响,以期在所关心的领域逐步实现男女平等的目标。

20 世纪 90 年代以来,欧盟女性团体组织政治参与手段的专业性不断增强。建立于 1992 年的妇女决策网络集中了来自会员国家政治、科学等领域具有不同专业背景的妇女决策专家,通过采用研究、行政、沟通三个方面的策略,促进女性在欧洲决策过程中地位的提高。[①] 该网络对其他女性团体组织的活动起到了专业性的指导和建议作用,极大地提高了女性团体政治参与的专业化水平。

(三)北欧国家提升女性领导力公共政策

1.立法保障

在国家立法方面,北欧三国政府积极推动性别平等的理念和政策。三国都在宪法中明文规定了女性在各方面享有与男性同等的权利。除了所规定的基本权利之外,三国均有专门保护女性各项权益的法令,如挪威的《男女平等地位法》(*Norwegian Gender Equality Act*)、丹麦的《男女平等法》(*The Danish Act on Equal Treatment between Men and Women with regards to Employment*)、瑞典的《平等机会法》(*Act on Equality between Men and Women at Work*)等。而且,三国为保障女性权益分别设有专门机构、人员执行有关事宜。由此,女性权益的保障不仅仅是形式上的规定,且均能落到实处。

· 挪威

1979 年颁布的《男女平等地位法》规定:官方机构任命或者选举由 4 个以上成员组成的委员会、董事会、理事会等机构时,男女各自代表的比例应当至少为 40%。这一规定同样适用于立法机构的代表组成(第二十一条)。该法的实施由准司法机构"平等地位上诉委员会"和准司法监督人员"平等事务专员"来执行,专员由国王委任,机构由政府赞助。

· 丹麦

1975 年,丹麦成立了"丹麦平等理事会"作为官方女性专门机构,以保障女性的地位和利益。1978 年,丹麦议会通过立法,正式确立了"平等地位理事会"的法律地位。该理事会成为专门的国家机构,每年由国家财政部依照当年财政法拨款,旨在促进男女在各个领域的平等权利。

2002 年,丹麦通过了国家层面的《男女平等法》。该法案的目的是为了促进社会各个层面与机构中的男女平等地位,消除各种显性与隐性的性别歧视。在该法案的第三部分第四条中规定,国家公共机构在制定与执行各项政策之时,应当时刻注重两性的平等。国家机构以及国有企业需要于每两年的 9 月 1 日将汇报该部门两性状况的报告呈交平

---

① 曲宏歌. 欧盟女性团体的政治参与:以欧洲妇女游说团为例[J].中华女子学院学报,2009,21(2):67-71.

等理事机构，报告的内容包括：(1)该部门是否有制定两性平等的相关政策，该政策的内容是什么；(2)该部门成员的两性数量对比状况；(3)必须包含至少一项关于促进两性平等的措施与活动。

· 瑞典

1994 年，瑞典政府开始实施“性别主流化”项目。性别主流化是指政策过程的组织(或重组)、改进、发展和评价，都要围绕着性别平等，让社会平等的视角嵌入制定政策的所有层面和所有阶段。该项目由制定政策参与者来完成。

2.性别倾斜原则(最低比例制)

· 挪威

最低比例制最早于 20 世纪 70 年代中期由挪威劳动党率先引进。1983 年，挪威劳动党决定“在所有选举和提名候选人中，男女两性至少必须有 40%的代表”。挪威劳动党也因此成为北欧国家中第一个宣布在所有选举中实施 40%配额制的政党。随后，其他挪威政党也开始紧跟劳动党的做法，包括社会左派、中间力量政党以及基督教民主党等。

· 丹麦

1988 年，丹麦社会民主党规定：“每一性别至少 40%的候选人有权成为社会党在地方和区域机构中的代表。如果没有提出足够包含每一性别候选人的名单，则不能完全生效。”这一规定同样也适应于党内选举。该地区政党纷纷引入并进一步发展了针对两性的最低比例制，同时为了真正体现两性平等，该规定指出：这一比例不仅适用于女性，同样适用于男性。

· 瑞典

1970 年的瑞典议会选举，瑞典社会民主党认为，应当在候选人名单中补充更多女性的名字。但该党同样认为，应当有更多有经验的男子成为候选人。结果是，在候选人名单中，前 10 个候选人的名字仍然是男性，同时重点介绍了他们的从政经历、年龄、资历等，其后列举了女性候选人的名单和资料。到了 1973 年的议会选举，该党候选人名单从第 5 位开始交替列出了男性候选人和女性候选人的名字。1976 年的议会选举，地方党组织决定在地方议会选举时列出两份候选人名单，一份是男性候选人，一份是女性候选人，在选举之前，把两份候选人名单合并起来。1994 年，该方式正式被确定为“隔席有别”原则，即如果候选人中的第一位是男性，则第二位就必须是女性，然后第三位是男性，第四位是女性，反之亦然。这种具体化的规定，使男女候选人有同等机会被选民重视，而非象征性地做出形式化的规定。

3.女性社团推动

挪威的“女性全国理事会”(成立于 1904 年)等组织的出现和发展，拓宽了女性参与政治的道路。[①] 在瑞典、挪威和丹麦,几乎所有政党内部都成立了专门的女性小组。在瑞典的中央型政党中,有大规模的女性专门集团;丹麦的社会党和社会主义人民党都是倾向于女性色彩的政党。在20世纪的50、60年代,挪威出现过女性从政的高潮。各种形式的女性团体开始与政界要员就是否增加女性代表等问题进行磋商,并敦促各个政党增加女性候选人的提名。单从社团的组织和建设来看,三国均是发展较为成熟的国家。政党制度就是以社团或各种形式的组织为基础运行的,各种组织和社团在政治生活中受保护并享有很高的地位。北欧民主模式的一个重要方面就是自发结合的组织在社会的各个层面上发挥着自身的影响和作用。在专制制度结束之后,北欧国家对社团和组织的成立并未做出过任何的限制,这一解禁促成了各种团体的纷纷涌现。

4.福利制度保障

北欧国家的女性政治领导力在社会、经济、文化层面均有制度保障。北欧国家在制度设计尤其是福利制度方面,破除了经济、社会、文化方面的部分限制。福利制度的意义不仅仅是物质层面的,它还体现在对公共政治转型的控制和影响方面。只有普通民众当中拥有广泛的、优秀的高素质女性,才能从中发展、选拔出那些具有优秀领导力的女性。

在北欧福利模式下,北欧国家选择将家政服务纳入国家层面,这为女性从家庭解放出来、参与公共事务、发展政治领导力提供了莫大的支持和动力。例如,瑞典的国家公共政策在“二战”后沿着两条思路调整:一条思路是鼓励女性就业,将一部分家庭责任转移给政府。政府通过将税收转移为公共服务的方式,建立收费低廉、服务优质的托儿所,从而保障并积极鼓励已婚女性从事有酬工作。另外一条思路是将家庭责任转移一部分给男性。1974年,瑞典父母保险制度创立,过去的母亲津贴转变为父母津贴。在育儿长假制度上,孩子一出生,父亲就自动获得10天假期,同时和妻子共同享有480天的带薪育儿假。[②] 这意味着女性可以更好地追求事业,因为男性在抚养孩子和照顾家庭上承担起了更多的责任。

为了实现男女共同分担家庭责任,保障女性就业权,瑞典的家庭政策在1994年做出了进一步的调整:增加一个月的父亲假,要求所有的父亲在孩子出生之后的16个月中必须休假一个月,否则将取消一个月的补助。公共政策开始用强制性的配额方式取代了选择权。从2002年开始,父亲假又增加了一个月,越来越多的男性承担起家庭责任。

(四)英国提升女性领导力公共政策

英国对女性参政的支持不仅体现在其基本公共政策中,同时在其政党内部,也大力推行最低配额制。1989年,英国工党同意在其所有党内机构中采用“最低比例制”。1993

① 威斯蒂.北欧式民主[M].北京:中国社会科学出版社,1990.

② 杨宁宁.斯堪的纳维亚女性从政环境研究[D].上海:华东师范大学,2011.

年工党出台正式规定，在那些空缺的并有获胜可能的议会席位中，候选人必须一半是女性。[①]

英国劳动党规定在候选人名单中必须出现女性，要求在任何有女性（甚至只有 1 名）被提名参与议会选举的选区，至少有 1 名女性出现在最终的候选人名单上，同时要求在固定议会选举中，采用强制性的女性专有候选人名单，以避免与男性候选人进行竞争。根据这一政策，如有空缺席位，则有一半必须由女性专有名单中的候选人来补充，以此保证更多的女性当选。

为了实现性别比例目标，英国威尔士工党在推举国民大会候选人时引入了配对制，也就是将威尔士 40 个选区的工党党部根据一系列因素配成 20 对。两个配对选区从最后的候选人名单中选出一男一女为正式候选人，从而确保有 20 名女性候选人。1999 年 5 月的选举结果显示，在工党赢得的 28 个席位中，女性赢得 15 个，女性所占比例过半。

由于各党派都采取了一些比较积极的措施，目前在有 60 多个席位的英国国民大会中，女性已占据 25 席，所占比重超过 40%。

三、亚洲国家培养女性领导力政策

（一）韩国提升女性领导力公共政策

1.立法保障

韩国政府为了促进男女平等，维护女性合法权益，提高女性地位，于 1995 年制定了《韩国女性发展基本法》。该法是从社会、教育、雇佣、增加女性的福利待遇、家庭扶助、防止暴力、国际合作活动、大众传媒、志愿服务等各领域规定有关女性问题与女性地位的特别法[②]。该法案的颁布，不仅推动了诸如《反家庭暴力特别法》《男女差别禁止法》等相关法律的制定，对于一些社会团体制定有关女性的优惠政策，也起到了一定的促进作用。

《韩国女性发展基本法》第六条规定：女性比例代表制度是指为了消除对女性的不公平对待，以法律或政治手段在女性比例到达一定数量之前，对符合一定条件的女性给予优待的措施和规定。

除此之外，该法在活动方面规定，每年的 7 月 1—7 日为“女性活动周”。在“女性活动周”里，国家与地方团体应根据实际情况，召开学术会，开展先进典型人物的表彰和奖励等活动。

---

① 张迎红.试析欧洲国家提高妇女参政的“最低比例制”[J].欧洲研究，2004(3)：117-129.

② 郑成宏.探析韩国保护女性的有关法律[J].中国社会科学院院报，2003(11).

2.机构设置

为了发挥女性的领导才能,韩国政府从机构设置上做出了努力。1998 年 6 月,韩国金大中政府修改《国会法》第 46 条,为审查有关提高女性福利与权益的事项设女性特别委员会,由议长同各团体代表议员协商,从现任议员中选出不超过 20 名委员。同年 10 月,为推进国会制度改革,又成立了"国会制度运营改革委员会"作为国会议长的咨询机构。该委员会由学术界、新闻界、法律界、妇女界人士及现任国会议员和前任国会议员等共 19 人组成,其中包括 2 名妇女代表。这是韩国政府首次明确对外表示在国会改革中优先听取女性代表的意见。

3.比例代表制度

韩国在 2000 年引入女性比例代表制度并在国会议员选举过程中采用后,女议员当选人数从低位 3%上升至 13%,取得了 10%的增长。作为一种临时性的手段,比例代表制度在女性比例达到一定数额或男女实现平等时即不再生效,所以在女性比例上升到一定数量之前,有必要持续稳定地实行比例代表制度。

第 17 届韩国国会选举有 39 位女性议员当选,第 18 届有 41 位当选。① 虽然女性议员绝对数量的增加与韩国民众女权意识的普遍提高和女性候选人的个人能力有关,但还是主要得益于政策优惠。例如,第 18 届韩国国会选举中,为了争取女性选民的支持,大国家党和统合民主党都将本党比例代表排序中的奇数位次让给了女性候选人,也就是说,女性议员即使无一人当选,根据各政党让出的席位数比例的总和,至少也会有 28 名女性议员进入本届国会。

(二)日本提升女性领导力公共政策

作为传统的亚洲文化国家,在"二战"后,日本通过立法,女性团体与政党力量共同推动女性领导力的提升。

1.立法支持成为女性领导力发展的基础

"二战"结束后,受国际大环境的影响以及日本女性运动的推动,日本政府出台了一系列法律法规,为女性参政创造条件。首先是修订了选举法和宪法,使女性获得了参政权。1945 年 10 月,《治安维持法》被废除,女性有了自由结社的权利。1945 年 11 月,日本政府废除了《治安警察法》,允许女性自由加入政党。1947 年 3 月,日本政府公布实施了《教育基本法》,允许男女共学。同年 10 月,《国家公务员法》颁布,女性取得了考取国家公务员的资格。12 月,《新民法》公布,宣布废除了传统的家族制度。日本女性也因此

① 金瑛.韩国国会的组织构成及其职能[EB/OL].(2022-06-01)[2022-08-30].https://wenku.baidu.com/view/987ec41db7daa58da0116c175f0e7cd1842518de.html.

拥有了合法的参政权。1955 年,日本批准加入了《妇女参政权公约》①。

日本政府于 1975 年设立了“妇女政策规划促进本部”,本部长为内阁总理大臣,同时还设立了妇女问题办公室。1977 年“妇女政策规划促进本部”制定了第一个男女平等十年行动计划。

1985 年,日本政府批准了联合国制定的《消除对妇女一切形式歧视公约》,公布了《男女雇佣机会均等法》,并于 1986 年实施。该法律条款的成立,为女性在劳动领域中享有与男子同等的权利提供了基本的法律保障。1992 年,《育儿休业法》实施。1996 年 9 月,日本总理府制定了《男女共同参与 2000 年计划》。这些法律的制定为女性参政提供了法律保障,女性享有了与男子同等参与社会活动的机会和权利。

2.女性团体提升女性领导力与影响力

女性参政运动离不开女性团体的推动。战后初期日本女性获得参政权后,女性团体纷纷成立,包括新日本妇女同盟(后更名为日本妇女有权者同盟)、女性民主俱乐部、日本民主主义大会、日本民主妇女协会、拥护女性人权同盟等女性组织逐渐开始活跃在日本各地,在推动女性参政、促进女性领导力的发展、开展相关研究及组织妇女运动方面发挥了积极的作用。

3.政党力量实现女性领导力高速发展

1986 年 9 月,日本妇女运动的佼佼者——土井多贺子当选为社会党委员长,开创了日本政党史上女性出任政党领袖的先例。土井多贺子是日本首位女党魁、首位女众议院议长。同时,她又是日本著名的宪法学家,多年来她一直坚持“护宪”并主张日本走和平发展道路,是中日友好事业的开拓者之一。土井多贺子为提高日本女性参政水平,于 1988 年设立了妇女局,并在政策方针中加入了“获取女党员”和“增加女议员”等内容。在“土井热”的影响下,日本社会党中女党员的数量飞速发展,全国各地纷纷组建女性团体支持土井多贺子。在 1989 年的第 15 届日本参议院选举中,22 名当选的女参议员,其中社会党的女党员占据了一半。在 1990 年举行的第 39 届日本众议院选举中,12 名当选的女众议员,有 7 名来自社会党②。但是,自 20 世纪 90 年代以来,随着社会党政策的改变和“55 年体制”③的瓦解,社会党女议员失去了以往的辉煌。

---

① 师艳荣.当代日本妇女参政的推动因素[J].前沿,2008(8):135-137.

② 师艳荣.当代亚太日本妇女参政途径及成效[J].社会·文化,2005(10):58-64.

③ 55 年体制指的是日本政坛自 1955 年出现的一种体制,即政党格局长期维持执政党自由民主党与在野党日本社会党的两党政治格局。1955 年,日本保守势力的各党派和革新势力的各派各自进行了联合,形成了代表保守势力的自由民主党和代表革新势力的社会党保革对立为特征的体制,在日本历史上被称为 55 年体制。在法治上虽然是两党制,实际上是两党制表层下的自民党一党执政的体制。55 年体制是战后日本政治中一个重要环节,在 55 年体制下,自民党长期处于执政党地位,牢牢控制了日本的政治经济,从而引导日本走上了一条经济优先的道路,创造了日本奇迹,但是在一党长期专政的情势下,日本的政治经济以及社会的发展最后都走进了一个瓶颈。

日本社会党以女性为领导核心,积极开展维护宪法以及提高女性社会地位的活动,同自民党提出的修改宪法的主张进行针锋相对的斗争,并在日本《男女雇用机会均等法》《育儿休业法》《男女共同参与社会基本法》的制定和修正过程中都发挥了重要的作用。

四、美洲国家培养女性领导力政策

(一)美国教育机构培养女性领导力情况

美国在女性领导力教育方面,拥有众多专注女性的教育机构,开设领导力培养与教育课程。

19 世纪,美国女性高等教育刚刚起步,随着女子学院如雨后春笋般涌出,这股潮流一发而不可收。其中最为著名的 7 所女子学院——蒙特霍利约克学院(Mount Holyoke College,1837)、瓦萨学院(Vassar College,1861)、韦尔斯利学院(Wellesley College,1870)、史密斯学院(Smith College,1871)、拉德克利夫学院(Radcliffe College,1879)、布赖恩莫尔学院(Bryn Mawr College,1885)以及巴纳德学院(Barnard College,1889),被称为“七姐妹”女子学院(Seven Sisters)。其中,韦尔斯利学院最具有代表性。

韦尔斯利学院只招收女生而不招收男生,学院有不成文的规定,男子不得在大学里面担任任何领导席位。从各系的系主任到校长都是女性,自建校 100 多年来一直如此。该校校友、美国前国务卿奥尔布赖特于 2010 年创建了奥尔布赖特国际事务研究所(The Madeleine Korbel Albright Institute for Global Affairs),旨在培养女性以创新方法解决问题,推行全球化女性领导力教育。

PLEN 成立于 1978 年,是一个有关美国女子高校领导力开发计划的主要资源网,包括 15 所女子学院在内的培养女性公共领导力的全国性联盟。[①] 联盟通过提供公共政策实习机会,鼓励学生成为团体的领导者及社区服务的志愿者。联盟的教师多为美国国会、法院、行政机构、非政府组织的女性领导者,此外还有来自世界各地参与政策制定的女性。实习生会被派往国会旁听,进而研讨公共政策问题甚至是国际政策。1992 年,PLEN 创办了特色刊物《为领导做准备》,介绍其提供的实习、研讨课、团体及其他女性感兴趣的公共领导力资源,旨在提升女性领导力。

(二)拉美国家提升女性领导力公共政策

拉美国家在推动女性参政、培育女性领导力方面具有典型性。早在 1991 年,阿根廷作为拉美国家的配额制先锋,以立法形式确定在选举中,女性候选人的比重必须达到

① 赵红梅.当代美国女子高校的领导力教育:对 15 所女子学院的研究[D].北京:首都师范大学,2005.

30%以上,如当得到 2—4 个席位时,至少有 1 个席位属于女性;当得到 5—8 个席位时,至少 2 个席位属于是女性,等等①。

得益于 1995 年在北京召开的联合国第四次妇女大会,以及各国政府签署的《北京行动纲领》,性别平等原则在拉美多数国家的立法中均有所体现。在很短的一段时间内(1996—1998 年),众多拉美国家跟随阿根廷引入了"配额制",以法律形式确定选举中女性候选人最低比重的配额制得到了推广。

目前,已有 14 个拉美国家以法律条文明确规定,由选举产生的公共职位中必须有 25%—40%的女性候选人。其中,玻利维亚、厄瓜多尔、哥斯达黎加立法规定,政党选举候选人名单上,女性必须占一半。② 在"配额制"的推动下,拉美各国女议员、女部长的人数大幅增长,由女性担任的重要职务大大增多。

除"配额制"外,有的国家还通过提供国家补贴,鼓励各党派增加女性候选人的数量,以达到推动女性参政的目的。此外,拉美国家有关女性权益保障的制度建设取得了突破性进展,所有拉美国家都签署了联合国及国际劳工组织关于保护女性、促进性别平等的国际公约,几乎所有的拉美国家都设立了专门负责处理女性问题、促进性别平等的政府机构。

五、结论

(一)各国提升女性领导力公共政策的特点

第一,各国在运用公共政策提升女性领导力方面均做出了一定的努力,但在学术领域和经济领域,则缺乏推动、培养女性领导力的公共政策,金字塔性别分层,商界、学术界的顶端仍被男性牢牢把持,非常不利于女性领导才能的发挥。

第二,不同国家间的政策环境不同,欧洲与南美洲国家提升女性领导力的公共政策较为完善成熟。这反映出国家主义观点和自由主义观点对政策推动女性领导力发展的不同理解。国家主义观点认为,国家是积极的、强化的,有责任实施该类政策;自由主义观点认为,国家应是中性的、弱化的,应该从女性领导才能的培养方面入手。这种差异也反映出目前关于女性参政的"平等"概念的差异,从以前主张"机会平等"向现在强调"结果平等"发展。

第三,女性福利保障制度是培养女性领导力的基础和土壤。各国在前期均出台了大量保障女性基本人权(包括福利权益与政治权益)的方针政策,并设置具体的执法部门、专门机构与人员来负责政策的执行,保证这些权益均能落地。如北欧国家既有宪法规定

---

① 达勒鲁普,弗莱登瓦尔.配额制:对妇女平等参政的快速跟进[J].高静宇,摘译.国外社会科学,2006(6):61-67.

② 左晓园.拉美政坛女性群体的崛起[J].中国新闻周刊, 2014(10):40-43.

女性享有与男性的同等权利，又有相关法律专门保护女性的各项权益。经济基础决定上层建筑，保障女性权益与培养女性领导力成良性互动的关系。

（二）促进女性领导力发展的多元模式

综上，我们将各个国家围绕女性领导力发展的理念革新、政策设计、措施落实等方方面面分为以下几种类型：

1.立法保障女性进入权力机构

国家颁布法律，规定女性在方方面面享有与男性同等的权利。除此之外，有专门的立法为女性进入政治决策机构创造条件，通过立法改变国家、社会关于女性权益与女性领导力的固有观念，自上而下推动女性政治领导力的发展。

该类政策的代表是性别最低比例制，又称配额制。该制度要求在政治决策机构（包括议会、议会内的各级委员会、政党、政党内部的各级机构等）中确定两性最低代表数，从而达到提升女性参政比率、扩展女性参政范围的目的。不同国家所采用的配额种类依据本国的选举制度及其他政治因素而定。但基本可以分为以下几种形式：(1)不论参与者资格，根据男女比例制定比例代表制度并严格执行；(2)按照男女比例制定一个最低比例，如果其中一个性别没有达到规定比例，则强制性补充该性别的人选到规定最低比例；(3)拥有相同竞争资格的男女候选人，女性拥有优先当选权。有关机构调查统计：目前有近 100 个国家实行了配额制。在实施了这一制度的国家中，女性的参政率明显高于未实行这一制度的国家。

2.政府与民间成立女性团体推动女性领导力发展

随着各国女性运动的蓬勃发展，或由政府设立或由民间自发组织的女性团体纷纷成立。女性作为个体参与政治会有很多顾虑和障碍，而女性团体以群体代替个体进行活动，形成了集体行动的空间。

各国成立的女性维权联盟、女性团体联合会、妇女会、女性学者会等女性团体，通过宣传、培训与组织各类活动，对女性进行政治理论培养，普及女性参政议政意识，提升女性自身的政治修养和自信心，为女性领导才能的提升打下了坚实的基础；各类女性团体还为女性提供了政治人力资源上的支持，通过筹划提案提交政治决策机构，改变选举制度，甚至直接参与决策；以团体的方式推出女性候选人，为其提供竞选资金，增强竞选实力，提高女性在选举中胜出的可能性，这些举措都为女性领导力发展创造了一个不断扩大的政治空间。

3.通过教育和培训提升女性领导力

一些国家通过各种方式鼓励教育机构开展培训，增强女性的领导才能，提高她们的自信心，进而提升女性领导力。如伊朗为妇女开办讲演和领导才能方面的培训，鼓励妇女参加选举过程和政治活动；英国北爱尔兰的尤斯塔人民学院开设了一系列提高女性领导才能的培训课程，向受训者传授提高领导艺术的各方面知识，在课程设置上也考虑到女性的实际需求，开设夜班和周末班；美国的"七姐妹"女子学院为学生提供了精英化领导力培养课程。一些非政府组织也注重对青年女性进行领导技能培训，培养其自信心与领导技巧，如教育青年女性了解国家政治制度、支持青年女性参加集体体育项目、培养团队精神等。一些国家还开展了针对决策者的性别认识培训，参与决策的执政者对性别问题的正确认识，也是影响女性参政的重要因素之一。如新加坡和意大利就将性别观点纳入了公共行政官员的培训方案。

4.开展有关女性领导力发展的理论研究，通过研究成果影响政府决策

很多国家的高校都引入了女性学研究，开设女性学科目。女性学作为专业研究男女差别、女性不平等问题的一门科学，为开展妇女运动、培养女性领导力提供了理论上的支持。

此外，一些国家积极开展了不同性别参与决策状况的统计工作，并将数据应用于政策的制定与实施。例如，欧洲各国收集、建立和公布男女在参政中的比例数据，并形成了相应的报告与公开制度；越南建立了一支性别意识专家队伍，鼓励和支持政府部门根据性别分类的数据和信息进行政策的制定、方案的规划与评估、项目的实施。以上在理论研究及数据统计方面的突破，开辟了以女性参政、女性领导力发展为议题的政治新领域。

与此同时，一些国家还采取提名或任命制来积极推动女性参政，目前已有 44 个国家采取了这一制度，将妇女直接任命到各级决策机构，如多米尼亚、印度尼西亚、墨西哥、挪威、圣卢西亚和乌干达等。

（三）对我国的启示与借鉴

中国当前正处于社会转型期，在全球化步伐日益加快的背景下，无论是顺应国际社会、政治文明发展趋势，还是提升国内公共治理的科学性，都需要加强在女性领导力方面的建设，尤其是建立完善的政策与法治保障制度。在借鉴各国经验的基础上，现阶段我国应当首先从以下六个方面发力，推动女性领导力发展进入新的阶段：

1.理念革新

积极借鉴世界各国女性领导力发展的经验和当前国际妇女运动的优良范例，推动国内性别平等事业的发展，向全社会强调女性价值与才能发挥对于促进社会可持续发展的重大意义；提高决策层的社会性别意识，推动社会性别意识主流化进程；逐步改变我国性别平等事业与社会经济发展、与国际社会发展不同步的状况，为女性领导力发展营造一个良好的社会环境。

2.规划先行

从女性领导力发展的角度出发制定公共政策规划方案。女性领导力发展政策的核心是降低女性在政治、经济、文化领域的参与障碍,为女性在上述领域施展领导才能提供机遇与平台。那么,正视现阶段中国女性领导力的实际发展水平和状况,就是制定公共政策规划方案的重要依据。这需要在进一步加强调研、充分了解现状的基础上,整合学术、经济、政治等各个领域的专家学者,集中立法工作、外事工作、女性研究、女性教育培训等各方面的力量,制定推动女性领导力发展的战略目标、中长期规划和工作计划。

3.保障政策

受传统性别观念的影响,女性承担了比男性更多的家庭责任,生育导致的职业中断影响了个体领导力发展的连续性。要想真正促进女性领导力持续发展,必须为女性解除后顾之忧。比如,向北欧国家学习,完善产假立法,使男性也获得育儿假,通过政策与立法推动男性在家庭、教育方面承担更多的责任;对女性生育后返岗给予一定的照顾;适当推迟法定退休年龄,延长女性工作年限,从而切实解决女性领导力发展中断问题。

4.最低比例制

虽然我国政府也曾出台相关文件,对女性领导的配额数量做出了相关规定,如"县级以上政府领导班子中有 1 名以上女干部""村委会主任中女性比例达到 10%以上"等①,但明显低于其他已实施最低配额制的发达国家。因此,国家可通过试点逐步在全国和地方各级人大、政协等国家权力机关中设置明确的最低女性代表比例制度,推动女性进入各级决策层。

5.能力建设

进一步加强有关部门和人员的能力建设,从战略高度加强人才特别是青年女性人才的培养,避免一些不具备相应领导才能的女性在心理准备不充分的情况下直接进入领导层,这一方面不利于女性的职业发展,另一方面也降低了女性领导队伍的整体领导力。要提高女性领导的理论素养、专业能力和外语能力,加强后备队伍建设,拓宽人才选拔任用的空间,形成覆盖面广、信息畅通的女性领导人才储备网络。

---

① 中华人民共和国国务院.中国妇女发展纲要(2011—2020 年).国发〔2011〕24 号[EB/OL].(2011-07-30)[2011-08-30].https://www.gov.cn/zhengce/zhengceku/2011-08/05/content_6549.htm.

6.教育培训

教育是提升女性领导力的根本途径,也是选拔具有高素质领导才能女性的基础性工作。完善教育培训体系,实施针对各年龄层女性的领导力常态化教育,能够从根本上促进女性领导力资源的开发与转化。如积极开发针对女性领导力培养的专题培训课程,拓宽女性领导力培训的渠道(包括网络授课、专题讲座、挂职锻炼、论坛交流等),吸引更多女性参与。

(王玉梅,北京王玉梅律师事务所主任)

国际性别红利理论对女性领导力的影响研究

◎蒋 莱

摘要:性别红利是国际上在企业管理和性别研究领域出现的一个新兴概念,意指女性充分参与经济活动能够显著拉动经济增长,为企业和社会带来稳定收益。本研究通过对国际性别红利理论的完整介绍,从红利的产出、持续和增长三个层面分析了性别红利与女性领导力的关系,并提出了在当下中国,利用性别红利视角开发女性领导力的主要途径。

关键词:性别红利;女性领导力;影响

所谓性别红利(Gender Dividend),是西方女性和性别研究领域就女性在经济行为中的作用而提出的一个新理论。因其与商业活动的紧密关联,这一理论诞生之初就引起了商业界和学术界的共同关注。继2010年由泛美开发银行劳动力市场和社会保障部主任、劳动经济学家卡门·佩吉斯(Carmen Pagés)与首席社会发展经济学家克劳迪娅·派瑞斯(Claudia Piras)合著的《性别红利:充分利用女性的工作》(*Gender Dividend: Capitalizing on women's work*)①一书出版,短短数年间,"性别红利"一词不仅出现在联合国妇女署、世界银行、经合组织(OECD)商业与工业委员会、麦肯锡管理咨询公司、德勤会计师事务所等公共或私营机构的主题报告中,也在企业管理、劳动经济、商业道德等学术研究领域掀起热议,将女性在工作场所和经济增长中的价值探讨推向新的高度。② 2012年11月27日,在由全国妇联、联合国妇女署及其他非政府组织共同主办的"性别平等和企业社会责任"国际会议上,一则题为"性别红利——全球发展趋势"的开场动画短片把这个新概念首次引入中国,带动了国内研究者对这个议题的关注。2015年3月的"中国发展高层论坛"发布的《中国女性创业:释放增长新机遇》报告,则更进一步将性别红利与中国女性参与经济活动的成就联系在一起。本文意在通过对国际性别红利理论的引介,分析性别红利观念与女性领导力的关联,探讨在全球化的女性经济作用大力释放的背景

---

① PAGES C,PIRAS C. Gender dividend:capitalizing on women's work[M]. Washington,DC:Inter-American Development Bank,2010.

② 蒋莱. 性别红利的现实困境与未来走向[J]. 云南民族大学学报,2014(2):82-89.

下,借助性别红利视角开发女性领导力的思路和途径。

一、性别红利理论简述

作为一个经济学领域中的概念,“性别红利”理论的提出主要依据两个研究角度。第一,性别红利探讨的是如何利用女性的技能和潜能来保障全球人民有更好的经济和更旺盛的生产力。联合国妇女署反复强调性别平等在工作中的重要性。统计发现,仅在亚太地区,由于女性缺乏必要的就业途径,一年就有超过 400 亿美元的经济损失。如果有潜力的女性能够被纳入工作系统中,每个人都将会受益。工作场所中的性别平等既关乎社会公正,也可带来显著的经济收益。第二,伴随着外部环境下全球金融危机、经济衰退的挑战与内部管理系统中玻璃天花板的破裂趋势,越来越多的证据表明:进入管理和领导职位的女性极有可能成为一支带领组织走出经济衰退的重要力量,值得公共和私营部门研究。简而言之,性别红利是一个围绕女性广泛进入职场和升任领导职位所创造的社会经济效益而提出的新兴理念。对性别红利的认知,可以从理论缘起和现实表现两个层面切入。

(一)性别红利的理论缘起

1. 人口红利的延伸

随着中国社会人口老龄化问题日益严峻,“刘易斯拐点”①说与人口红利的衰减趋向占据了近年来国内人口红利研究的主要阵地。而国外的相关研究则早已呈现出向性别化、女性化延伸的态势。联合国基金会高级研究员梅拉·布福尼克(Mayra Buvinic)在担任世界银行性别和发展部主任时就已提出考察人口变迁过程对经济成果的影响,需要注意到深嵌于家庭、市场和社会的性别不平等在其中的缓冲和调节作用。② 耶鲁大学经济学教授保罗·舒尔茨(Paul Schultz)则发现,通过人口红利的性别效应,可以评估人口结构转变与经济发展之间的关联。③ 受其影响,2010 年以来,俄罗斯、意大利、印度、新加坡等国家都出现了以女性或性别为切入视角,探讨人口经济问题的研究成果,其中的诸多观点可以说构成了性别红利的生成前提。

---

① 刘易斯拐点,是由英国曼彻斯特大学教授威廉·阿瑟·刘易斯(William Arthur Lewis)提出的一个经济学观点,指的是劳动力由过剩向短缺的转折点。在工业化进程中,随着农村富余劳动力向非农产业的逐步转移,农村富余劳动力由逐渐减少变为短缺,最终达到瓶颈状态。

② BUVINIC M, etc. Gender, poverty and demography: an overview[J]. World bank economic review, 2009, 23(3): 347-369.

③ SCHULTZ T P. The gender and intergenerational consequences of the demographic dividend: an assessment of the micro- and macrolinkages between the demographic transition and economic Development[J]. World bank economic review, 2009, 23(3): 427-442.

2. 女性经济学的兴起

早在 1992 年成立的国际女性经济学协会(International Association for Feminist Economics)已标志着"女性经济学"这门新兴交叉学科的独立。而 2008 年的一场全球金融危机则引起了人们对主流经济学理论的广泛质疑和批评,促使经济学者重新审视后金融危机时期经济理论对一些重要问题的分析以及经济政策在其中所起的作用。其中,多方面的迹象显示,女性经济学视角正扮演着越来越重要的角色。

2011 年 6 月,由国际女性经济学协会(IAFFE)主办的第 20 届国际女性经济学年会首次在中国召开,有近三百位来自世界各地的经济学家参加,会上展开了"如果女性领导世界是否还会发生全球金融危机"的讨论;之后,世界银行首度以社会性别为主题发布了《2012 年世界发展报告——社会性别与发展》;后金融危机背景下,经济发展和工业化,经济增长、环境和气候变化对女性的影响以及相关的社会保障等问题的研究与分析,都极大地推动了国际主流经济学者对社会性别的关注和社会性别理论在经济决策中的主流化。①

不过近年来,女性经济学观点更广为人知的传播途径则来自日本前首相安倍晋三的主要政见和经济改革政策。2010 年,日本经济前瞻从暗淡走向更暗淡,以至于日本央行下调了该国经济评级。当时国际知名投资银行高盛集团发布了为日本经济把脉的研究报告《女性经济学 3.0:即刻行动》,提出让日本女性参与工作可以提振日本经济高达 15%。这项建议随后被日本首相安倍晋三积极采纳,他多次表示日本女性劳动力是一种最未得到充分利用的资源,鼓励女性打破就业的"玻璃天花板"。2013 年,安倍晋三在联合国大会演讲中承诺,将在日本乃至动乱地区和贫困国度,努力营造"女性大放光彩的社会";并把重用女性作为自民党竞选纲领之一。上台之后,安倍晋三不仅任命了两位女大臣,还第一次起用女性作为首相秘书官,负责宣传和女性政策等工作。2014 年安倍晋三更进一步要求经济界协助推进政府提出的"女性经济学"方针,各企业必须设定女性进入管理层的比例目标,并为实现目标制订自主行动计划。

(二)性别红利的现实表现

性别红利的现实表现可以从两个方面反映出来:一方面是女性作为经济效益的创造者,也就是女性的盈利能力;另一方面则是女性作为经济收益的获得者所表现出的消费能力,进而对经济增长产生进一步的助推作用。

1. 女性的盈利能力

女性的盈利能力首先体现在女性劳动参与率与经济增长之间的关系。国际上已有

---

① 陈欣欣. 后金融危机时期女性经济学对经济学理论和经济政策的重新审视:第 20 届国际女性经济学年会综述[J]. 妇女研究论丛,2011(4):107-108.

诸多研究指出，进入职场的女性越多，人均收入上升得越快（见图1）。①

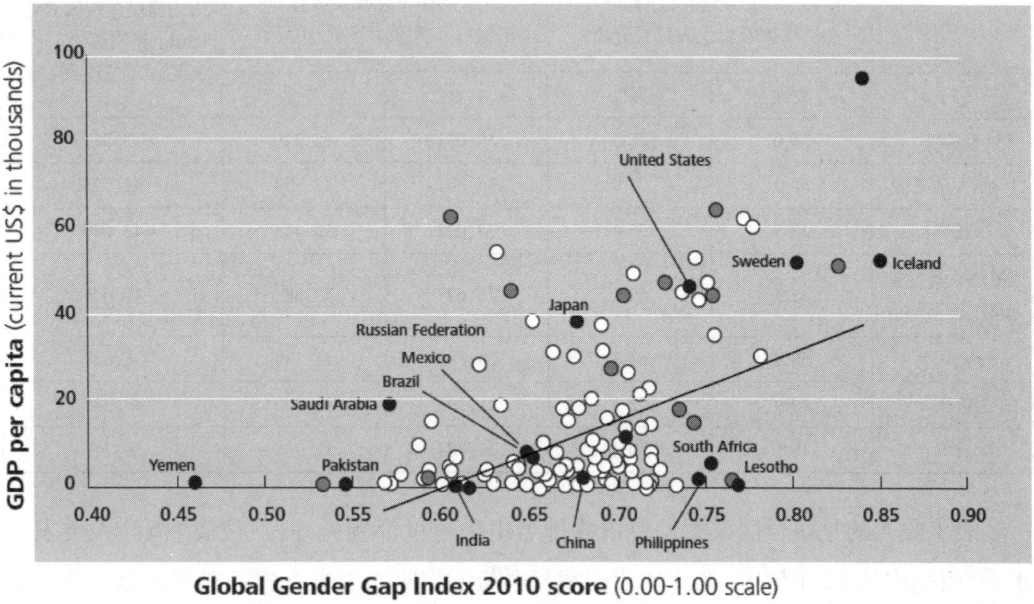

图1　人均GDP与全球性别差距指数的关系（2010）

根据世界经合组织（OECD）提供的信息，自1995年以来，两性就业率差距的缩小带来了欧洲总体就业率提高一半、年度经济增长1/4。② 联合国《2014年人类发展报告》也以有力的数据进一步证实了此论点（见表1）。③

表1　“极高人类发展水平”组别中部分国家两性劳动参与和人均收入比照表

	劳动力市场参与率（占15岁及以上人口百分比）		人均国民总收入估值（2011年购买力平价/美元）		人均国民总收入GNI（2011年购买力平价/美元）
	女性	男性	女性	男性	
荷兰	79.9	87.3	34,497	50,432	42,397
加拿大	61.6	71.2	34,612	49,272	41,887
挪威	61.5	69.5	56,994	70,807	63,909
瑞士	61.2	73.9	42,561	65,278	53,762
瑞典	60.2	68.1	38,071	48,365	43,201
丹麦	59.1	67.5	37,106	48,742	42,880

① 来源：Global Gender Gap Index 2010 and The World Bank's World dataBank：World Development Indicator & Global Development Finance，online database 2008，accessed July 2010.

② OECD.Gender and sustainable development：maximising the economic，social and environmental role of women[J]. The world bank research observer，2012(1)：22-51.

③ 联合国开发计划署．2014年人类发展报告[R].（2014-12-31）[2015-08-30].https：//www.un-Lilibrary.org/content/books/9789210566681

续表

	劳动力市场参与率(占15岁及以上人口百分比)		人均国民总收入估值(2011年购买力平价/美元)		人均国民总收入GNI(2011年购买力平价/美元)
	女性	男性	女性	男性	
新加坡	59.0	77.5	50,001	95,329	72,371
澳大利亚	58.8	71.9	35,551	47,553	41,524
德国	53.5	66.4	33,028	53,445	43,049
“极高人类发展指数”组别均值	52.3	69.0	26,677	53,683	40,046
法国	50.9	61.8	29,580	44,139	36,629
韩国	49.9	72	21,795	38,990	30,345
日本	48.1	70.4	22,384	51,906	36,747

表1收入的是联合国人类发展指数排名中居于世界领先地位、位属“极高人类发展水平”组别内的12个国家,在两性劳动参与率与人均收入水平方面的对照信息。数据显示,“极高人类发展水平”组别国家的女性劳动参与率平均水平为52.3%。女性劳动参与率高于此数值的国家,不仅人均国民总收入高于本组的平均值,两性收入差距也小于平均水平,性别平等程度较高。而女性劳动参与率低于平均值的法国、韩国和日本三国,人均国民收入皆低于本组平均值;尤其是韩国与日本,男性的劳动参与率虽高于组别均值,但其男性的人均收入却低于本组男性均值,表明在这些方面已经非常领先的发达国家,偏低的女性劳动参与率对国家整体经济实力有着显著的拖累效应。

2. 女性的消费能力

和女性的盈利能力同步上升的是女性消费能力。来自欧美国家的研究发现,无论是否在外工作,家庭中80%的购买决定是由女性做出的或受到她们的影响;而根据中国年度消费数据,全国75%的家庭总消费由女性决策①,以女性为中心的消费主义是东西方共同的趋势。

仅仅在美国,收入达到六位数的女性人数增长速度是男性的两倍。而在几乎所有的城市地区,单身从事专业工作的女性收入都已经赶上甚至超过了男性。② 事实上,“婴儿潮”这一代的女性即将成为美国历史上最富有的人群,比美国有史以来其他任何人群都控制着更多的财富。

总之,女性构成了人类社会前所未有的最大的新兴市场。她们有着不同于男性的购

① “她经济”崛起:中国女性成互联网消费主力[EB/OL].(2014-10-17)[2015-08-30].http://finance.people.com.cn/n/2014/1017/c1004-25858040.html.

② MORELLO C, KEATING D. More U.S. women pull down big bucks[N]. The Washington post,2010-10-07.

买模式和消费偏好,譬如把钱花在食物、教育和储蓄产品上。然而,许多公司尚未能将女性当作消费者加以研究并充分利用她们的购买能力;政府也没有充分意识到女性是其服务对象的一部分。女性被当作一种特定受众对待,但事实上,她们现在就是受众本身。这是一个不可否认的新兴市场,为企业提供了区别于其竞争者的真正机会。而进入与开发这个市场最快捷的方式就是吸收女性员工并提拔女性领导,推动女性经验与需求从消费向生产的转移,为企业开发女性市场和服务女性客户提供富有针对性的支持。

二、性别红利与女性领导力的关系

(一)女性领导力催生性别红利产出

女性在经济活动中的作用是性别红利的基本内涵,但历史演进和长期的社会分工所造成的两性社会角色隔离,使得女性大量地、成社会规模地参加生产劳动只发生在近 200 多年现代大工业出现之后。[①]而传统的性别分工模式至今仍占据着主流的社会认知领域,女性在家庭生活中承担的无偿家务劳动尚未计入 GDP 统计,因而也不被认为具有经济效益。事实上,直到进入工作场所的女性劳动力规模由量变引起质变,女性开始走上领导岗位,女性劳动者的经济价值和性别红利才得以显现。美国金宝汤公司(Campbell Soup Company)案例就为女性领导力服务于女性传统性别角色最终为企业获得丰厚回报提供了一个很好的佐证。

尽管金宝汤公司很清楚女性是其旗下产品的主要客户群,但公司过去并没有特别关注女性的特定需求。不过在 2002 年的销售疲软之后,金宝汤公司快速启动创新,高层领导转向关注金宝汤女性网络,要求内部集团设计一款女性专用产品。结果这款“特选顶级汤系列”几乎在一夜之间成就了 2 亿美元的销售额。由此企业意识到相比起寻找女性消费者,更重要的是企业把女性视角融入核心决策过程从而获得多样化的观点,这就需要发展和提拔女性。在上述案例发生后不久,该公司任命了一位女性 CEO,并凭借性别多样化的领导团队和对从事产品研发的女性员工的战略关注,实现了高于同行平均水平的累计股东回报总额。[②]

(二)女性领导力确保性别红利持续

在数字化的知识经济时代,人力资本已取代天然资源成为经济增长的基础。性别红利的实质正在于随着女性受教育程度的提高而增长的人力资本价值。尤其在人口老龄

① 蒋莱. 女性领导力研究[M]. 上海:复旦大学出版社,2011.

② What works in women's networks: how three corporations crafted organizations for female employees that have an actual impact[N]. Bloomberg/business week, 2007-06-18.

化和技术工人短缺的背景下,企业不可能再凭借工业时代的战略保持竞争力,人才争夺更显重要。据世界经济论坛报告,截至2010年,全球许多地区的受教育程度性别差距已几乎消失①,但反映在劳动参与率和进入管理层的比例上,却没有出现同步的发展。美国女性占据了劳动力的半壁江山,并在超过20年的时间里达到了一半数量的大学毕业生。但根据美国政府问责办公室(GAO)2000—2007年间跨越13个行业的女性职场发展调查报告,发现女性管理人员的比例几乎没有增加②;在欧洲,女性占45%的劳动力人口和一半以上的大学毕业生,但只有11%的行业高管是女性。③ 虽然发展中国家的女性教育成就正在迅速提升,不断缩小与欧美国家的差距,然而,传统文化与政策局限的束缚造成了人才利用效率的损失。而这一切都已经成为收益性别红利的阻碍,迅速而有效的解决办法就是提拔女性领导,在领导层中增强性别意识,确保女性人力资本的经济效益持续造福社会。

FACEBOOK首席运营官谢丽尔·桑德伯格(Sheryl Sandberg)以自己的亲身经历凸显了组织中女性领导者的存在对女性人才的支持和影响。在她的自传性著作《向前一步:女性、工作及领导意志》中,她以自己在怀孕期间亲身体会到孕妇从停车场走到办公室的不便后,作为公司高管提出专设孕妇就近停车位的故事,道出了女性领导者关心体察女性员工的优越之处:“直到今天,我仍然觉得难为情,因为只有在亲历了孕期双脚的肿痛后,我才意识到公司需要为孕妇预留停车位。作为公司的女性高管之一,我难道不是更有责任去考虑这个问题吗?但是,和谢尔盖(谷歌公司创始人)一样,我压根就没想过这些。公司里其他准妈妈肯定都在默默忍受着这种情况,却从没想过要求特殊待遇;或者说也许她们缺乏自信或自认为没有资历去要求解决这个问题。然而,如果高层管理人员中有一个孕妇,情况就会有所不同。”④反之不难理解,高层中如果没有女性领导,则往往导致女性人才在组织中难以获得支持或肯定,影响她们在职场的坚守和攀登。表面上来看,这是女性个体职业生涯中可能出现的阻碍,但整体而言如果问题不能得到解决,则必然造成性别红利的损失。

(三)女性领导力助推性别红利增长

相较于性别红利的产出和持续,如何促进性别红利增长是更容易引发关注也更有助于性别红利观念推广的议题;而通过深究性别红利的衍生过程我们可以发现,女性领导

① HAUSMANN R, TYSON L D, ZAHIDI S. The 2010 global gender gap index[R]. World economic forum, 2010.

② Women in management: analysis of female managers' representation, characteristics, and pay[R]. U.S. Government Accountability Office Report to the Joint Economic Committee of Congress, 2010-09-20.

③ Women matter: gender diversity, a corporate performance driver, Mckinsey and the women's forum for the economy & society[M]. San Francisco: McKinsey & Company, 2007.

④ 桑德伯格.向前一步:女性、工作及领导意志[M].颜筝,译.北京:中信出版社,2013.

力正是推动性别红利增长的决定性因素。

如果说女性大规模进入职场、与男性一起工作的最大好处还是那句古老格言所谓的“人多智广”,那么当今时代多元的视角与经验对于解决复杂的问题与在迅速变化的环境中创新则更显重要。现实情况下,问题并不在于是男性还是女性担任领导,而在于如何确保两性共同参与决策。密歇根大学复杂系统理论教授斯科特·佩奇(Scott Page)发现,在解决复杂问题或从事创新性工作时,一个由具备胜任力的参与者组成的多元化团队几乎总是大幅度胜过由顶尖参与者组成的同质化团队。[①] 这是因为有两个动态系统在同时运转:预测型的和选择型的。团队的构成越多样,在面对不确定性和模糊性时,其预测就可能越准确,因为每个人都是根据自己的背景和经验把事物进行分类,分类的方式影响到预测一个特定的结果。一个人的天赋和背景对其预测能力有同等的影响效力。选择型系统同样支持多样化。例如在生物学中,当前种群中的变异越多,面对变化就越强大。这更有利于适应,也更有创造力。[②]

领导层性别多样性与企业盈利之间的关联在一些高管职位男女混合度高的公司的业绩上已经得到证明。一项由哥伦比亚大学商学院和马里兰大学的研究者对标准普尔1500 公司过去 15 年业绩的比较研究发现,性别红利占比超过 1.6%,平均相当于 3500 万美元。在欧洲的 89 个市值超过 1.5 亿英镑的公开上市公司里,高管和董事会里有更多女性的公司比起只有最低比例女性领导的公司,平均净资产收益率超过 10%。

因此,PAX 世界共同基金的 CEO 乔·基夫(Joe Keefe)在他的组织里始终坚持团队上下的基本平衡。50%的高级管理人员、基金经理和销售人员由女性担任。找到能够胜任工作的女性人才并不费劲,即使是在金融服务领域,因为他坚持要求猎头公司提供给他的是一个男女性别均衡的名单。他的投资也带有性别视角,包括考察女性在高管职位和董事会中的代表性。基夫对此的解释是:我们执行这项政策已经有一段时间,如果一家董事会的名单中完全不包括女性,我们将保留对其支持并不打算投票给它。然后我们会给提名委员会写一封信,解释我们的政策以及为什么我们认为这个问题是非常重要的。基夫说,“越来越多的证据显示,投资女性有良好的商业意义。我认为对‘负担’的看法应该有所转变,而问题也应该改为:为什么不投资女性?”显然,女性领导者和决策者的崛起为性别红利的增长提供了最有说服力的注脚。

---

① PAGE S.The difference:how the power of diversity creates better groups,firms,schools and societies[M].Princeton:Princeton University Press,2007.

② PAGE S.Closing the global gender gap initiative conference,kennedy school of government[M].Cambridge:Harvard University,2010.

三、性别红利视角下的女性领导力开发

对性别红利的充分研究启发我们,性别红利与女性领导力之间存在着相辅相成、密不可分的关联。发展女性领导力、支持更多的女性人才成为领导者,不仅是一个反映社会性别关系的政治议题和民生议题,也日益成为重要的经济议题,与巨大的经济收益显著相关。在性别红利视角下探讨女性领导力的发展,不仅有助于迅速增进社会各界对女性领导力的认识和接受,更有利于社会财富的增加和国计民生的提高,有着极强的现实意义。在此背景下有效推动女性领导力的开发可以从以下途径切入。

(一)建立性别均衡化的组织管理系统

组织的性别平等管理体系意味着需要给女性员工提供平等的薪酬和提升机会,帮助更多有才能的女性在组织层级中向上发展,同时为企业或组织带来回报。最能支持性别均衡化的组织管理系统至少应包括三个部分:(1)领导层承诺,意指 CEO 和高管团队倡导性别均衡性,设立组织内女性高管人数的目标;(2)投资女性计划,配备让女性精通企业运作所需的技能和人脉,增进其抱负和资历;(3)配套措施,指的是提供有助于女性在企业中顺利发展的举措,包括发现性别不平等状况、建立改善指标、制定人力资源流程与政策以及协助照顾孩童等支持机制。

(二)鼓励新经济环境下的女性创业机会

在 2014 年 9 月举行的上海妇女发展国际论坛上,新经济领域中的女性创业热潮备受关注。如果说过去 20 年间,男性创业者保持在八成水平的传统商业领域仍然是一个男性主导的经济环境,那么在快速增长的新经济领域中,这个局面已经迅速变化,时下女性创业者占比正快速提升,特别是在互联网领域中,女性创业者已达 55%。以知识经济和高科技为核心的新经济环境赋予了女性前所未有的发展机遇。女性细致耐心的特性与现代服务业的对接,柔性领导力特点与 80、90 后员工需求的适配,以及小微经济体对女性兼顾家庭和工作在时间和空间上的保障,都成为新经济环境下女性创业的有利驱动力量。鼓励女性通过探索新型创业和发展小微经济展示她们的领导才能,为其提供金融支持和技能培训,无论是对于女性经济的发展还是女性社会地位的提升都会产生显著效应。

(三)发展男女两性共同承担家庭责任的家庭友好政策

根据从 1990 年至今每 10 年举行一次的"中国妇女社会地位调查"统计数据跟踪研

究，女性的家务劳动时间在 20 年来持续减少，但与男性相比，女性的家务劳动负荷和赡老抚幼压力都显著较重。[①]尽管于女性而言，家庭角色和职场角色的平衡之困已是老生常谈，但苦于缺乏社会观念的更新和政策机制的扶持，使得这一陈旧的问题仍然不断困扰着一代代新生人群，大龄女性迟婚、不育的现象在许多发达地区愈演愈烈与此也不无关系。沉重的家庭负荷不仅阻碍着女性兼顾职业抱负和传统角色，也影响到她们的婚姻满意度。因此，出于对充分发掘女性人才潜力、发挥女性领导力作用的考虑，国家有必要从政策层面实现家庭友好的制度创新，如延长男性育儿假，鼓励男性积极参与家庭事务，构筑分担家庭责任的养老、育幼公共服务体系，普及家庭生活教育和家庭心理咨询，等等，使家庭责任并不独由女性承担，更不能成为女性发展的阻碍，从而为女性领导力的推进建立起完善的支持系统。

（蒋莱，上海对外经贸大学法学院副教授）

---

① 上海市妇女联合会.上海妇女社会地位研究（2000—2010 年）[M]. 上海：上海人民出版社，2013.

口述历史项目中的女性领导力分析

——以大英图书馆“姐妹情深:女性解放运动口述历史项目”为例

◇林 卉

摘要:在一些地区,口述历史几乎可以等同于妇女史,也有学者认为,口述历史是做女性研究的不二法门。伴随着国内外各类口述历史项目的蓬勃发展,女性角色在其中占据了越来越重要的位置。由英国萨塞克斯大学(University of Sussex)生活史书写中心主任玛格丽特·朱莉(Margaret Julie)主持,萨塞克斯大学、大英图书馆和伦敦政治经济学院女子图书馆共同执行的“姐妹情深:女性解放运动口述历史项目”就充分地体现了女性在口述史项目中各个层面的参与。这一口述史项目中受访的60位女性如今都已年逾古稀,从维护女性堕胎权利到反对种族歧视,从抵制家庭暴力到反对核武器,她们都曾不同程度地为20世纪70—80年代女性平权和争取民主做出了自己的抗争和努力。

在这个口述历史项目中,主要参与者——采访者、受访者和研究者,大多都是女性,她们在口述历史实践的各个环节充分地体现了自身的性别优势。本文作者通过对英国“姐妹情深:女性解放运动口述历史项目”的主持人——英国萨塞克斯大学生活史书写中心主任玛格丽特·朱莉的采访,以及对“姐妹情深:女性解放运动口述历史项目”的个案分析,深入探究了口述历史在女性研究中的应用及女性口述历史项目的发展趋势。

关键词:姐妹情深:女性解放运动口述历史项目;口述历史;女权运动;女性领导力

一、口述历史在欧美的兴起

口述历史在各国的兴起原因大相径庭。在英美等英语国家中,口述历史最初是在“二战”之后作为一个新的研究领域而出现的。① 哥伦比亚大学在1948年创立了世界上第一个口述历史研究办公室(现哥伦比亚大学口述历史中心)。美国国家口述历史协会

① THOMSON A. Four paradigm transformations in oral history[J].Oral history review,2006,34(1):49-70.

在 1966 年成立，第一份口述历史的学术期刊在 1973 年面世①，同年，英国口述历史协会成立。但法语地区，如加拿大的魁北克省，口述历史作为记录边缘人物和被遗忘的历史事件的一种新的方式②，在 1968 年学生起义后兴起，1974 年加拿大口述历史协会成立。

由于在不同地区，口述历史出现的时间和社会背景并不相同，其在科研或历史记录中所发挥的功能也各异，因此无论是作为一门独立的学科，还是作为社会科学研究和记录历史的一种方法，人们对于“口述历史”的定义可谓千差万别。第二次世界大战之后，有学者提出口述历史指的是进行深入的、回溯性质的访谈行为以及访谈本身，记录方式包括视频、音频和书面文本三种。③ 口述历史的这种双重意义使其概念显得更加模糊，因此一些学术机构（如口述历史学会和口述历史协会）都曾致力于给口述历史项目设立一定的标准和指导原则，并特别强调口述历史项目应该包括影像（音频）记录、归档和对口述资料的保存。这就意味着，没有进行归档的采访都不能被称为口述历史采访。④ 还有霍利・舒曼（Holly Shulman）和唐纳德・里奇（Donald Ritchie）等口述历史学家都曾专门对口述历史访谈与其他形式的访谈做过区分。⑤

在欧美国家中，无论口述历史最初是以何种形式出现，在经过了一段时间的发展之后，都成为一门独立的学科（但在某些欧洲国家，如波兰，历史学界并不认可口述历史这种说法⑥），其操作规程更加专业化，相关研究也逐渐深入。口述历史涉及的题材逐渐丰富，从少数族裔到女性，从政治运动到国家大事，不同历史主体在书写历史的过程中都发出了属于自己的声音。例如，有关女性的口述历史项目的出现就强调了女性角色在历史发展中的重要地位，改变了传统史学叙事的“无性别”状态。

二、当女性研究遇上口述历史

从全球范围来看，与女性相关的口述历史项目越来越多，如中国社会科学院著名口述历史学者定宜庄所做的“十六个满族妇女口述史”项目及同名图书，就记录了北京少数

---

① 哥伦比亚大学图书馆网址：http://library.columbia.edu/news/libraries/2011/20110601_columbia_ center_for_oral_history.html. 哥伦比亚大学口述史中心的 Facebook 网页上自称是“世界上最早”的口述历史项目。

② WARREN J P, High S. Memory of a bygone era: oral history in Quebec: 1979–1986[J] The Canadian historical review, 2014, 95(3): 433–456.

③ RALEIGH V Y. Recording oral history: a guide for the humanities and social sciences[M]. Lanham, MD: Rowman & Littlefield, 2015.

④ Oral History Association. Principles and best practices [EB/OL]. (2009-10-01) [2010-08-30]. http://www.oralhistory.org/wpcontent/uploads/2009/10/OHA_principles_standards.pdf.
Oral History Society. Practical advice: getting started[EB/OL]. (2009-10-01) [2010-08-30]. http://www.oralhistory.org.uk/ advice/index.php.

⑤ RITCHIE D A, SHULMAN H C, KIRKENDALL R S, etc. Interviews as historical evidence: a discussion of new standards of documentation and access[J] The history teacher 1991, 24 (2): 223–238.

⑥ 第 22 届国际历史科学大会分会场“价值的转变与转变的价值：口述史中全球视野下的社会变迁”会议论文。

民族妇女的生活历史;台湾学者游鉴明也将口述历史的方法运用到了近代妇女史的研究当中;美国知名学者谢尔纳·伯格(Sherna Berger Gluck)是运用口述历史做女性主义研究的先行者。由英国萨塞克斯大学生活史书写中心主任玛格丽特·朱莉主持,萨塞克斯大学、大英图书馆和伦敦政治经济学院女子图书馆共同执行的“姐妹情深:女性解放运动口述历史项目”则是英国一个十分具有代表性的“女性口述历史项目”,该项目中融入了参与者的主观视角,生动地展现了20世纪60—70年代英国女权主义运动的细节。

“姐妹情深:女性解放运动口述历史项目”历时三年,运用口述历史的方式,对20世纪60—70年代英国女权运动中的60位杰出女性进行了访谈(访谈记录有音频和视频两种形式)。项目主持人、英国萨塞克斯大学生活史书写中心主任玛格丽特最初从事女性主义和性别研究,在萨塞克斯大学档案馆工作期间,其主要研究兴趣是“二战”时期女工的书信和日记。[①] 在研究过程中,玛格丽特偶然间想到这些写信和写日记的人如果还在世,那么她们的年龄应该有七八十岁了。如果能找到这些人并对她们进行访谈,就可以获得事件当事人的第一手研究资料,更有利于研究的深入。本着这种想法,玛格丽特凭借书信上标注的地址,找到了一部分信的主人(由于这些女性大都属于工人阶级,因此在几十年之后,很多人的家庭住址并未发生变化),并对她们进行了访谈。玛格丽特将口述历史的方法运用到了女性研究中,把生活史书写、女性主义与口述历史结合在了一起。

三、口述历史与女性领导力

(一)“姐妹情深:女性解放运动口述历史项目”概况

20世纪60—70年代,女权主义运动在英国蓬勃展开,许多女权主义者在这场运动中做出了积极的抗争,她们曾为争取政治和社会平等、改变社会现状付出巨大努力,为女性也为男性争取更多的自由。当时她们的斗争涉及多个方面:家庭与子女、受教育权、性别平等、政治与立法,等等。[②] 时隔四十余年,“姐妹情深:女性解放运动口述历史项目”找到当年参加女权主义运动的60名女性进行口述历史的采集,作为一个女性主义的研究,该项目从采访者、研究者到受访者都有女性构成,在女性口述历史项目中十分具有代表性。

在接受采访中,这些女性需要回答以下几个方面的问题:男孩和女孩应该分开受教育还是在一起上学?性别对事业的选择是否有影响?女性做家务是否应该有薪酬?男性特质与女性特质是否是两个相对的概念?不同种族和社会阶层的女性有哪些共

① 此部分内容来自对玛格丽特·朱莉的采访。

② 关于“姐妹情深:女性解放运动口述历史项目”的内容源自其官网,参见 http://www.bl.uk/sisterhood/about-the-project。

通之处？

项目的采访者主要有五位，玛格丽特也在其中，大部分的采访由玛格丽特本人和另外一位副研究员完成，还有一名博士生、一位图书馆馆长和一个口述历史学家也做了部分口述史访谈。该项目的研究由大英图书馆社会科学研究团队进行策划，研究团队包括主持人玛格丽特在内，共 8 名学者构成。可以看出，该项目的执行者与研究者均为女性，这在口述历史项目的团队中，显得十分特殊，因此这一项目的实施也让学界对于口述历史从业者中的女性角色有了更多的关注和新的认识。在受访的 60 名女性当中，她们共同的特点是都曾参加了 20 世纪 60—70 年代的口述历史运动，但她们来自英国的不同地区，有着不同的家庭背景和受教育背景，因此对她们的采访反映了多元的女性历史主体对于女权主义运动的回忆与评价。

在这 60 名女性受访者中，既有女性神职人员、媒体工作者、女足球运动员，也有普通的英国民众，她们如今有的成为英国政界要人，有的则默默无闻。在接受访谈的过程中，每个人都根据各自参加的运动进行口述，比如对威克大罢工的讲述、对各地女权抗议活动的回忆，以及针对母女关系、女性教育、女性民主、女性友谊及儿童托管等问题发表个人观点。口述历史方法的运用，使得研究者有机会记录下历史当事人对于特定历史事件和时代问题的主观回忆与思考，并从一个新的视角来解读一个历史阶段。这无论是对女性研究还是对口述历史的发展来讲，都是极为有利的，不仅加深了人们对于女性角色的重新认识，提高了口述历史项目执行过程中的女性领导力，也丰富了历史记录中的女性角色。

（二）口述历史与女性领导力

包括女性群体在内的大众无产阶级早期并未拥有历史书写的权利。传统历史叙事并不重视女性的生活状态，而口述历史则成功地将女性角色搬上了历史舞台。[①]“姐妹情深：女性解放运动口述历史项目”通过对 60 位女权运动参与者的口述采集，用女性的声音书写了一段有关女权主义运动的历史。该项目从三个方面反映了女性领导力的变化：其一是在书写历史的层面上，由女性“执笔”让性别成为历史记录中不可或缺的一部分。女性研究者会对女性给予特殊的关注，提高了女性在书写历史中的领导力，在“姐妹情深：女性解放运动口述历史项目”中，对于女权运动的记录就是一种对历史记录领域的开拓，也让人们看到了女性领导力在书写历史中的不可或缺。其二是在赋权的层面上，被

---

① BERGER G S, PATAI D. Women's words: the feminist practice of oral history[M]. New York: Routledge, 1991.
SANGSTER J. Telling our stories: feminist debates and the use of oral history[J]. Women's history review, 1994, 3(1): 5-28.
ARMITAGE S, HART P, WEATHERMON K. Women's oral history: the frontiers reader[M]. Lincoln: University of Nebraska Press, 2002.

记录的女性获得了发声的机会和权利,个人的记忆以及对历史事件的态度和评价,也将在历史记录中占有一席之地,因此这是对那些“被忽视”女性的一种赋权①,使之拥有了讲述女性历史的权利。其三是在历史主体的层面上,不同群体、不同背景的女权运动参与者都得到了关注。历史回溯的视角也就更加多元化,通过不同利益群体对于同一事件的口述,相关历史事件也就得以更加全面的展现。

“姐妹情深:女性解放运动口述历史项目”运用口述历史的方法,记录了英国20世纪60—70年代的女权主义运动,这一项目本身就是对历史记录中女性角色的一种强调,通过受访者的口述还原女权运动的发展过程,女权运动中的女性作为领导角色而出现。作为一个口述历史项目,“姐妹情深:女性解放运动口述历史项目”又为口述历史拓展了一个新的研究领域,强调了女性角色在口述历史范畴中的重要性。项目团队中的主持者、采访者与研究者也均为女性[该项目团队中只有一名学术顾问为男性,也就是现大英图书馆馆长罗伯特·珀克斯(Robert Perks)],显示了女性角色在口述历史项目实践中占据着重要位置。

四、女性口述历史项目面临的挑战

(一)口述历史的真实性

口述历史访谈相比于其他形式的访谈,更多采用生命史讲述的方式对受访者的生平经历进行记录。② 如中国传媒大学崔永元口述历史研究中心的抗战老兵口述史、新中国电影人口述史等项目,都是在事件当事人晚年进行的访谈,因此当事人在叙述过程中,就会加入个人对相关事件的思考。有学者就此表示,口述历史并不是一扇通往过去的窗户,而是一种被建构的文本。③ 因此,口述历史的真实性也遭受了众多质疑。

在“姐妹情深:女性解放运动口述历史项目”中,虽然一些受访者会对自己讲述的内容有所顾虑,但经过说服,大部分受访者最终都愿意把自己口述的内容存入档案库中,但可能过一段时间之后又会反悔。还有的受访者起初愿意把自己的受访视频公开在项目的网站上,但过后又要求撤下。受访者的态度出现这种极端的变化,一方面可能是因为在口述过程中过于随意,在内容上可能有诸多与事实不符之处,另一方面,涉及可能会影响到自身利益的问题,受访者对公开的信息有所顾虑。

---

① ARMITAGE S, GLUCK S B. Reflections on women's oral history: an exchange[J]. Frontiers: journal of women's studies, 1998, 19(3): 1-11.

② 蒋蕾.新闻记者如何做口述历史访谈[J].新闻实践,2012(11):75-77.

③ THEOBALD J. Feminist oral history and the victorian domestic violence services movement[J]. Australian feminist studies, 2013, 28(78).

一些学者认为口述采访中的受访者可能会受到社会良知和公众意识的影响而提供失实的内容，也就是说“公众记忆”①，因受到外界因素影响而变得不可靠。口述历史所记录的这些档案的真实性也因此受到各种质疑和抵制。事实上，在口述历史项目的实际采访中，采集者遭受最多的质疑就在于口述历史的真实性。但对于“口述史料”真实性的考证也并非易事，即便是在公共史学的研究领域，也仅仅有对史料合法性的规定标准，而没有对真实性的衡量标准。更重要的是，任何记录方式都无法完全客观地还原历史原貌。

受访者口述中与史实不符的部分，也正是口述历史的价值所在，有时受访者故意捏造或歪曲事实的原因就有很大的研究价值。玛格丽特在接受采访时就提到了一名意大利口述历史者曾经做过的一个十分具有代表性的案例：在一个村庄内，村民在讲述某个人的去世时间时，都要比此人实际去世的时间早一些。经过研究发现，之所以会出现这一情况是因为这一群体需要树立一个英雄式的人物而故意误报了这个人的去世时间，造成了集体记忆“偏差”。

口述历史中的“失实”实际上拓宽了女性研究的领域，这些曾经女权运动的参与者们为何会“说谎”，或者说为何只提供某一方面的事实？这背后是否有社会或个人因素的影响？对于某些事件的失实叙述，是普遍现象还只是个案而已？如果是普遍现象，其背后的社会原因又是什么？如果没有口述历史，这一系列问题都不会存在，很多值得深入研究的问题也因此会被忽略。

（二）口述历史的主观性

口述历史的出现，有一部分原因是给“无声”人群一个发声的机会，但玛格丽特认为，口述历史并不仅仅意味着给某些少数族裔或边缘人群一个发声的机会，其所涉及的范畴更加复杂，更为重要的是，它给研究者提供了一个观察某一群体或事件的新视角。因此归根结底，利用口述历史这种方式进行女性研究的根本目的并不是去发现那些“隐形人”，而是让研究者能够从另一个视角看待一个群体和一段历史，进而对这种由主观记忆构成的历史赋予意义。

受访者口述的主观性对于研究有着十分重要的意义。口述内容与实际不符的情况十分普遍，然而，做口述史最重要的目的就是从主观的角度回顾历史，如果用客观的叙述方式，那就与普通记录历史的方式无异了。“姐妹情深：女性解放运动口述历史项目”最初之所以会采用口述历史的方式，也是为了要关注女性的主观经历，关注女权运动当事人的想法与情感。因此，口述历史的主观性对女性研究有更多的助益。

口述历史主要是由历史事件当事者的口述构成，因此不可避免地会受到口述者主观因素的影响，这种回溯式的口述也可以看作是一种对过去和现在关系的回应，因此，有口

① ALISTAIR T. Anzac memories: living with the legend[M]. Melbourne: Oxford University Press, 1994.

述历史学家认为口述历史是“口述者人生的修订版”,并认为回忆和表述的内容一定会受到口述者当前生活模式和思维逻辑的影响。[①] 叙述过程的本身就是对记忆的一种建构,人们正是通过叙述才能实现对以往个人经历和历史事件的回忆[②]。

因此有人提出,口述就是“回溯式意义建构的过程,也就是对过往经历的塑造和排序”[③]。口述内容不可避免的主观性也是许多学者排斥将当事人口述作为历史记录的一大原因。像“姐妹情深:女性解放运动口述历史项目”这一类女性研究,利用口述历史的方式进行资料收集,把这些女性的主观回忆变为一个记录历史的方式,其实质是一种对女性的赋权。在传统的历史记录当中,女性角色并没有得到应有的重视,在历史中一直处于一种“隐形”的状态,女性研究和性别研究的兴起改变了女性在历史中的边缘位置,以这种主观记忆的记录方式,让研究者有机会记录和分析女性对特定历史事件的主观感受和评价。

五、女性口述历史项目的发展

玛格丽特在采访中表示,口述历史与女性研究是非常好的搭档。“姐妹情深:女性解放运动口述历史项目”也是以口述历史为方法开展女性研究的一个范例。

通过一系列分析可以看出,口述历史与女性研究之间是双赢的关系。一方面,口述历史的方式拓展了性别研究的内容,改变了传统的历史记录方式,让“沉默的大多数”有了表达发声的权利,因此口述历史可以算作是一种赋权行动;另一方面,女性研究采用口述历史的方法也为口述历史的研究提供了新的路径,它可以从女性主观视角对历史进行记录,口述历史项目执行中的女性领导力得到了应有的肯定,口述历史对于女性群体的关注,显示了历史书写中性别意识的增强。

从对女性口述历史项目的分析可以看出,二者相辅相成,形成一种互利的关系。从“姐妹情深:女性解放运动口述历史项目”的官方网站列出的同类口述历史项目(与女性相关的口述历史项目)可以看出,运用口述历史的方法进行女性研究,或者说开展更多与女性相关的口述历史项目,已经成为学术界的一种趋势。口述历史作为一种新的记录历史的方法,还可以与更多其他学科进行结合。口述历史为社会科学研究提供了一个崭新的视角,而在与各领域研究的结合中,口述历史的研究内容也得到了极大丰富。

---

① MURPHY J. The voices of memory: history, autobiography and oral memory[J]. Historical studies, 1986, 22 (87): 157-175.

② BRUNER J. The narrative construction of reality[J]. Critical inquiry, 1991, 18(1): 1-21.

③ CHASE S. Narrative inquiry: multiple lenses, approaches, voices[M]//The sage handbook of qualitative research. London: Sage, 2005: 651-679.

参考文献

[1]THOMSON A. Four paradigm transformations in oral history[J].Oral history review,2006,34(1):49-70.

[2] WARREN J P,HIGH S.Memory of a bygone era:oral history in Quebec(1979-1986)[J]. The Canadian historical review,2014,95(3):433-456.

[3] RALEIGH Y V. Recording oral history:a guide for the humanities and social sciences[M]. Lanham,MD: Rowman & Littlefield,2015.

[4] DONALD A R. SHULMAN H C,KIRKENDALl R S,etc. 1991. Interviews as historical evidence:a discussion of new standards of documentation and access[J].The history teacher,1991,24(2):223-238.

[5] GLUCK S B, PATAI D. Women's words: the feminist practice of oral history [M]. New York: Routledge,1991.

[6]SANGSTER J.Telling our stories:feminist debates and the use of oral history[J].Women's history review, 1994,3(1):5-28.

[7]ARMITAGE S,HART P,WEATHERMON K. Women's oral history:the frontiers reader[M]. Lincoln:University of Nebraska Press,2002.

[8]ARMITAGE S,GLUCK S B. 1998. reflections on women's oral history:an exchange[J]. Frontiers:journal of women's studies,1998,19(3):1-11.

[9]蒋蕾.新闻记者如何做口述历史访谈[J].新闻实践,2012(11):75-77.

[10]ALISTAIR T. Anzac memories:living with the legend[M]. Melbourne:Oxford University Press,1994.

[11]MURPHY J. The voices of memory:history,autobiography and oral memory[J]. Historical studies,1986, 22,(87):157-175.

[12]BRUNER J.The Narrative Construction of Reality[J].Critical inquiry,1991,18(1):1-21.

[13]CHASE S. Narrative inquiry:multiple lenses,approaches,voices[M]//The sage handbook of qualitative research.London:Sage,2005:651-679.

（林卉，中国传媒大学崔永元口述历史研究中心副主任、专家组成员）

非洲女性赋权现状分析

——以联合国妇女署西部、中部非洲分支辖国佛得角为例

◎黄立志

摘要:性别平等与女性赋权是联合国千年发展目标的重要内容。联合国妇女署西部及中部非洲地区分支领导并参与该地区的女性主义活动,使其成为女性赋权的活跃地区。然而,事实并没有如想象般乐观。西部、中部非洲的女性赋权状态呈现出一种变化与停滞、改善与残留交叉存在的复杂性。佛得角虽然是西非边缘地区小国,联合国妇女署本身在那儿并没有设立办公室,其妇女赋权行动却呈现出令人关注的活跃度,这本身是值得研究的议题。

关键词:女性赋权;西部;中部非洲;佛得角

2014年2月6日至7日,由非洲联盟委员会与联合国妇女署共同召开的第58届非洲妇女地位会议部长级预备会在埃塞俄比亚首都亚的斯亚贝巴(Addis Ababa)召开。会议主题聚焦于2015年后可持续发展议程,探讨可能的共识理解空间以及应当重点关注的建议。与会的非洲部长同意在妇女均权上发出一致的声音:"如果没有非洲妇女与女童的发展,就没有非洲的发展。"事实上,每一年,非洲因为性别不平等而导致2550亿美元的损失。根据会议精神,未来,非洲各国将在洲别层面、区域层面及国家层面分别强调消除性别差距的重要性,并且首要目光将投向于教育机会均等与科技领域,"只把女性纳入其中,才能真正实现非洲的技能革命"。

联合国妇女署是全球妇女事业的重要参与实体,它在全球设有不同的分支办公室。理论上,联合国妇女署西部、中部非洲办公室共管辖地区内15个国家。其中,塞拉利昂、利比里亚、科特迪瓦、喀麦隆、马里和尼日利亚分别有驻地办公室;塞内加尔、佛得角、几内亚比绍、尼日尔四国没有驻地办公室,但其女性相关活动受到联合国妇女署的直接支持;中非共和国、乍得、布基纳法索三国则主要通过具体项目与联合国妇女署产生联系。本文将聚焦于西部、中部非洲地区非洲女性赋权状况的发展,并以佛得角这一群岛小国

为例进行具体案例剖析。

之所以选择西部、中部非洲地区,原因主要有三:第一,西部、中部非洲地区有人口大国尼日利亚等国家,西部、中部非洲地区总体人口占优势。第二,西部、中部非洲地区涵盖前英属、前法属、前葡属殖民地。根据研究显示,英国、法国、葡萄牙非洲三大传统殖民国对非洲女性地位有着显著的负面影响,而这一地区体现了这一传统历史的复杂性。第三,西部、中部非洲地区向联合国妇女署提交的年度报告较为详尽地分析了地区妇女赋权运动的发展,是可供研究的直接资源。

一、西部、中部非洲地区女性赋权境况的复杂性

性别平等与女性赋权是联合国千年发展目标的重要内容。联合国妇女署西部及中部非洲地区分支领导并参与该地区的女性主义活动,使其成为女性赋权的活跃地区。这种活跃体现在以下几个方面:其一,在西部、中部非洲地区,女性在政治参与度以及选举实体中的代表性取得了显著进步。比如,喀麦隆自独立后第一次实现议会女性成员达到31%的比例,塞内加尔有43%的女性议员。其二,法律与政策也开始更多地添加进性别因素。比如,西非经济共同体签署了经济活动中进行性别区分的相关协定。塞内加尔立法允许妇女将其姓氏分享给配偶或子女,这是该国历史上的第一次。其三,西部、中部非洲国家采用多元渠道展开反对性别暴力活动。比如,佛得角专门立法严惩性别暴力犯罪;尼日利亚警方针对性别暴力开发了人权课程;塞内加尔与喀麦隆两国通过标准化系统给予性别暴力幸存者反馈与帮助。

这些积极的妇女赋权行动,与近些年不断涌现的非洲精英及知识女性群体性崛起现象,不断地让人们欢欣鼓舞。仿佛非洲自殖民地时期不断恶化的非洲女性地位,以及在工业化时期平民女性被逐渐边缘化的社会景观已经初现消解的端倪。然而,事实并没有如想象般乐观。

西部、中部非洲的女性赋权状态呈现出一种变化与停滞、改善与残留交叉存在的复杂性。一方面,所有西部、中部非洲国家均签署了由联合国妇女署推动的《消除对妇女一切形式歧视公约》(尼日尔对第2和第18条款有所保留);在15个西部、中部非洲地区国家中,有9个国家已经批准2003年在莫桑比克首都马普托(Maputo)所签订的《非洲人权和民族权宪章妇女权益补充条款》,另有一国乍得,虽未批准但已经签署;在15个区域国家中,有8个国家已经在国家层面采取了性别政策或战略,从性别维度对继承法、婚姻状况、艾滋病防治、性别暴力及财政改革等进行了细致规定。而另一方面,传统文化界定中固化的妇女与女孩地位,以及西部、中部非洲国家所签署妇女相关国际文件的微弱执行力,使得这些性别平等与妇女赋权的积极举动所能带来的效应堪忧。

这堪忧的景象因为经济领域妇女的缺席而显得更为凸显。近年来，西部、中部非洲国家经济增长表现良好。2012 年《国际银行发展报告》显示，全球预估 30 个经济增速最快的国家，有 8 个位于西部和中部非洲地区，分别是刚果、几内亚、佛得角、尼日尔、加纳、刚果民主共和国、尼日利亚以及塞拉利昂。由于钻石、铀等矿产资源丰富，2012 年，尼日尔和塞拉利昂经济增长率分别达到 13.1%和 18.2%。可惜的是，这些经济增长率却并没有必然带来妇女权益的增加。占 GDP 比重约 30%的农业领域雇用了约 70%的劳动人口，其中多数为女性。由于被束缚在农业劳动中，西部、中部非洲妇女接触到生产性资料和市场的机会非常有限。而在第二产业中，妇女主要从事劳动密集型工作，处在产业链的底端，工资收入低。此外，西部、中部非洲的第三产业被外国投资者牢牢把持，妇女进入其间者凤毛麟角。在经济活动中，妇女唯一活跃的领域是跨境或流动的小摊贩，而这些商业行为却缺乏相应的保护机制，有时还要面临机构和不健全法律管理的责难。

总体而言，尽管西部、中部非洲地区的女性赋权状况在近年来有较为显著的进展（比如，妇女参政比例增加、法律法规出现对妇女权益的考量，以及反对性别暴力行动得到推进），但性别观念较为封闭的非洲旧俗，令行而禁不止的法律的微弱执行力，均成为女性权益更进一步发展的阻碍。特别是经济领域女性的失声，应当成为女性赋权的下一个焦点关注。西部、中部非洲地区的女性赋权状况体现了进步与阻碍并存的复杂关系。

二、佛得角女性赋权状况初探

佛得角是一个位于非洲西岸的大西洋岛国，属于传统萨赫勒地区①，总人口约 49 万，其中女性约占 50.5%。佛得角经济规模较小，经济构成相对单一，对外界有较大的依赖性。对外援助与移民汇款是其经济收入的主要渠道。受欧债危机的影响，国家经济增长率持续保持低迷。

按照人口规模与国家实力，佛得角的女性赋权行为较难得到关注。之所以要将目光投向佛得角，原因有三：第一，联合国妇女署是妇女赋权运动的倡导方、推动方与实践方。其西部、中部非洲分支妇女赋权行动运作成熟，有较大的影响力。佛得角位于联合国妇女署西部、中部非洲分支辖区，因此可以成为透视、分析联合国妇女署在这个地区运作的案例。第二，联合国妇女署西部、中部非洲分支总共管辖 15 个该地区国家，在 6 个国家设

① 萨赫勒（意为“边缘”）是非洲北部撒哈拉沙漠和中部苏丹草原地区之间的一条长度超过 3800 千米的地带，从西部大西洋伸延至东部非洲之角，横跨塞内加尔、毛里塔尼亚、马里、布基纳法索、尼日尔、尼日利亚、乍得、苏丹共和国、南苏丹共和国和厄立特里亚 10 个国家。

有驻地国办公室,而佛得角暂时没有。联合国妇女署通过项目管理、建议、运作与佛得角建立联系。反向推理,如果没有联合国妇女署地区办公室常驻机构的佛得角能够在妇女赋权行动中获得较大进展,那么,它体现的正是妇女赋权运动本身真正的生命力。第三,佛得角政局稳定,旅游业发展蓬勃。虽然它是西非边缘地区小国,且联合国妇女署本身在那儿也没有办公室,但是它的妇女赋权行动却呈现出令人关注的活跃度,这本身是值得研究的议题。

1995 年 9 月 4 日,联合国第四次世界妇女大会在中国北京召开,会议通过了具有里程碑意义的《北京宣言》和《行动纲领》,敦促各国政府作出政治承诺,用行动消除对妇女的一切歧视,实现平等、发展与和平的崇高目标。其中《行动纲领》划定了十二大关键领域,这十二大关键领域对今天的妇女实践活动仍然有极强的指导性。这十二大关键领域分别是:妇女与环境、妇女参与权力和决策、女童、妇女与经济、妇女与贫困、针对妇女的暴力、妇女基本权利、妇女的教育和培训、提高妇女地位的机制、妇女与健康、妇女与媒体及妇女与武装冲突。本文对佛得角女性赋权状况的分析将以这十二大关键领域作为标杆进行测量。

(一)妇女与制度机制

佛得角在“妇女与制度机制”领域的进展主要表现在以下三个方面:其一,佛得角政府在“2011—2016 年规划”中,将性别平等作为四大跨领域主旨之一。其二,2014 年 12 月,佛得角采取了全国性性别平等政策,以克服性别主流化推广中的机制性缺陷。其三,佛得角再次签署了新的反对性别暴力的全国性计划,目前已经在实施中。

事实上,联合国妇女署自 2008 年开始在佛得角运作国别项目。目前,联合国妇女署的主要合作伙伴是佛得角国家性别平等与公正研究所,妇女署从资源调动、项目起草、活动进行到活动汇报等各个方面给予研究所支持。同时,佛得角国家公正部、国家统计研究所也与联合国妇女署有紧密合作。

联合国妇女署、非政府组织及政府机构的联动是佛得角能够在“妇女与制度机制”领域发挥重要作用的三大推动力。

(二)妇女与参政率

表 1 中列出了从 2011 年 3 月开始佛得角的政府成员构成。可以看出,在 16 位政府内阁成员中,有 7 位是女性,女性内阁成员占比达到 44%。

表1　佛得角政府内阁成员(2011年3月执政)①

职务	姓名	性别
总理	若泽·马里亚·佩雷拉·内韦斯(José Maria Pereira Neves)	男
总理助理兼卫生部部长	玛丽亚·克里斯蒂娜·丰特斯·利马 (Maria Cristina Fontes Lima,女)	女
财政和计划部部长	克里斯蒂娜·杜阿尔特(Cristina Duarte,女)	女
部长会议和国防部部长	若热·托伦蒂诺(Jorge Tonentino)	男
外交部部长	若热·阿尔贝托·席尔瓦·博尔热斯 (Jorge Alberto Silva Borges)	男
议会事务部部长	鲁伊·塞梅多(Rui Semedo)	男
内政部部长	玛丽萨·埃莱娜·多纳西门托·莫赖斯 (Marisa Helena do Nascimento Morais,女)	女
司法部部长	若泽·卡洛斯·洛佩斯·科雷亚(José Carlos Lopes Correia)	男
基础设施和海洋经济部部长	若泽·马里亚·韦加(José Maria Veiga)	男
环境、住房和土地规划部部长	莎拉·玛丽亚·杜阿尔特·洛佩斯 (Sara Maria Duarte Lopes,女)	女
青年就业和人力资源发展部部长	贾妮拉·伊莎贝尔·丰塞卡·霍普费尔·阿尔马达 (Janira Isabel Fonseca Hopffer Almada,女)	女
教育和体育部部长	费尔南达·马克斯(Fernanda Marques,女)	女
高等教育、科学和创新部部长	安东尼奥·席尔瓦(António Silva)	
旅游、工业和能源部部长	温贝托·布里托(Humberto Brito)	男
文化部部长	马里奥·卢西奥·索萨(Mário Lúcio Sousa)	男
侨民部部长	费尔南达·费尔南德斯(Fernanda Fernandes,女)	女

佛得角如此显著的女性内阁成员占比体现出其女性参政程度较高。为了促进妇女的政治参与,佛得角第一夫人、社区部部长、国会议长等都曾现身倡导妇女参政的活动,为妇女加油打气。

(三)针对妇女的暴力

在"针对妇女的暴力"议题上,佛得角主要采取了以下一些行动:

第一,政府、非政府组织人员受邀参加为期一周的"消除性别暴力倡议"培训,培养相关政策制定及实践人员杜绝暴力意识。

第二,联合国妇女署在佛得角设立终止性别暴力信托基金,主要用于相关法律制度

① 商务部国际贸易经济合作研究院,商务部对外投资和合作司.中国驻佛得角大使馆经济商务参赞处,对外投资合作国别(地区)指南——佛得角(2021年版)[EB/OL].(2023-07-17)[2023-08-30].http://www.mofcom.gov.cn/gbdqzn/upload/fodejiao.pdf.

及其机制的完善与实施。该信托基金希望达成以下三点目标：首先，通过信息、情感和教育改变暴力行为，动员不同行为体对性别暴力的认知；其次，推进能力建设，通过机制性措施回应和保护女性暴力幸存者；最后，建立协调、监控及评估性别暴力的机制。

可见，佛得角在性别暴力议题上的举动也是十分积极的，规划的目标针对性较强。

（四）妇女与媒体

为了能够提升佛得角媒体的性别敏感意识，联合国妇女署与佛得角国家性别平等与公正研究所联合邀请国际咨询师、沟通与性别问题研究专家、传媒从业者玛丽亚（Maira）担任主讲，对佛得角媒体从业者进行性别意识培训。讲座信息由四章组成：第一，性别研究导论；第二，媒体中的女性角色导论；第三，新闻工作中媒体的社会角色；第四，如何用性别视角从事新闻工作实践。讲座还以“佛得角媒体中女性的出现”为题展开了热烈的探讨。

除了对媒体从业者进行专门的性别意识培训外，2011 年，佛得角通过了《消除性别暴力专门法》，其中第 9 条专门强调“应当用一切激励性方式在媒体中推进性别平等”。为此，佛得角性别平等与公正研究所专门开发了一个交叉培训工具，培训主要以战略性干预方式进行，干预的主要领域包括：阻止暴力事件的发生、改进可提供服务的选项及加强应对政策设计。

以上四方面，佛得角在女性赋权领域表现突出。可以看到，由于佛得角自独立以来政局稳定，因此不存在对“妇女与武装冲突”议题的关注。但总的来说，关于环境议题、决策议题、贫困议题、经济议题、基本权利议题、受教育与培训议题及健康议题，佛得角妇女赋权行动较少涉及。

三、结语

分析佛得角妇女赋权这一案例，我们可以清晰地看到，在妇女赋权行动中，存在一个自上到下、自下而上的双层互助结构。政府机构、公民社会及国际伙伴在其间有机联动，一起推动妇女事业的发展。

目前，佛得角妇女赋权表现出蓬勃发展的态势，在女性参政率、女性权益保护的机制性建设、消除针对妇女的暴力行径以及提升媒体的性别敏感意识等方面均有所增强。

除去这些积极的赋权行为之外，佛得角因为缺乏相关法律人才，缺少监督性别暴力中施暴方和受害者的社工人员，以及缺少严格的实施法规，不仅《消除性别暴力专门法》落实遇到不少阻碍，妇女赋权行动也面临着较大的阻力。此外，虽然有联合国妇女署的信托基金，妇女赋权行动在资金上仍然有很大缺口。

佛得角的女性赋权景象是西部、中部非洲地区国家的一个缩影。近年来，西部、中部非洲地区国家在女性赋权行动中表现出了一种二元性：一方面，在西部、中部非洲地区，女性的政治参与度及选举中的代表性均取得了显著进步。法律与政策也开始更多地添加进性别因素。不少国家已经开始采用多元渠道展开反对性别暴力活动。而另一方面，事实并没有如想象般乐观。比如，如何瓦解风俗与传统带来的性别隔阂？如何实现宏观经济政策与预算中的性别主流化？如何更好地促进非洲妇女对金融及其他生产性资源的获取？这些仍然是困扰非洲的女性难题。可以说，西部、中部非洲的女性赋权状态呈现出一种变化与停滞、改善与残留交叉并存的复杂性。

未来，西部、中部非洲的女性平权运动仍然将面临一些深度挑战，这需要全社会继续努力。

（黄立志，北京外国语大学非洲学院讲师）

性别与科技

——女性主义科技批判综述

◇ 黄雅兰

摘要:本文对女性主义研究者对于性别和科技的关系的批判进行了厘清和总结,认为其发展经历了三个阶段:20 世纪 70 至 80 年代,学者们悲观地认为,科技本身带有浓重的父权色彩,会压抑和阻碍女性的解放和发展,这也是造成女性从属地位的一个重要原因;20 世纪 90 年代,这一阶段对于技术的极其乐观的态度是对前一个阶段悲观态度的修正,以唐娜·哈拉维(Donna Haraway)为代表的女性主义者对科技解放女性、促进更平等的性别关系的潜力大唱赞歌,但在上述两个阶段,学者们均不同程度地走入了性别本质论和技术决定论的误区;进入 21 世纪以来,在前两个阶段的基础上,同时受建构主义和后现代主义思潮的影响,学者们开始以一种更加平和的态度看待性别与技术的关系,既看到技术受现存社会关系(包括性别关系)的影响,也看到技术对于强化和改善性别关系的作用,以及技术产品的使用者对于技术的能动的解读。

关键词:性别;科技;女性主义;相互建构

自 20 世纪 60 年代第二次女权运动以来,性别和技术的关系逐渐成为女性主义学者关注的焦点。从最初对于女性在科技机构和职业中有限的参与和代表的不满,到后来转向对技术本身所带有的父权特征的批判,不同流派的女性主义理论(生态女性主义、自由女性主义、激进女性主义、社会主义女性主义)就技术与性别之间的关系进行着激烈的辩论和融合。早期女性主义科技批判带有较明显的性别本质论和技术决定论特征,大多悲观地强调技术中所包含的父权特质和对女性的压抑;20 世纪 90 年代以来,在社会建构论的影响下,女性主义学者更加强调技术和社会关系(包括性别关系)的相互影响,一方面看到传统的科技发展深受其所处的父权社会的影响和制约,另一方面也看到科技对于解放女性和建立更加和谐的性别关系所具有的内在潜力,特别是强调性别和技术的关系是流动的、灵活的,女性主义政治而非技术本身才是性别平等的关键。本文通过回顾女性主义科技批判中的经典文献,对 20 世纪 70 年代以来关于性别和技术关系的不同研究路径和历史阶段进行了梳理和归纳。

一、科学中的女性问题

女性主义科技哲学家桑德拉·哈丁(Sandra Harding,1986)对于女性主义科技研究的发展历程有过一个经典的论述,她认为女性主义的科技批判,从一开始的质询"科学中的女性问题"(woman question in science)逐渐转向更加激进地追问"女性主义中的科学问题"(science question in feminism)。

自第二次女权运动以来,女性在科技领域内有限的参与和代表引发了学者对于性别和科技关系的研究兴趣。发现和彰显女性在不同领域的贡献,是女性主义研究者的一种重要研究手段。早期的女性主义者也曾试图通过出版发表一系列伟大的女性科学家人生传记、展现女性在科技发展中所做出的努力,来修正主流的科学历史的叙事,如安娜·萨耶(Anne Sayre,1975)所撰写的关于化学家罗莎琳德·埃尔西·富兰克林(Rosalind Elsie Franklin)的传记是其中最著名的代表作。此外,学者们还对工业革命以来的西方技术发展历史进行了重新审视并发现,单是在工业革命时代,女性就发明或参与发明了多种重要的机器,如轧棉机、缝纫机、小型电动机等,此类被遗忘的发现多基于记录在案的专利材料,但事实上,很多女性的发明是以她们丈夫的名字进行登记的,而这种现象的出现与当时女性的有限财产权有关(Pursell,1981;Amram,1984)。

然而,随着女性被排除在科学和技术之外的程度和趋势越来越明显,女性主义研究者们的研究路径逐渐从对于杰出女性的关注转向了女性在科技领域的一般参与。不少研究发现,女性进入科技机构的路径非常有限,并指出了其中的结构性障碍,例如,招聘中的性别歧视以及针对男孩和女性的不同社会化和教育方式,使得女孩从一开始就远离了数学和科学(Rossiter,1982;Keller,1985)。对于这些自由主义女性主义者而言,女孩和男孩并没有根本的性别差异,如果给予女孩相应的鼓励、教育和机会,她们也能够顺利进入科技领域。因此,他们将性别和科技的问题看作平等教育和平等工作机会问题的一部分;要解决这一问题,就要让更多女性进入科学和技术工作领域,而要做到这一点,就要对社会中的性别刻板印象和传统的性别期待进行批判和修正。在这一阶段,研究者很少质疑科学技术本身,认为科学是一种开放的、不带有任何偏见的、客观的知识,科技领域的性别短板可以通过不同的社会化过程和更加公平的社会政策得以修正。

尽管这种机会平等政策在某些方面促进了女性的参与,但同时也造成了一些新的不公平现象(Bacchi,1996),并且并未在整体上改变女性在科技领域的弱势地位。因此有女性主义者指出,自由主义的女性主义观点将问题的症结设定为女性本身,而并不去质询科技本身及其机构是否以及如何能够被重新塑造得更加适合女性。

二、女性主义中的科学问题

当研究者将目光投向科技本身，他们发现整个西方科学都是被父权的偏见所塑造的：在 15—17 世纪的欧洲，自然科学研究采用男性最暴力和厌女（misogynous）的方式进行表述，并且对后来科学观截然不同的性别隐喻产生了深远影响（Merchant，1980）；18 和 19 世纪发展起来的生物医学也采用了类似的性别隐喻来描述自然和科学的关系，如将"自然像女性一样等着阳刚的科学来揭去面纱、脱下衣服来发现"（Jordanova，1980：45）。在这种比喻中，男性被描述为积极的主体，而女性则是男性主体的被动客体。特别是生物医学方面的研究，在强化男女性别差异和塑造更加弱势的女性形象方面扮演着十分重要的角色。科技所带有的男性面孔，不仅仅是因为这一领域和职业被男性所主导，更因为它被许多带有男性气质的符号、隐喻和价值所渗透。这些价值和特征是与女性价值相悖的，女性如果选择进入科技领域、掌握这套带有男性气质的科技话语，往往意味着要放弃自己的女性气质和女性身份。

然而，对于这种将女性和自然相联系从而强化柔弱、被控制等女性特质的说法，20 世纪 80 年代的生态女性主义者（eco-feminism）不仅不对其持批判态度，反而对此观点大唱赞歌。他们认为，由于女性有着作为母亲的天职，因此她们对于保证生命的延续有着自觉的责任，而她们所具备的养育和关怀的天性，也恰恰能够让她们承担起这种责任；因为有了这种与自然更密切的联系，女性在环境保护运动中通常有更多的参与（Griffin，1983）。相反，由于男性不具备生育的能力，他们对于人类和其他自然生命通常缺少必要的敬畏之情，因此会引发战争和生态灾难。

除了生态女性主义的观点外，20 世纪 60 和 70 年代开始的激进政治运动也引起了关于科学的使用/滥用问题的讨论，这些讨论让越来越多的学者意识到，科学本身并非中性的或价值中立的。学者们开始采纳马克思主义的理论工具对科学的阶级属性和它与资本主义生产方式的关联进行审视。这种政治经济学的科学批判认为，现代科学的诞生和发展都与资本主义社会的需求紧密相关，特别是在当代社会，科学与国家政权和工业体系的联系越发密切，这将使科学沦为一种控制工具。"中性的科学"的立场被逐渐抛弃，学者们转而认为科学是被主导的社会关系所塑造的知识。在这一认识转变中，托马斯·库恩（Thomas Samuel Kuhn）的《科学革命的结构》（*The Structure of Scientific Revolutions*）一书扮演着十分重要的角色。该书认为，科学知识就像其他知识一样，会广泛地被它所处的社会所影响，科学研究也不再简单地被理解为对于真相的发现。然而，尽管 20 世纪 70 年代对于科学中立性的批判取得很大进展，以性别作为分析工具的批判却还没有出现，直到 20 世纪 80 年代莫昌特（Merchant，1980）、菲（Fee，1983）、凯勒（Keller，1985）等人的作品出现后,西方科学才开始被贴上父权的标签。

沿着马克思主义的分析路径,研究者认为:技术的革新来自阶级冲突,资本主义的劳动分工在一定程度上导致了性别在社会角色和职能上的进一步分化。工业革命所带来的一个显著变化就是公共领域和私人领域的分离,手工业生产从家庭空间搬入了工厂,这一现象所带来的性别分化最终导致了男性对于技术的控制(Wajcman,1991:21)。此外,男性手工业者为了保护自己的地位而拒绝女性进入那些需要一定技术的职业(Cockburn,1983; Milkman,1987),这也对后来女性被排除于科技领域之外造成了一定的影响。社会主义女性主义者更认为男性气质是嵌入机器本身的,技术本就是被父权社会所形塑的,同时也是男性权力的一个重要来源。

上述生态女性主义和社会主义女性主义的观点都已经从探讨女性如何能够在科学中和被科学更加平等地对待,转变为质询科学是如何被深刻地潜入父权体系中。然而,这些论述不同程度地都带有性别本质论(gender essentialism)的问题。如生态女性主义或文化女性主义过分强调性别差异,认为人道主义、和平主义、关怀和心灵发展(spiritual development)是典型的女性品质。这种将女性或男性品质看作是某种固定的、统一的特征的观点就是本质主义。这种观点的首要问题就是,这些被认为专属于女性的美德来源于历史上女性的从属地位,女性与生育、关怀、温暖和责任之间的联系直接来源于女性被压迫而男性更强势的社会关系(Segal,1987:4)。其次,在将女性物化为自然的隐喻中,"自然"本身也不是一个固定的概念,它同样是由社会和文化建构的。女性主义文化人类学者认为,没有哪一种行为或意义是普世地或跨文化地与男性和女性相联系的(Strathern,1980:177)。而社会主义女性主义的科技批判虽然已经抛却了本质主义中的非历史性,能够从历史的变动中理解女性和技术的关系,却一味悲观地强调技术对于女性的负面表征和影响,忽视了女性本身的能动性,低估了科技被重塑以使其服务于女性解放与性别和谐的潜力。而也正是这些问题,催生了20世纪90年代以来新一代女性主义学者对于女性和科技(特别是信息与传播技术)的思考。

三、亲技术论(Technophilia):作为女性解放工具的技术

20世纪90年代以来,女性主义学者对于技术赋权女性和改变性别关系的态度越来越积极,特别是信息与传播技术(Information and Communication Technology,ICT)的发展和推广,更是被女性主义学者寄予厚望。尽管早期对互联网和移动电话等技术的采纳仍以男性为主,但近年来的研究表明,新技术采用率中的性别差异正在缩小(Castells et al.,2007:41-44);此类技术也使得个人身份认同、信息传播方式以及社会和政治活动的发生模式出现了重大变革。基于此,一些学者认为,信息传播技术将有力地促进女性赋权,推

动性别关系的转变,因为网络的扩张性、去中心化的特质将有助于打破传统信息传播体系中的性别差异(van Zoonen,2002;Wajcman,2004)。

多纳·哈拉维(Donna Haraway,1985,1997)在其著作中对科学和技术表达了积极的态度,并对之后关于技术和女性关系的探讨产生了深远的影响。对于那种宁愿回到神话般的、无污染的自然状态也不接受科学技术的观点,哈拉维进行了尖锐的批判。她指出科学技术具有创造新的意义、新的社会实体和新世界的巨大潜力,她表明自己宁愿做一个电子人(cyborg)——有机体和机器的混合物,也不愿做生态女权主义者口中的"女神"。在这种"亲技术论"(technophilia)观点看来,基因工程、虚拟现实技术等都将从根本上对传统的性别身份造成挑战,从而有助于女性的解放。

信息与传播技术更是被认为蕴含着解放女性的力量。20世纪90年代,一些学者提出了"赛博女性主义"(cyberfeminism)的概念,认为互联网将成为女性和其他受压迫群体的媒介(Spender,1995;Balka,1999;Green & Adam,1999)。此类观点的一个共同点是,网络空间的虚拟性和匿名性意味着现实生活中物理性别差异的终结(Turkle,1995;Plant,1998);数字技术将使人和机器、男性和女性的边界趋于模糊,使用户能够自由且自主地选择和采纳其他身份。因此,工业技术或许会具有父权制的特征,但是基于人脑而非肉体、基于网络而非等级的数字技术,则预示着女性和机器之间将产生新的关系。赛博女性主义的第二个主要观点认为,互联网所倡导的社群、共识、沟通等精神正是女性所擅长的,女性气质正是网络技术的核心(Jenkins,1999),女性在早期博客、论坛等虚拟空间的大放异彩似乎证明了女性比男性更适合生活于数字时代。

以赛博女性主义为代表的"亲技术论"对科技表现出极大的热忱,然而,这种不加批判的积极态度也将这种后现代女性主义的观点推向了技术决定论,而这也使得这一观点逐渐被学术界所冷落。以"赛博女性主义"为例,学者们对这一观点的批判主要包括以下方面:首先,并非所有人都可以进入赛博空间,因此,赛博女性主义意味着要将无法接入网络的贫困阶层排除在外;其次,正如上述研究所示,即使进入了赛博空间的女性获得了部分选择接受、生产内容的权利,女性也可以通过对这些新兴媒体技术的消费,建构更加混合的、跨性别的身份,但这并不必然带来公共领域中更加平等的性别话语,用户生产的内容并不比大众媒体生产的内容更具有颠覆性和解放性,因为赛博空间依然存在于根深蒂固的性别歧视的社会背景中(Paasonen,2011:335-352)。以在线游戏"第二人生"为例,这款网络游戏因为其高度模拟现实生活而受到研究者的注意,玩家可以使用虚拟货币在这个虚拟世界中创造人物、购置房屋和选择自己的生活方式,人们普遍认为这种虚拟空间将是对传统价值体系和现实生活的挑战,但研究发现,游戏中还是存在着父权价值观中对女性并不友好的内容(Bardzell & Bardzell,2006)。20世纪90年代以来产生的这种"亲技术论",对于先前完全消极的科技批判是一种修正,但也出现了矫枉过正的问题;在此基础上出现的“相互建构”(co-constructivist)路径是对这两种态度的中和,避免了过于消极或积极地看待技术和性别之间的关系。

四、相互建构的路径:女性主义和科技研究的结合

21 世纪以来,过分悲观和乐观的女性主义技术批判逐渐被“相互建构”路径所取代。这种观点认为,在科技和女性之间存在着一种更为富于流动性和灵活的关系,将科技(特别是信息传播技术)同时看作性别关系的原因和结果(Oudshoorn, Rommes & Stienstra, 2004; Wajcman, 2007)。

在这一学术传统中,学者们普遍持有的观点是,技术革新是被其所在的社会环境所塑造的,不再游离于社会之外;科技是一种结合了器物、人类、组织、文化和知识的混合品。就性别和科技的关系而言,社会既有的性别关系已经物化进各种科学技术之中,同时科技也会强化或改变现有的性别化身份和话语。在传统的科技研究中,设计者和使用者的区分、生产和消费的区分是其中的重要概念,科技产品的研发、设计和生产往往被赋予更重要的地位;女性主义科技研究者则试图解构这样一种差异,她们更强调科技发展不同阶段之间的相互联系,因而科技产品设计阶段的性别化会影响到产品整个生产、消费和使用的过程(Cockburn & Ormrod, 1993)。这样一种将设计、生产、营销、购买和消费融为一体的科技研究路径,使研究者能够更加重视社会和文化因素的重要性,而非单一地关注技术本身的影响。例如,在现在的科技革新过程中,女性在科技共同体中的边缘地位事实上已经影响到了各种科技产品的设计、技术内容和使用状况(Lie, 2003; Lerman, et al., 2003),但这些产品的性别化并不会随着产品设计和生产过程的结束而告终,有时科技产品也会产生意想不到的结果和可能性,例如信息与传播技术对女性带来的赋权、侮辱、恐吓等多重影响。此外,20 世纪 90 年代以来对性别的理解也发生了一定的变化,性别越来越被看作“表演”(performance)(Butler, 1990),是变动中的社会关系的产物,在集体的和个人的经验与认识中产生。

这种建构论影响下的性别和科技观深受后现代主义的影响,更多地将社会的多样性和异质性纳入考虑范围。例如,女性也可能发挥主观能动性,对这些男性设计的科技产品产生不同的解码,但她们对科技产品所产生的新的解读能力,取决于她们所处的更广阔的经济和社会环境,如地域、民族、阶级、时代等都会对女性对科技产品的解读产生影响(Wajcman, 2007)。在以往的科技研究甚至女性主义研究中,这种全球化的视角往往被忽视或边缘化了,研究者的目光大多聚焦于西欧和北美,而忽视了亚非拉美等地区女性和技术的互动状况。而当今社会所经历的全球化,正作为一种社会思潮和实践,全方位地影响着全世界政治、经济和文化的发展,这一趋势也重新定义了性别与科技研究的主

题和内容。例如,有学者开始关注在美国的女性韩国移民如何利用在线社群重建其移民和女性身份(Lee,2013:472-488)等。

五、结语

从 20 世纪 70 年代起,女性主义研究者对于性别和科技的关系的认识和批判大致经历了三个阶段:20 世纪 70 至 80 年代,学者们悲观地认为科技本身带有浓重的父权色彩,会压抑和阻碍女性的解放和发展,这也是造成女性从属地位的一个重要原因。这一论点的提出,一方面源自女性在科技领域极其有限的参与状况,另一方面则源自部分学者带有性别本质主义的对于男性气质和女性气质的划分。20 世纪 90 年代,这一阶段对技术所持的极其乐观的态度是对前一阶段悲观态度的修正,以哈拉维为代表的女性主义者预言科技将解放女性、促进更平等的性别关系。信息传播技术的出现是这一观点产生的重要原因。但这一观点也忽视了社会和人的因素,走入了技术决定论的误区。进入 21 世纪以来,在前两个发展阶段的基础上,同时受建构主义和后现代主义思潮的影响,学者们开始以一种更加平和的态度看待性别与技术的关系,既看到技术受现存社会关系(包括性别关系)的影响,也看到技术对于强化和改善性别关系的作用,以及技术产品的使用者对于技术的能动的解读。

对于性别和科技的关系的探讨,归根结底是对科技中基于性别的权力和等级的反思和批判。在当代社会,尽管有越来越多的女性开始使用新的媒介,使用率中性别差异正在缩小,但是女性在信息传播技术工业体系中的参与并没有发生太大的改变,性别间的权力势差仍然存在。而从更广阔的全球视角出发,基于种族、国别和经济发展程度的差异则更加明显,网罗更加多样化的女性的体验和声音,对不同维度上的性别权力关系进行批判,将是未来性别与技术批判的重点。

参考文献

[1]AMRAM F. The innovative women[J].New scientist,1984(5):10-12.

[2]BUTLER J. Gender trouble[M].New York:Routledge,2002.

[3]CHILB A,CHEN V H.Midwives with mobiles:a dialectical perspective on gender arising from technology introduction in rural Indonesia[J].New media & society,2011,13(3):486-501.

[4]COCKBURN C. Brothers:male dominance and technological change[M]. London:Pluto Press,1983.

[5]COCKBURN C,ORMROD S. Gender and Technology in the Making[M]. London:Sage,1993.

[6]FEE E. Women's nature and scientific objectivity[M]//Women's nature:rationalizations of inequality. New York:Pergamon Press,1981.

[7]GREEN E,ADAM A. Editorial comment[J].Information,communication & society,1999,2(4):v-vii.

[8]GRIFFIN S. Reclaim the earth[M]. London:The Women's Press,1983.

[9]HARAWAY D. A manifesto for cyborgs:science,technology and socialist feminism in the 1980's[J].Socialist review, 1985,80(15):65-108.

[10]HARAWAY D.Modest_Witness@ Second_Millennium:femaleman_meets_oncomouse[M]. New York:Routledge,1997.

[11]HARDING S. The science question in feminism[M]. New York:Cornell University Press,1986.

[12]JORDANOVE L J. Natural facts:a historical perspective on science and sexuality[M]// Nature,culture and gender. Cambridge:Cambridge University Press,1980.

[13]KELLER E. Reflections on gender and science[M]. New Heaven:Yale University Press,1985.

[14]LEE E. Formation of a talking space and gender discourses in digital diaspora space:case of a female Korean im/migrants online community in the USA[J]. Asian journal of communication, 2013, 23(5):472-488.

[15]LERMAN N E,OLDENZIEL R,MOHUN A P. Gender and technology:a reader[M].Baltimore,MD:Johns Hopkins University Press,2003.

[16]LIE M.He,she and it revisited:new perspectives on gender in the information society[M].Oslo:Gyldendal Akademisk,2003.

[17]MERCHANT C. The death of nature:women,ecology and the scientific revolution[M]. New York:Harper and Row,1983.

[18]MILKMAN R. Gender at work:the dynamics of job segregation during World War II[M]. Urbana:University of Illinois Press,1987.

[19]OUDSHOORN N,ROMMES E,STIENSTRA M. Configuring the user as everybody:gender and cultures of design in information and communication technologies'[J].Science,technology & human values,2004,29(1):30-64.

[20]PAASONEN S.Revisiting cyberfeminism[J].Communications,2011(36):335-352.

[21]PURSELL C. Women inventors in America[J].Technology and culture,1981,22(3):545-549.

[22]ROSSITER M. Women scientists in America[M]. Baltimore:Johns Hopkins Press,1982.

[23]SAYRE A. Rosalind Franklin and DNA[M]. New York:W.W. Norton & Company,1975.

[24]SEGAL L. Is the future female? troubled thoughts on contemporary feminism[M]. London:Virago,1987.

[25]SPENDER D. Nattering on the Net. Women, power and cyberspace[M]. North Melbourne: Spinifex Press,1995.

[26]STRATHERN M. No nature,no culture:the Hagen case[M]//Nature,culture and gender. Cambridge:Cambridge University Press,1980.

[27]TURKLE S. Life on the screen: identity in the age of the Internet[M]. New York: Simon and Schuster,1995.

[28]ZOONEN V L. Gendering the Internet:claims,controversies and cultures[J].European journal of communication,2002,17(1):5-23.

[29]WAJCMAN J. Feminism confronts technology[M]. Pennsylvania:Penn State University Press,1991.

[30]WAJCMAN J, TechnoFeminism[M]. Cambridge,MA:Polity,2004.

[31]WAJCMAN J. From women and technology to gendered technoscience[J].Information,communication and society,2007,10(3):287-298.

（黄雅兰，暨南大学新闻与传播学院副教授、硕士研究生导师）

女性领导力的政策保障

◇ 周丽娜

摘要:近几年,虽然女性在经济、政治等领域的领导层比例有所增加,但与男性居于绝对主导地位的现状相比,女性在晋升过程中仍面临着“玻璃天花板”。在诸多为女性争取权益的措施中,政策和法律上的保障是其中的重要举措之一。本文以北欧五国相关政策为参照,指出为保障女性领导力,应当将性别主流意识体现在政策制定的过程中,同时将性别配额内容以法律形式条文化,通过国家和政府的重视,以及对具体措施的贯彻和落实,在一定程度上为女性进入政界、商界高层提供必要的政策倾斜和支持,从而为男女平等、女性赋权争取更多的机会。

关键词:女性;领导力;政策;性别配额

一、女性领导力的全球表现

根据联合国发布的《千年发展目标报告(2014 年)》,截至 2014 年 1 月,各国女性议员数量占全球议会总议席的 21.8%,比去年增长了 1.5%;已有 46 个国家至少一个议院中女性占 30%以上的席位,比去年的 42 个国家有所增加。卢旺达女性在下议院中席位占 64%,继续保持领先水平。在政府执行层面,2014 年女性部长比例达到 17.2%,比 2008 年的 16.1%有所增加,已有 36 个国家有 30%以上的女部长,其中,尼加拉瓜女部长比例为 57%,居世界首位。在这些领导层中,女性不仅掌管着传统上所谓的“软”职责,比如社会事务、教育和妇女事务,而且有越来越多的女部长管理一些所谓的“硬”职责,比如国防、外交和环境。

但与此同时,女性出任国家元首或者政府首脑以及议会发言人的人数近年来有轻微的下降或迟滞。自 2012 年以来,全球女性国家元首或政府首脑略有减少,从 19 位减少到 18 位。同时,女性议会发言人的比例增长缓慢,2013 年仅比 2012 年增长 0.6 个百分点(分别为 14.8%和 14.2%)。

相对于政界，在企业界出任高管的女性比例明显较低。在标准普尔 500 强公司中，女性成为首席执行官的只占 4%，做行政官的只有 14.3%，而在董事会主席的席位上，83.4%是男性，只有 16.6%是女性。①

自 2006 年开始，世界经济论坛（World Economic Forum）每年都会发布一份《全球性别差距报告》（*Global Gender Gap Report*），对全球女性在健康、教育、经济和政治中的地位与参与度进行分析，用来揭示世界各国在性别平等方面的历史变化和世界各国之间表现的差异。2014 年的《全球性别差距报告》②在对全球 142 个国家研究后发现，相比于 2006 年报告首次发布的四项指标（健康、教育、经济参与、政治赋权），性别差异在“政治赋权”中的表现，从 2006 年的 86%缩小至 2014 年的 79%，提高了 7 个百分点，在四项指标中比例提升最大。其中，2014 年女性议员和女性部长的数量比 2006 年分别增加了 26%和 50%。不过，“政治赋权”仍是性别差异最大的一项；其次是“经济参与”，存在 40%的性别差异，与健康（4%）和教育（6%）相比，性别差距明显。从另一个角度来看，在 142 个受评国中，已有 35 国在“健康”这一指标上实现了完全的性别平等，有 25 国在“教育”方面实现了完全的性别平等，但在“经济参与”与“政治赋权”方面，尚无一个国家实现完全的性别平等。

这说明，女性在政治、经济等领域的晋升仍存在“玻璃天花板”，为保证女性享有与男性同等的晋升机会，尚有众多战略和措施需要实施。在这些举措之中，政治承诺和政策支持是女性在这一领域进展的关键因素。

二、女性领导力政策保障在北欧的实践

虽然目前尚未有一个国家能够全面消除性别差距，但不论是世界经济论坛发布的《全球性别差距报告》，还是联合国发布的《千年发展目标》，北欧妇女的社会地位都位居世界前列。冰岛已经连续六年位于性别差距最小国家榜首，其次分别是芬兰、挪威、瑞典和丹麦。

冰岛自 1980 年产生第一位直接民选女总统以来，女性参政人数持续上升。2000—2013 年，在国会议员中，女议员与男议员的比例逐年递增。

挪威前首相延斯·斯托尔滕贝格（Jens Stoltenberg）2007 年改组内阁时，新任命 2 名女性内阁成员（改组后的男女内阁成员分别为 9 人和 10 人），使内阁成员中女性人数首次超过男性。根据联合国开发计划署 2013 年的统计，在国会议席中，挪威女性比例高达

① 郭瑞香.联合国妇女署女性经济赋权战略与在华实践[EB/OL].(2015-07-24)[2016-08-30].http://topics.gmw.cn/2015-07/24/content_16410540.htm.

② World Economic Forum.The Global Gender Gap Report 2014[EB/OL].(2014-10-24)[2016-08-30].http://reports.weforum.org/global-gender-gap-report-2014/.

39.645%，女议员与男议员的比例为0.657∶1，是国会女性议员比例最高的国家。

芬兰2003年4月大选后，一度成为欧洲第一个由女性分别担任总统和总理的国家。在新内阁18名成员宣誓就职后首次集体亮相的照片上，9名女性成员格外令人瞩目，成为名副其实的"半边天"。

北欧女性的政治参与度高，既离不开女性自身自下而上的斗争和争取，也离不开政府的主导和政策的保障。

首先，政府在制定政策伊始，即秉持性别平等意识。这些国家不仅把男女平等写进宪法，而且将其细化，分类成各种法律法规，使其在执行中具有非常强的权威性和可操作性。而在政策制定后，注重立法跟进，保障贯彻、监督和评估到位。例如，在芬兰《公平法》中，不仅明确规定了妇女在政府委员会、顾问委员会和其他政治实体中占40%比重的最低配额要求，还在科学政策中明确提出追求男女平等的目标。在瑞典，关于男女性别平等的法律法规也十分健全，有《平等机会法》《大学生平等待遇法》《反歧视法》等。为促进性别平等，瑞典还设立了专门的性别平等司，任命专门的平等大臣。丹麦的《两性平等报酬法》，建立了性别平等主流原则和机制，将社会性别主流化写入国家法律。

推进性别平等主流化，不仅是法律的要求，也是政府的责任。挪威《男女平等地位法》的实施就由准司法机构"平等地位上诉委员会"和准司法监督人员"平等事务专员"来执行，专员由国王委任，机构由政府赞助。

其次，政府在具体政策上，通过贯彻和实施"性别配额"，保障妇女权利的实现。如挪威《男女平等法》第21条规定："当一个公共机构任命或选举委员会、董事会、理事会委员及管理部门的领导时，应遵守如下规定：(1)如果委员会有2名或3名成员，则至少必须各有男女代表1名；(2)如果委员会有4名或5名成员，则至少必须各有男女代表2名；(3)如果委员会有6名或8名成员，则至少必须各有男女代表3名……"这种将性别指标予以配额的做法，为女性赋权、打破玻璃天花板提供了必要的前提和保证。

北欧"性别配额"的做法，对欧洲其他国家也产生了一定的积极影响。2014年7月，法国国会两院通过了《男女实际平等法》。该法律规定，在大中型公司、公共机构的监管部门，政府机构的最高类别公务员，主要选举政治团体，商会、体育联盟等机构，实行性别配额（大约是女性占40%）。2015年3月，德国联邦议会通过了"女性领导比例法"（全称为《男女平等参与私人经济与公共服务领域领导阶层法》）。该法律条款的核心内容是，从2016年起，大型企业监事会中，女性比例不得低于30%。该法主要从四个方面保障德国私人经济和公共服务领域领导层中的女性比例：一是1000人以上职工的108家大型上市公司实行强制法定最低女性比例，其监事会的女性比例不得低于30%；如果女性比例未得到满足，将保留空缺位置。二是500人左右的3500家公司实行弹性比例，包括中大型有限责任公司、登记合作社和交互保险社团等。根据弹性比例条款，公司必须制定内部规章制度，规定公司管理层(包括董事会和监事会)的女性比例，具体比例可由公司自己决定。三是法律规定不得降低现有比例原则，即如果公司现有管理层女性比例未达到30%，则公司在制定比例目标时不得低于现有女性比例现状。四是防止公司对比例的滥用(例如，公司规定监事会的女性比例过低)。为了防止这类滥用，新法规定，公司必须公开管理层女性条款，并设定实现期限，接受社会监督。

在欧洲之外，世界上其他地区国家也纷纷效仿北欧政府的做法，实行性别配额制度。例如，印度把性别配额制贯彻到基层选举中，大大提高了基层妇女参政比率。乌干达修改了该国部分相关政策，规定议会委员会领导职务的 40%必须由女性担任，使各级体制机构中的性别平等问题得到更多关注，其女性议员比例目前已经达到了 35%。此外，厄瓜多尔、厄立特里亚、纳米比亚、土耳其和坦桑尼亚联合共和国等国家也成功地实行了性别配额制度。这一制度的确立，不仅给这些国家的政治生活带来了积极影响，参政妇女的比例也有了实质性提高。

立法上的保障，客观上促进并推动了女性进入领导层。进入领导层的女性，通过自身的积极努力，可以在政治和经济生活中发挥更大、更有战略意义的作用，进而影响决策，为女性争取更大的权益。北欧女性高比例参政的事实，对他国妇女起到了良好的示范。例如，在尼日利亚，没有保证妇女平等任职的法律。在北欧的影响下，妇女非政府组织通过大量的宣传工作，提高了妇女和男子在妇女参政问题上的认识，并通过访问北欧国家，向议会递交了两份消除性别不平等的立法建议。在经济领域，当女性得到领导机会时，事实上她们能够领导得更好。研究显示，在提拔女性到重要岗位方面做得最好的财富 500 强公司，比其所在行业的平均盈利能力高 8%—69%。如国际货币基金组织总裁克里斯蒂娜·拉加德(Christine Lagarde)在伦敦经济学院演讲时所言："良好的制度建立在问责、透明和公正原则之上。这样的制度可以使人们凭借能力而非关系、凭借参与而非赞助获得成功，从而促进赋权——它提供了一只张开的手，而不是合起的拳头。"

三、制定女性领导力保障政策需考虑的因素

(一)国家层面的支持是女性进入决策机构的重要前提

国家层面的支持在促进妇女参与决策方面发挥着关键作用。国家领导人的政治承诺是促进妇女参政的首要前提。如法国前总统奥朗德在竞选时承诺组成一个性别平等的内阁，要对不实行男女平等的政党削减拨款，一年内实现大公司内男女同酬。在其当选总统后改组新一届内阁时，奥朗德即兑现了他的承诺，女性部长达到 17 位，占据部长席位数的一半，同时，妇女权益部时隔 20 多年后重新设立。《法兰西晚报》称，这是"历史

上大国内阁首次实现男女平等”。在哈萨克斯坦,总统大力推动建立支持妇女参政的性别平等法律框架,将具有竞争力的妇女纳入其中。在伯利兹,由于议会选举和政党提名中都不支持妇女参政议政,议会选举中仅有的 3 名女性候选人只有 1 名当选。针对这种情况,首相采取了政治任命的手段来实现妇女参政(他任命 5 名女性进入了参议院),充分显示了高层的政治意愿对推动女性参政产生的积极效果。

联合国妇女署在 2014 年发起的“他为她(HeForShe)全球计划”中指出:“现有文献已经表明,政府在促进性别平等方面有着重要的作用。因此,我们要求国家元首以身作则,抓住‘他为她’活动的机会和平台促进性别平等,为女性赋权”,并要求国家元首合作伙伴作出以下三个基本承诺:

1. 性别平等与女性赋权

国家元首应鼓励男性与男童积极消除阻碍妇女和女童实现潜能的社会文化制约因素。通过国内的“他为她”活动,使男性意识到自己在推动和执行性别平等方面的责任,以及在非暴力、尊重的性别平等理念下,应如何与女性共同积极地重塑社会。

2.启动与领导力

国家元首需在本国内的 10 座城市、10 家企业、10 所大学内启动“他为她”动员活动,推动性别平等和“他为她”理念。

3.独特贡献

在国家内部,应做出推动性别平等和女性赋权的有力的、创新性的承诺,包括改变内部政策;开发赋权女性的项目,鼓励男性和男童更好地理解性别平等的含义以及他们在性别平等运动中的角色;从外部承诺开展支持妇女和女童的项目,在全球范围内通过与联合国妇女署合作实现这一承诺。

(二)将社会性别主流意识纳入决策主流

所谓社会性别主流意识(gender mainstreaming),是指在各个领域、各个层面上评估所有有计划的行动(包括立法、政策、方案)对男女双方的不同含义。作为一种策略方法,它使男女双方的关注和经验,成为设计、实施、监督与评判政治、经济和社会领域所有政策方案的有机组成部分,从而使男女双方受益均等,不再有不平等发生。纳入主流的最终目标是实现男女平等。随着社会的进步,人们逐渐认识到两性间社会性别的不平等。在 1995 年联合国第四次世界妇女大会的影响带动下,“社会性别主流化” 成为世界普遍关注的问题。

为配合 1995 年联合国第四次世界妇女大会所提出的“社会性别主流化”方针,欧盟在其第四次“促进两性平等机会的行动计划(1996-2000)”中也将其工作策略改为以性别主流化为主的方式进行，强调政府在所有政策的研拟过程中必须考虑性别因素，并由两性平等参与决策过程，使得因性别所具备的特殊性、兴趣与价值都能被考虑；政府在执行前，均需进行性别敏感度分析，了解政策的内涵是否存有性别扭曲，或其执行的结果是否可能因性别而有不当的处置或差别。[①]简单来说就是将性别平等的视角纳入共同体的一切活动与政策中去。[②]

（三）贯彻和执行性别配额制

传统上，性别配额制度最早用于政治领域，意在提高妇女参政能力。性别配额制指通过立法规定或政党内部的规则，设定妇女在政治组织、政治结构和政治选举活动的最低比例数字。目前各国采用的性别配额制大致有四类：保留席位、政党配额、立法配额、软配额。根据联合国 2013 年出版的《民主和性别平等》，保留席位制指国家立法授权，修订选举机制，通过直接或间接选举，确保一定比例的妇女当选；政党配额指政党自愿设立的配额，如北欧国家很多政党规定，任何一个性别的候选人不能少于 40%，通过党内制裁措施确保合规；立法配额指国家立法机构为政党候选人的性别构成设立有关条件，通常对不合规进行制裁；软配额指政党自愿采取、就促进妇女参政提出非正式的目标和建议，对不合规鲜有问责。事实证明，采取"性别配额制"是提高妇女参政比例的最有效的手段。根据各国议会联盟发布的数据，2015 年，世界女性议员的平均比例是 22.3%，北欧国家的比例数高达 41.1%，大大高出了世界平均水平。这一结果主要归功于在政党选举中实施了两性代表比例均不得少于 40%的性别配额制度的党内提名政策。

目前，性别配额制度还被广泛应用于经济、就业等多个领域，如德国 2015 年 3 月通过的《男女平等参与私人经济与公共服务领域领导阶层法》，即是将性别配额制运用于经济和公共服务领域。

但也有学者认为，这种人为的比例限制是另外的一种不平等，不利于两性间的平等竞争。其实不然，在女性还基本处于弱势地位的情况下，以强制力量来保证其拥有公平竞争的机会与地位是非常重要的。正如国际货币基金组织总裁克里斯蒂娜 · 拉加德（Christine Lagarde）所言："（性别指标和配额）必须在这方面发挥作用。因为山太陡了，必须有一些帮助才能爬上去。"因此，"最低比例制"的实施不是对公平的践踏，相反，是妇女打破"玻璃天花板"、获得晋升的保证。将性别配额以法律或制度形式确定下来，使其具有强制性，不仅能够使政策的制定更加科学合理、切实可行，还可以有效避免偏见，有利于消除性别差距，实现两性平等。

---

① REANDA L.Engendering the United Nations ：the changing international agenda［J］. The European journal of women's studies，1999（6）：49-68.

② HANTRAIS L.Social policy in the European Union［M］.Macmillan：Palgrave Macmillan，2000：122-123.

四、结语

在实现两性平等和女性赋权方面，不可否认，已经迈出了重要的一步，如西尔维亚·普拉斯(sylvia plath)的诗："我们将在早晨继承地球——我们的脚已在门口。"但必须承认，在现阶段，"尽管我们的脚已然到达门口，但依然站在大门之外，站在冷风之中"。因此，"我们必须强制改变，否则就会陷于自满的温柔乡里"。①国家和政府的重视、性别主流意识的培养、性别配额制的制定和执行，无疑都是女性领导力培养的助力，将为女性迈过门槛、打破玻璃天花板，为实现男女平等，提供制度支持和保障。

（周丽娜，中国传媒大学教授、博士）

① LAGARDE C.Empowerment[EB/OL].(2014-06-01)[2016-08-30].https://www.imf.org/external/np/speeches/2014/060614.htm.

图书在版编目(CIP)数据

数字时代女性领导力：理论与实践 / 王娟，阮婕妤主编. --北京：中国传媒大学出版社，2024.6
ISBN 978-7-5657-3347-5

Ⅰ. ①数… Ⅱ. ①王… ②阮… Ⅲ. ①女性—领导学—研究 Ⅳ. ①C933

中国版本图书馆 CIP 数据核字(2022)第 205422 号

数字时代女性领导力：理论与实践
SHUZI SHIDAI NYUXING LINGDAOLI：LILUN YU SHIJIAN

主　　编	王　娟　阮婕妤		
策划编辑	李水仙		
责任编辑	欧丽娜		
责任印制	李志鹏		
封面设计	拓美设计		
出版发行	中国传媒大学出版社		
社　　址	北京市朝阳区定福庄东街 1 号	**邮　　编**	100024
电　　话	86-10-65450528　65450532	**传　　真**	65779405
网　　址	http://cucp.cuc.edu.cn		
经　　销	全国新华书店		
印　　刷	唐山玺诚印务有限公司		
开　　本	787mm×1092mm　1/16		
印　　张	14		
字　　数	306 千字		
版　　次	2024 年 6 月第 1 版		
印　　次	2024 年 6 月第 1 次印刷		
书　　号	ISBN 978-7-5657-3347-5/C・3347	**定　　价**	68.00 元

本社法律顾问：北京嘉润律师事务所　郭建平